"十四五"时期国家重点出版物出版专项规划项目

中国能源革命与先进技术丛书

动力和储能电池理论与技术丛书

电动汽车动力电池

从材料到系统设计

李 缜 李 晨 主 编

机械工业出版社

本书在总结我国动力电池技术发展里程的基础上，从新能源汽车的起源、动力电池材料、动力电池类型与性能、动力电池系统设计原理等方面进行了详细阐述，主要内容包括：电动汽车发展趋势与整车知识、动力电池材料知识、动力电池类型与性能分析、动力电池系统设计原理、动力电池生产工艺、动力电池的质量与标准管控体系、动力电池的发展与应用趋势。

本书旨在为读者提供完整的、紧密连接国内产业发展现状、具有就业针对性的动力电池原理知识，助力产业人才培养。本书适合新能源汽车、储能技术和电源设计领域的从业者学习参考，也适合上述专业方向的专科生、本科生及教师阅读。

图书在版编目（CIP）数据

电动汽车动力电池：从材料到系统设计 / 李缜，李晨主编 . —北京：机械工业出版社，2024.4
（中国能源革命与先进技术丛书. 动力和储能电池理论与技术丛书）
"十四五"时期国家重点出版物出版专项规划项目
ISBN 978-7-111-75527-2

Ⅰ .①电… Ⅱ .①李… ②李… Ⅲ .①电动汽车 – 蓄电池 – 系统设计 Ⅳ .① U469.720.3

中国国家版本馆 CIP 数据核字（2024）第 068652 号

机械工业出版社（北京市百万庄大街 22 号 邮政编码 100037）
策划编辑：吕　潇　　　　　　责任编辑：吕　潇
责任校对：王荣庆　张亚楠　　封面设计：马精明
责任印制：张　博
北京雁林吉兆印刷有限公司印刷
2024 年 6 月第 1 版第 1 次印刷
169mm×239mm · 13.5 印张 · 260 千字
标准书号：ISBN 978-7-111-75527-2
定价：79.00 元

电话服务　　　　　　　　　网络服务
客服电话：010-88361066　机 工 官 网：www.cmpbook.com
　　　　　010-88379833　机 工 官 博：weibo.com/cmp1952
　　　　　010-68326294　金 书 网：www.golden-book.com
封底无防伪标均为盗版　机工教育服务网：www.cmpedu.com

本书编审委员会

（按姓氏笔画为序）

王　萍　　王　辉　　王诗旋　　卢　芳　　刘　成
刘　波　　刘　浩　　刘伶俐　　许　诺　　孙　飞
孙　静　　孙言飞　　孙承岗　　杨　超　　杨大发
李　晨　　李　缤　　吴　德　　邹　宇　　宋　美
张勤才　　张　杰　　陈　方　　武行兵　　孟　丹
胡　芃　　祝加林　　贾春林　　钱德猛　　唐良平
谈　鹏　　曹利娜　　梁　鑫　　鞠林润

前　言

近年来，为支撑"双碳"战略高质量续航发展，国家陆续出台了多项政策，鼓励动力电池行业发展与创新，《新能源汽车动力蓄电池梯次利用管理办法》《制造业设计能力提升专项行动计划（2019—2022年）》《新能源汽车产业发展规划（2021—2035年）》等产业政策为动力电池行业的发展提供了明确、广阔的市场前景，截至2023年8月底，我国新能源汽车保有量达1847.4万辆，占汽车总量的5%，连续多年产销量位居全球前列。而相较于新能源产业的迅猛发展，我国相应的专业教育相对滞后，未来新能源领域的专业人才缺口巨大。

在动力电池领域，虽然有关电池技术的教材、专著体量不少，但是大多数都侧重于电化学知识、电池原理等专业理论，以产业化应用为目的而编写的书籍并不多，无法满足专业读者对电动汽车动力电池理论与实践相结合的学习需求。鉴于此，编者从动力电池生产龙头企业的实际生产经验出发，根据当前新兴专业的人才培养要求，面向未来动力电池领域从业领域的职业素养，参考国家职业技能标准中的"电池制造工"和"电池及电池系统维修保养师L"的职业技能等级认定要求，整理编写了本书。在编写过程中注意把握电动汽车动力电池的发展趋势，引入动力电池最新的知识和最新应用，从结构和基本原理出发，介绍电池技术的发展历史、重要参数、设备测试等基础知识，从产业化的角度重点讲解动力电池的机械结构与设计、生产工艺，其中对电化学原理的讲解点到为止，重点介绍其使用特性和应用情况，同时对动力电池热管理系统、电池管理系统（BMS）、动力电池质量与标准管控体系也进行了较为详细的介绍。全书整体叙述深入浅出，对动力电池从材料到系统设计做了详细、全面和深入的介绍和分析。

本书共7章，可大体上分为3部分：第1~3章是动力电池的总体介绍，主要包括动力电池的发展历程、工作原理、主材和辅材、类型和性能分析等，由合肥大学的梁鑫、刘伶俐，安徽职业技术学院刘成参与编写；第4~6章主要包括动力电池系统设计原理、动力电池生产工艺、动力电池的质量与标准管控体系，由中国科学技术大学的谈鹏、胡芃，安徽职业技术学院的王诗旋参与编写；第7章为展望部分，简要讲述了动力电池的发展与应用趋势，由安徽理工大学的钱德猛、张杰参与编写。

本书由校企联合开发编写，书中介绍的应用案例均取材于企业的生产实践，再整合转化为院校教学内容，由国轩高科股份有限公司李缜、李晨担任主编，参加本书编写的还有中国科学技术大学的谈鹏、胡芃，安徽理工大学的钱德猛、张杰，合肥大学的梁鑫、刘伶俐，安徽职业技术学院的刘成、王诗旋。在本书编写的过程中，编者团队参阅了国内外相关领域的资料，在此向原作者表示衷心感谢。

本书可作为应用型本科及高职院校的新能源汽车技术、新能源汽车检测与维修技术、新能源材料与器件、储能材料技术等相关专业使用，也可供从事动力电池产品研发、生产和管理等方面的工程技术人员参考。

限于编者水平，疏漏之处在所难免，恳请读者不吝赐教。

本书编写团队

本书配套视频快速入口

序号	视频内容	对应章节	二维码	页码
1	介绍动力锂离子电池用的薄膜，讲解主要类型、功能等	第2章 2.5节		37
2	介绍锂离子电池电芯制造的一工段工艺流程	第5章 5.1节		143
3	介绍锂离子电池电芯制造的二工段工艺流程	第5章 5.2节		150
4	介绍锂离子电池电芯制造的三工段工艺流程	第5章 5.3节		155
5	介绍锂离子电池Pack生产工艺流程	第5章 5.4节		161
6	介绍固态锂电池的当下发展与未来应用趋势	第7章 7.3节		187

目 录

第1章

电动汽车发展趋势与整车知识

1.1 电动汽车的起源

当前普遍使用的燃油发动机汽车存在种种弊病，统计表明在80%以上的道路条件下，一辆普通汽车仅利用了燃油动力潜能的40%，在市区能源利用率会跌至25%。现今，随着世界各国对环保的呼声日益高涨，汽车尾气作为PM2.5的污染源也日受重视。在这一大背景下，更具节能减排优势的电动汽车脱颖而出。

1996年，通用汽车公司在早先推出的Impact电动车的基础上，又推出了"EV1"电动车型，并把早期的铅酸电池换成了镍氢电池，续驶里程达到176km。1997年，丰田推出的"普锐斯"混合动力车型，至今累计销量超过1000万辆。2008年，特斯拉公司推出第一代Roadster双座电动跑车，至2017年停产时销量超2000辆，成为世界上第一款大规模量产的电动跑车。随着各个国家燃油车禁令时间点的发布，新能源汽车市场呈现出了前所未有的生命力，迎来了电动汽车发展的"黄金时代"。

在电动汽车的发展过程中，铅酸电池、镍氢电池、燃料电池和锂离子电池都作为过动力电池。但是铅酸电池和镍氢电池具有能量密度低的缺点，无法满足现代电动汽车长续驶里程的需求；燃料电池因生产和氢基站大范围布局成本太高、储存补给安全掌控技术不够成熟等原因，目前无法实现大规模量产。锂离子电池（Lithium Ion Battery，LIB）具有能量密度高、电能转换效率高、循环寿命长、无记忆效应、无充放电延时、自放电率低、工作温度范围宽和环境友好等优点，因而成为汽车动力能源的一个比较理想的载体，在各个领域得到了广泛的应用，也是目前电动汽车领域最为成熟的动力电池类型。

1.2 电动汽车的用途与等级分类

1.2.1 电动汽车的用途分类

根据ISO3833修订本，未来的国际标准将汽车分为两大类：乘用车和商用车。其中对乘用车的定义为：就其设计和技术特性而言，主要用于运载人员及其行李或偶尔运载物品、包括驾驶员在内最多为9座的汽车，并可以牵引挂车。根据这一定义，人们通常所说的轿车、吉普车、某些多用途车辆（如MPV）等都属于此范畴。对于商用车，指的是除乘用车以外，主要用于运载人员、货物及牵引挂车的汽车，所有的商用车又分为客车和货车两大类。

此外，根据GB/T 17350—2009定义，还有一类汽车属于专用汽车，是指：装备有专用设备、具备专用功能，用于承担专门运输任务或专项作业以及其他专项用途的汽车。专用汽车可以分为厢式汽车、罐式汽车、专用自卸汽车、仓栅式汽车、起重举升汽车和特种结构汽车等。

电动汽车根据用途也可分为乘用车、客车和专用车。2021年国内新能源乘用车、客车和专用车主要生产企业见表1-1所示。

表1-1　2021年国内新能源乘用车、客车和专用车主要生产企业

乘用车	客车	专用车
特斯拉（上海）有限公司	郑州宇通客车股份有限公司	重庆瑞驰汽车实业有限公司
上汽通用五菱汽车股份有限公司	中车时代电动汽车股份有限公司	奇瑞商用车（安徽）有限公司
比亚迪汽车工业有限公司	中通客车控股股份有限公司	华晨鑫源重庆汽车有限公司
比亚迪汽车有限公司	比亚迪汽车工业有限公司	东风汽车股份有限公司
上海汽车集团股份有限公司	厦门金龙联合汽车工业有限公司	山西新能源汽车工业有限公司
安徽江淮汽车集团股份有限公司	金龙联合汽车工业（苏州）有限公司	广西汽车集团有限公司
长城汽车股份有限公司	厦门金龙旅行车有限公司	上汽大通汽车有限公司
广汽乘用车有限公司	北汽福田汽车股份有限公司	厦门金龙旅行车有限公司
奇瑞新能源汽车股份有限公司	安徽安凯汽车股份有限公司	北汽福田汽车股份有限公司
重庆理想汽车有限公司	中通客车股份有限公司	吉利四川商用车有限公司
重庆长安汽车股份有限公司	南京金龙客车制造有限公司	保定长安客车制造有限公司
肇庆小鹏新能源投资有限公司	成都广通汽车有限公司	上汽通用五菱汽车股份有限公司
浙江合众新能源汽车有限公司	扬州亚星客车股份有限公司	福建新龙马汽车股份有限公司
浙江豪情汽车制造有限公司	吉利四川商用车有限公司	南京金龙客车制造有限公司
东风汽车集团有限公司	东风汽车股份有限公司	比亚迪汽车工业有限公司

数据来源：中国化学与物理电源行业协会动力电池应用分会整理的2021年新能源汽车合格证数据。

1.2.2　乘用车的等级分类

汽车等级是德国大众汽车集团对汽车的一种分级方法，它将汽车等级分为A00、A0、A、B、C、D共6个级别。A级是小型乘用车，B级是中档乘用车，C

级是高档乘用车，D级是豪华乘用车。其等级划分主要依据轴距、排量、重量等参数，字母顺序越靠后，该级别车的轴距越长、排量和重量越大，豪华程度也不断提高。而国内一般把A00级（如smart）、A0级（如赛欧、飞度、Polo、瑞纳和嘉年华等）、A级（如福克斯、速腾、卡罗拉、A3等）、B级（如马自达6、雅阁、蒙迪欧、索纳塔、奥迪A4、帕萨特、凯美瑞等）、C级（如奥迪A6、宝马5系、奔驰E级等）、D级（如奔驰S级、宝马7系、奥迪A8等）分别称为微型车、小型车、紧凑型车、中型车、中大型车、豪华车。

1.3 电动汽车的三电与充电系统

1.3.1 电动汽车三电系统

电动汽车区别于传统燃油汽车最核心的技术是"三电"，分别指动力电池系统、电控系统和电驱动系统，如图1-1所示。其中电动汽车的核心零部件，也是制造成本中占比最高（占30%~50%）的是动力电池系统，目前电动汽车续驶里程和安全性都受到动力电池技术瓶颈的限制。本书会对动力电池系统进行非常详细的介绍，现在先简单介绍一下电驱动系统与电控系统。

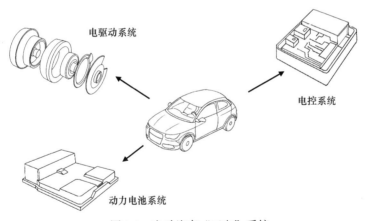

图1-1 电动汽车"三电"系统

1. 电驱动系统

电驱动系统由三部分构成：传动机构、电机、逆变器。目前国内外电动汽车的传动机构都采用单级减速方案，即没有离合、没有变速。电机（如图1-2所示）分为交流电机与直流电机两类：交流电机的原理是旋转磁场推动转子旋转，结构简单、可靠性强，驱动电路也简单可靠、效率高；直流电机是指目前国内电动汽车广为采用的永磁同步电机，原理是通过检测转子的位置，同步转换线圈电流方向驱动转子旋转。电动汽车的电机可以正转和反转，正转即为向前行驶，反转即为倒车。

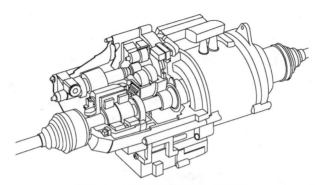

图 1-2　电机及其内部结构示意图

2. 电控系统

电动汽车中的电机、电控系统作为传统的发动机和变速器功能的替代，其性能直接决定了电动汽车的爬坡、加速、最高速度等主要性能指标。同时，电控系统面临的工况相对复杂：需要能够频繁起停、加减速，低速爬坡时要求高转矩，高速行驶时要求低转矩，具有大变速范围；混合动力车还需要处理电机起动、电机发电、制动能量回馈等特殊功能。

1.3.2　交流 - 直流变换器

在这里需要特别强调一下直流电与交流电的概念：直流电（Direct Current，DC）又称恒流电，恒定电流是直流电的一种，是大小和方向都不变的直流电，电池从正负两极连接的充放电电流都是直流电。交流电（Alternating Current，AC）是指电流方向随时间作周期性变化，在一个周期内的运行平均值为零，电网和交流电机使用的都是交流电。直流电只需要形成闭合回路就可以完成输电，分正负两极两根线输送（红线表示正极线，黑线表示负极线），而交流电 A、B、C 三相需要三根线缆。电流之间的变换就需要用到对应的变换器：

1）DC-DC 变换器是输入为直流、输出为直流的电源变换器，沿用传统汽车的 12V 用电负荷，需要将动力电池系统输出的高压电转化为 12V，这个过程完全依靠 DC-DC 变换器供给。

2）AC-DC 变换器是输入为交流、输出为直流的电源变换器，如常用的手机充电器、个人计算机、平板电脑的电源适配器都是这种电源变换器。电动汽车在使用直流电充电桩时，需要把电网中的交流电通过充电桩内的大功率 AC-DC 变换器进行变换；而在使用交流充电桩时，需要把交流电通过电动汽车内的小功率 AC-DC 变换器（车载充电机）进行变换。

3）DC-AC 变换器是输入为直流、输出为交流的电源变换器，它将电池组的直流电源转化成输出电压和频率稳定的交流电源。如果电动汽车上的驱动电机使用的是交流电，则需要一个 DC-AC 变换器。

1.3.3　充电桩类型与充电速率

充电桩是给电动汽车充电的设施，相当于燃油汽车的加油站。充电桩又分为交流充电桩和直流充电桩。

1. 交流充电桩

交流充电桩，俗称"慢充"，其常见外形如图 1-3 所示，固定安装在电动汽车外、与交流电网连接，为电动汽车车载充电机（即固定安装在电动汽车上的充电机）提供交流电源的供电装置。交流充电桩输入侧只需要从电网接入就可以了，输出也是交流电，相当于只是起了一个控制电源的作用，功率以 3.5kW 和 7kW 的居多。交流充电桩经常安装在社区停车场、居民小区、大型商场、服务区、路边停车场等场所。

图 1-3　常见的交流充电桩外形

交流充电桩的功用仅是给电动汽车的充电机提供电力输入，由于车载充电机的功率并不大，所以充电速度较慢，充满电一般需要 8h 左右。交流充电桩的枪头是 7 线插头，一眼看过去是 7 个孔，如图 1-4 所示。

图 1-4　交流充电桩的枪头

2. 直流充电桩

直流充电桩（也称非车载充电机），俗称"快充"，其常见外形如图 1-5 所示。它是固定安装在电动汽车外，与交流电网连接，可以为非车载充电机电动汽车的动力电池提供直流电源的供电装置。直流充电桩的输出为可调直流电，直接为电动汽车的动力电池充电。由于直流充电桩采用三相四线制供电，可以提供足够的功率，输出的电压和电流可调整范围大，可以满足快速充电的要求，功率以 40kW 和 60kW 居多，有些甚至可以达到更高的功率。1 台快充桩的用电功率要超出几十户居民的用电量，因此直流充电桩主要安装在大型充电站内或高速公路旁，目前常见的

图 1-5　常见的直流充电桩外形

电动大客车就是主要通过直流充电桩充电的。

直流充电桩内部有一定数量的 AC-DC 电源模块，功率越高，模块数量越多，桩体越大。其整个充电过程分为五个阶段：充电停止阶段（或异常充电结束）、涓流充电阶段、恒流充电阶段、恒压充电阶段、充电结束阶段。这里需要注意的是，为保护电池，充电桩会在一定阶段自动减小充电电流，对电池从恒流充电阶段转为恒压充电阶段，这也是其生产厂商在宣传中一般只会声明充至 80% 所需时间的原因。直流桩的枪头是 9 线插头，一眼看过去有 9 个孔，如图 1-6 所示。

图 1-6　直流充电桩的枪头

3. 快充和慢充对电池的影响

快充就好比是快速往杯子里加水，水面一定会产生波动和不平衡。类比到电池上，就体现为会导致整个电池组的压差不平衡，从而影响到电池的活性。快充会存在一定"虚电"的成分，无法达到车辆标称的工况续驶里程，但对车辆本身不会有太大的伤害。快充对于电池的质量要求很高，而且在大电流条件下电池的反应条件过于苛刻、反应过程剧烈，偏离平衡态较远，对于电池的寿命有一定的损耗，安全系数会下降。此外，在冬季由于温度原因，磷酸铁锂电池的容量下降，其内在活性也会降低，使用快充对于电池本身"刺激"较大；夏季三元锂电池活性高、不稳定，使用快充有可能引起电池组中的某节电芯过热，长此以往会有热失控的风险。

慢充会在充电的最后阶段给电池组进行均衡，从而保证每节电芯都能尽量达到满电状态。慢充较为温和，对于延长电池寿命也有一定帮助。另外，使用慢充在用电低峰时充电，成本也会比较低，每天晚上 6~7h 的慢充时间完全可以保证第二天的出行续驶里程。快慢充对电池具体的影响会在第 3 章有关电池充放电倍率的内容中详细介绍。

截至 2021 年底，全国新能源汽车保有量为 784 万辆，全国公共类充电桩保有量为 114.7 万台。全国公共充电桩新增量从 2015 年的仅 2.69 万台，到 2021 年 33.96 万台，创下历史新高。充电桩一般提供常规充电和快速充电两种充电方式。目前国内从事充电桩设备开发的企业中，具有代表性的企业包括南瑞、许继、特锐德、盛弘、科陆、泰坦等。

1.4　混合动力汽车的动力系统简介

按照动力系统不同，电动汽车包括混合动力汽车（Hybrid Electric Vehicle，HEV，简称混动汽车）与电池动力汽车（Battery Electric Vehicle，BEV，简称电动汽车）两大类。BEV 只靠电池提供能源供给，只靠电机提供动力，驱动汽车前行。这类车型可以实现行驶过程的完全零排放。

1.4.1　混合动力汽车的分类

混合动力汽车将传统发动机的功率尽量做小，让一部分动力由电池 - 电动机系统承担，包括普通混合动力汽车、增程式混合动力汽车以及插电式混合动力（Plug-in Hybrid Electric Vehicle，PHEV）汽车三种。其中增程式混合动力是以电池电力作为动力，通过电动机来驱动车辆前进，发动机只起到给动力电池充电的作用，不直接提供动力输出。其工作原理是在动力系统中串联一个燃油发电机，专门用来在电池电量低时给电池充电，电池是驱动电动机的唯一动力源。该方案结构简单，成本相对较低，技术门槛低，节能效果明显。插电式混合动力是指当车辆电池不足时，发动机可以直接产生动力驱动车辆行驶。插电式混合动力汽车同时具有燃油车和纯电动车两套架构，这种方案结构复杂，成本比较高，技术门槛比较高，但是使用插电式混合动力汽车也可以获得更好的性能和更全面的体验。

混合动力系统按照发动机与发电机的结构形式也可分为三种，分别是串联式结构、并联式结构以及混联式结构。其中增程式混合动力只能是串联结构，如图 1-7 所示；而并联结构和混联结构既可以应用于普通混合动力系统，也可以应用于插电式混合动力系统，如图 1-8 和图 1-9 所示。虽然混合动力汽车对动力电池系统的容量要求比纯电动汽车要低，但要能够在某些时候提供较大的瞬时功率，即要求配套功率型电池。

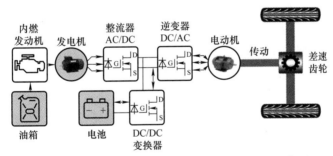

图 1-7　增程式（串联式）混合动力系统原理示意图

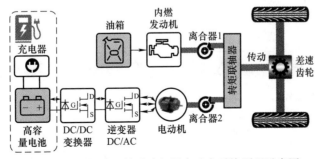

图 1-8　插电式（并联式）混合动力系统原理示意图

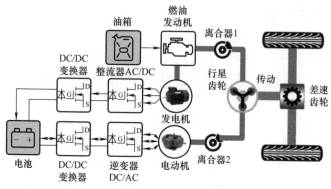

图 1-9　混联式混合动力系统原理示意图

　　PHEV 同 HEV 的动力系统一样，同样也是内燃机和电池组，所不同的是，PHEV 的电池组储能要大于 HEV 的电池组储能，一般在 10~30kW·h 之间，PHEV 可以单独由电池组驱动汽车行驶（这点 HEV 是不可以的），并且 PHEV 需要外接电源进行充电，这也就是其"Plug-in"的来源。PHEV 的代表车型为通用汽车的雪佛兰 Volt，Volt 的电池包为 16kW·h 的锂离子电池系统，可以在纯电池驱动下行驶 40mile（约 64km）。

　　增程式混合动力是在纯电动汽车的基础上开发的电动汽车，动力装置只有电动机一种，其串联结构的动力来源于电动机，发动机只能驱动发电机发电，并不能直接驱动车辆行驶。之所以称之为增程式电动汽车是因为车辆追加了增程器的缘故，而为车辆追加增程器的目的是使其避免频繁停车充电，无需担心电池电量耗尽的情况，毕竟加油站到处都是，电动车"无限续驶"不再是梦想。当然，这种模式也有缺点，高速路况下，如果发动机直接驱动车轮，可以一直工作在最佳工作模式，而增程式插电混合动力多了一个转换过程，转换本身要消耗能量，造成油耗反而偏高，并且发动机和发电机带来的重量并未减轻。

　　根据在混合动力系统中，电机的输出功率在整个系统输出功率中占比（混合度）的不同，混合动力系统还可以分为：微混、轻混、中混、强混等类型。各种混合动力汽车的功能、节油效果等指标见表 1-2，"+"个数越多表示效果越好。

表 1-2　混合动力汽车功能与节油效果对比

混合类型	微混	轻混	中混	强混	插电式	纯电动
典型车型或系统	奇瑞 BSG	通用 BAS	荣威 750 Hybrid	普锐斯	雪佛兰 Volt	日产 Leaf
电功率比例	<5%	5%~10%	10%~20%	>30%	>50%	100%
节油效果	<5%	5%~12%	15%~25%	25%~40%	>50%	100%

（续）

混合类型	微混	轻混	中混	强混	插电式	纯电动
起动 / 停机	+	+	+	+	+	无
再生制动	无	+	++	+++	+++	+++
发动机效率优化	无	+	++	++	+++	无
纯电动能力	无	无	无	+	+++	+++
成本增加 / 万元	0.2~0.5	1~2	3~4	4~6	6~8	>12

　　下面着重介绍 12V 微混与 48V 轻混两种类型的混合动力系统。

1.4.2　12V 微混合动力系统

　　1918 年汽车首次引入了蓄电池，随着车辆起动机的诞生，蓄电池在 20 世纪 20 年代获得了广泛应用，当时蓄电池的电压等级是 6V，并且正极接地。由于内燃机排量的增加以及高压缩比内燃机的出现，6V 蓄电池已经不能满足功率需求，在 20 世纪 50 年代，蓄电池的电压等级开始向 12V 进化，一直到现在，12V 电压系统已经占主导地位 70 多年。

　　12V 微混合动力系统在传统内燃机上的起动机上加装了皮带驱动起动机，用来控制发动机的起动和停止。遇到红灯或堵车时，内燃机的效率只能用到 16%、17% 的水平。这时驾驶人制动使车辆停下后，将档位换入空档并完全释放离合踏板，这时控制系统会自动将发动机熄火，节省了怠速运转而浪费的燃油，当绿灯放行后，驾驶人踩下离合器，发动机则自动重新起动，挂入档位后即可前行。从严格意义上来讲，这种微混合动力系统的汽车不属于真正的混合动力汽车，因为它的电动机并没有为汽车行驶提供持续的动力。

1.4.3　48V 轻混合动力系统

　　48V 轻混合动力系统除了具备自动起停功能之外，还具备了制动能量回收、加速辅助、电巡航和滑行等功能。48V 轻混合动力系统相比高压混动系统而言成本更低，却可以达到高压混动系统（电池电压 >100V）大部分节能效果。

　　轻混合动力系统一般都是 48V，假如是 12V 的系统的话，如果要输出轻混合动力的 10~20kW，这样的电压下电池的输出电流将高达 1000A，这显然是行不通的。电压增高，还可以带动更大功率的电器，如电子涡轮、主动悬架系统、电助力转向，当然还有电动机。60V 是安全电压，也就是说只要低于 60V 的电压不需要采取额外的安全防护措施，48V 电池的充电电压最高为 56V，已经很接近 60V，即 48V 电池电压是安全电压下的最高电压等级了。2011 年奥迪、宝马、奔驰、保时捷、大众联合推出了 48V 系统，以满足日益增长的车载负载需求，更是为了满足 2020 年严格的排放法规，发布了 48V 系统规范 LV148。

1）制动能量回收：当汽车以 60km/h 速度行驶时，前面有行人需紧急制动时，传统动力汽车的制动全靠制动盘（刹车片）；而制动能量回收则是车轮反拖电机，从而让电机的阻力辅助制动，并且把发出的电能储存起来，把动能转成电能，仅通过制动能量回收功能就可以降低大约 7% 的油耗。

2）加速辅助：在汽车处于加速或者大负荷工况时，电动机能够辅助驱动车轮，从而补充发动机本身动力输出的不足，从而更好地提高整车的性能。

3）电巡航：在车辆恒速运行，并且电池电量充足的情况下，关闭发动机喷油系统，依靠电机来维持车辆运行。电机提供的动力用来抵消行驶阻力以及发动机的拖拽阻力。

4）滑行：松开节气门，车辆处于滑行阶段，离合器分离发动机和传动系统的机械连接，彻底关闭发动机，实现更长的行驶距离。相当于传统车辆空档滑行，只不过传统车辆在切换到空档滑行之后，发动机转速在降到怠速时依然需要喷油来维持发动机的运行。

48V 轻混合动力系统的上述这些功能，对于用户切身的影响就是起停系统更加流畅，小噪声少振动；支持更大功率的汽车外接设备；巡航时能够用到电巡航，节省油耗；以及由电机补充瞬时转矩，让汽车加速或者起步更为平顺。

习　题

1-1　德国大众将汽车分为 A00、A0、A、B、C、D 共 6 个级别，其中 C 级是指（　　）。

A. 小型乘用车　　B. 中档乘用车　　C. 高档乘用车　　D. 豪华乘用车

1-2　电动汽车的三电系统指的是（　　）。（多选题）

A. 电机系统　　B. 电控系统　　C. 电池系统　　D. 电动系统

第 2 章

动力电池材料知识

2.1 锂元素的背景与商业应用

2.1.1 能量与能量载体的本质

1. 能量的本质

宇宙是由四种基本力相互作用构成的统一体，这四种基本力按大小排序为：强相互作用力（组成原子核的力）、电磁力、弱相互作用力（导致衰变的力）、万有引力。目前人类对于四种基本力的研究及其能量转换，以利用强相互作用力的核能为代表。如核电站可通过链式核反应，将微观尺度原子核裂变的能量释放出来转换为高温蒸汽内能，推动汽轮机发电。然而可控核聚变，人类至今仍未能实现。在宏观尺度方面，日常生活中除了重力是引力，其他能量（电能、化学能）基本都来源于电磁力。

原子是由原子核和电子靠电磁场"粘合"而成的，分子是由原子靠电磁场（化学键）"粘合"而成的，物体是由分子靠电磁场（分子间力）"粘合"而成的。因为电子在原子核外的不同轨道上运动，离核较近的电子具有较低的能量，电子的能量随着电子层数的增加而越大。随着电子层数增加，原子半径越来越大，原子核对最外层电子的吸引力越来越小，最外层电子越来越容易失去，即金属性越来越强。

正常状况下，原子的质子数与电子数相同，正负平衡，因此对外呈现不带电。但是由于受到外界作用（如电能、动能、热能等），电子吸收外界能量，会从原子A的低能轨道进入其他原子B的高能轨道（即发生电子跃迁），从而造成不平衡电子分布。A原子因减少电子数而带有正电，称为阳离子；B原子因增加电子数而带负电，称为阴离子。阴、阳离子又重新依靠电磁场（化学键）化合为新的分子（例如电解水，制备氢气和氧气）。原子在化合时得失电子的数量称为化合价。

上述电子跃迁过程中，电子所吸收的能量为两个轨道能级的能量之差绝对值，而高能轨道上电子存储起来的能量，称为化学能。反之，电子从一个原子的高能轨道进入其他原子的低能轨道，则会释放能量，并以电磁波的形式向周围空间发射。

化学能是物质发生化学反应时所释放的能量。它不能直接用来做功，只有化学反应时才能释放，变成热能或其他形式的能量。如煤的燃烧，是化学能转化为热能和光能。化石燃料（石油、煤、天然气）因其高热值、易开采、低成本，目前已广泛用于人类生产、生活。

但化石燃料属不可再生能源，日益面临资源枯竭、环境污染等问题。在此形势下，寻求高效替代的清洁能源载体，构建以可再生能源为主的清洁能源体系势在必行。

2. 从元素周期表中找能量载体

既然电子从一个原子高能轨道进入另一个原子低能轨道是化学能的来源，那想成为好的能量载体，就要以尽可能小的体积和重量，具备更多得失电子（能量）的能力。根据图 2-1 所示的元素周期表，可知元素周期律有：

1）元素周期表从左到右，原子序数逐渐增加，原子半径逐渐减小，得电子能力逐渐增强（失电子能力逐渐减弱），非金属性逐渐增强（金属性逐渐减弱）。

2）元素周期表从上到下，原子序数逐渐增加，原子半径逐渐增大，失电子能力逐渐增强（得电子能力逐渐减弱），金属性逐渐增强（非金属性逐渐减弱）。

因此，只有在元素周期表左上角的"轻"原子有可能成为好的能量载体。很容易看出，氢元素是自然界最好的能量载体。自然界中已经存在的，并为人类广泛使用的能源，比如石油、天然气、煤炭等，其主要成分也是碳、氢、氧等元素（在元素周期表的第一周期和第二周期）。所以不管是自然的选择，还是人类的"设计"，最终都是殊途同归的。

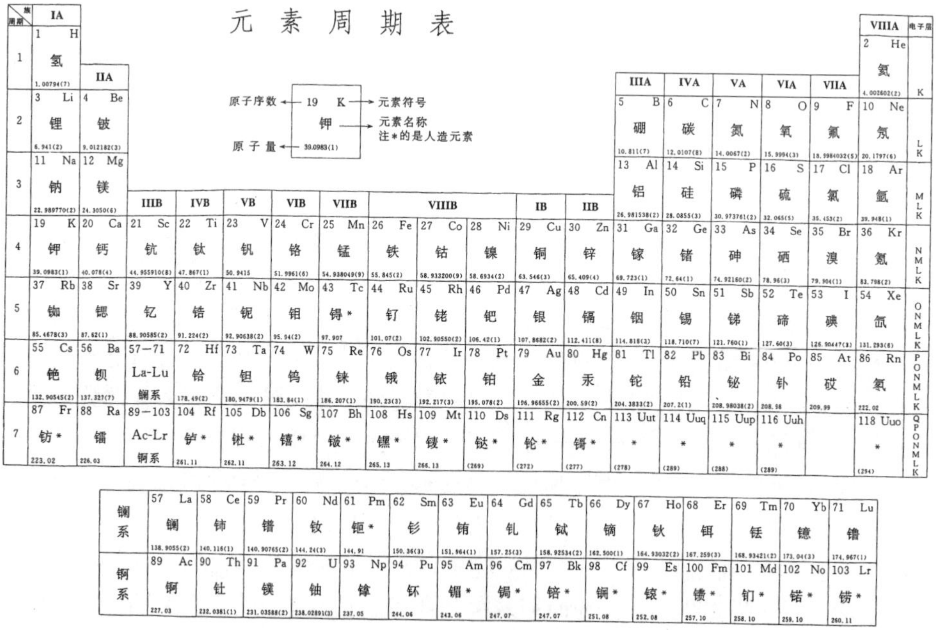

图 2-1　元素周期表

除了氢元素以外，最靠近左上角的就是锂元素了。锂元素是基于地球当前的所有元素中，人们能够找到的相对最优解（铍的储量太少了）。目前，锂离子电池已经广泛应用在我们生活的每一个角落，从手机、平板电脑、笔记本电脑、智能手表、移动电源，到电动汽车、无人机以及其他各类电动工具都有锂离子电池的身影。作为化学电源的一种，锂离子电池的基本理论在 20 世纪 80 年代已经完善，近年来多数研究主要集中在材料、配方、工艺等方面，也就是如何提高产业化的程度，生产出性能更优异的锂离子电池。

氢燃料电池与锂离子电池的技术路线之争，在电动汽车领域打得如火如荼，大概就是因为这两种元素是我们目前能够找到的比较好的能量载体。氢燃料电池的缺点在本书第 7 章动力电池的发展与应用发展趋势中有详细介绍。

2.1.2 氧化还原反应与锂离子电池原理

1. 氧化还原反应

我们生活中所见到的绝大部分燃料或电池，这类能量载体在提供能量的过程中都会涉及氧化还原反应。氧化还原反应的实质是电子在还原剂和氧化剂之间的转移，其具体过程如图 2-2 所示。

氧化还原反应总是由较强的氧化剂与还原剂，向着生成较弱的氧化剂和还原剂方向进行。由于电化学反应涉及电子转移，电极反应其实就是氧化还原反应，所以可以用电势（电位）来表征物质的还原性和氧化性的强弱。电位越高，越容易从其他物质获取电子，氧化性

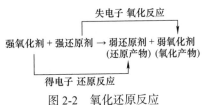

图 2-2　氧化还原反应

越强；电位越低，越容易失去电子，氧化性越弱。标准电极电位是以标准氢原子作为参照电极，即氢的标准电极电位值定为 0，与氢标准电极比较，电位较高的为正，电位较低的为负。氧化剂与还原剂的电位目前基本都有数据表格可供查找，正负极之间的电位差即为电池电压。

氧化还原反应是化学反应中的三大基本反应之一，上述氧化还原反应过程在高温、加热等条件下是可逆的。人类如果能够利用导线把氧化还原反应电子得失造成的电流，链接到一个需要电子做功的地方，就实现了把化学能转化为电能做功的过程。所以说，电池实际上是电能和化学能的相互转换，需要正极和负极存在电势差，以实现能量的存储和释放，所以将电与化学结合起来进行研究的学科叫作电化学。

2. 锂离子电池原理——以钴酸锂电池为例

锂离子电池在充放电时依据电极电压的高低分为正极（+）和负极（-），如图 2-3 所示，钴酸锂（$LiCoO_2$）电池以锂离子脱嵌和嵌入电位更高的 $LiCoO_2$ 为正极，石墨（C）为负极。充电时，在外加电场的影响下，正极材料 $LiCoO_2$ 晶格中

的锂离子脱离出来（脱嵌），变成带正电荷的游离锂离子（Li^+），在电场的作用下，Li^+ 从正极表面通过电解液穿过隔膜上的微孔移动到负极表面，嵌入石墨的层状晶格中成 LiC_6。为保持电荷的平衡，充电过程中应有相同数量的电子经外电路传递，与 Li^+ 一起在负极间迁移，电流方向为从负极到正极，这一过程中电能转化为化学能存储在电池中。从正极脱出迁移并嵌入到负极的 Li^+ 数量越多，电池中存储的能量就越多。而放电时，Li^+ 运动方向翻转，Li^+ 从负极脱嵌，顺着电场的方向回到正极，重新变成钴酸锂（$LiCoO_2$），电流方向为从正极到负极，然后"顺便"做点功：点亮灯泡、驱动车辆、为手机与电脑供电。这一过程化学能直接转化为电能。从负极转移到正极的 Li^+ 越多，这个电池释放的能量就越多。

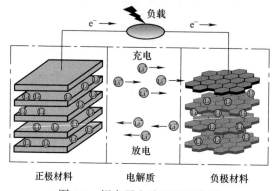

图 2-3 锂离子电池原理示意图

在充电 - 放电循环过程中，Li^+ 充当了转移电荷的作用，从正极到负极（充电）再到正极（放电）往返的移动，与此同时，电子在外电路运动方向为正极到负极（充电）再到正极（放电）。Li^+ 和电子分别与正、负极材料发生化学反应，将化学能和电能相互转换，这就是锂离子电池的基本原理。如果把锂离子电池形象地比喻为一把摇椅，摇椅的两端为电池的两极，而 Li^+ 就像运动健将，在摇椅的两端来回奔跑，所以科学家们又给了锂离子电池一个十分形象的名字"摇椅式电池"。由于电解质、隔膜等都是电子的绝缘体，所以循环过程中电池内部只有 Li^+ 来回运动，电子并没有在正负极之间的来回移动，它们只能通过外电路输运到电极端参与电化学反应。Li^+ 在"摇椅"两端来回"游动"的过程如图 2-4 所示。

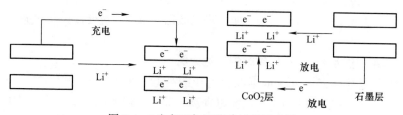

图 2-4 Li^+ 在正负极移动过程示意图

3. 锂离子电池的构成

锂离子电池的基本组成包括：正极材料、负极材料、电解液、隔膜以及其他一些辅材等，正负极材料分别涂覆在集流体（铝箔／铜箔）中时，分别称为正极片、负极片。

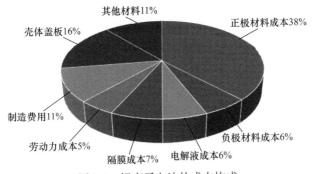

图 2-5　锂离子电池的成本构成

对于三元锂电池，由图 2-5 可以看出锂离子电池材料成本主要包括正极材料、负极材料、隔膜、电解液、壳体盖板、其他材料、制造费用和劳动力成本等。其中成本占比最高的是正极材料，正极的性能直接决定着锂离子电池的性能，其成本的高低也直接决定锂离子电池成本的高低。

2.1.3　锂元素的来源

锂是微量元素，被誉为"工业味精"和"能源金属"，自然界中无游离态的锂，只有被氧化为较为稳定的金属锂氧化物。目前已探明的全球锂资源分布较为集中，主要分布在南美（智利与阿根廷为主）、澳大利亚和中国，占比分别约为 62%、11% 和 26%。盐湖锂资源主要分布于南美的"锂三角"地区——阿根廷、智利和玻利维亚三国交界处的盐湖，以及中国西部盐湖；矿石锂资源主要分布于澳大利亚、北美以及中国。目前用以生产碳酸锂的锂源主要有三个，如图 2-6 所示，盐湖卤水占 68%，矿石锂辉石和锂云母约占 30% 和 2%。

图 2-6　锂的三大主要来源

1. 卤水提锂

卤水组成复杂，含有大量的钠、钾、硼、镁、钙、锂等离子的氯化物、硫酸盐、碳酸盐及硼酸盐，卤水中的 Li^+ 以微量形式和大量的碱金属、碱土金属离子共存，由于它们的化学性质非常相近，使得分离提取非常困难。尽管目前盐湖卤水提锂是世界上的主流生产方法，我国西藏的盐湖资源品位高，但是海拔高，电力能源配套设施差，开采条件恶劣；青海盐湖中的镁锂比大、锂含量低、禀赋差，镁和锂两种元素难以分离，通过卤水方法生产的碳酸锂中钠、镁和氯离子相对含量较高，所以我国一直主要从锂矿石中提取锂盐。

2. 矿石提锂

提取锂的矿石主要有锂辉石、锂云母和磷锂铝石等。锂辉石是我国生产电池级碳酸锂最主要的原料。我国锂云母资源储量丰富，在江西宜春、云南怒江、内蒙古等地均有锂云母矿产资源分布。相对于锂辉石精矿，锂云母中 Li_2O 含量仅为3.5%~4%，但其还含有较丰富的钾、氟、铷、铯及 Al_2O_3。矿石生产的碳酸锂中钙离子和硫酸根离子相对偏高。

2.1.4 不同材料的理论克容量

谈到材料的理论克容量，首先引入一个略有难度的电化学基本名词——电化学当量。电化学当量是指1库仑（C）电量所产出的电解产物量，其中1C电量为1A电流在1s内输运的电量，即

$$1C = 1A \times 1s = 1000mA \times \frac{1}{3600} h = \frac{1}{3.6} mA \cdot h$$

所以电化当量可以将 g/C 或 g/（A·h）分别作为两个不同的计算单位。电化学当量可通过查表得到，在此不详细列举。法拉第于1834年确定了电解的两条电解定律——"法拉第定律"。其中法拉第第一定律用公式可表示为

$$电解析出金属的质量(g) = 电化学当量\left(\frac{g}{C}\right) \times 通过的电量(C)$$

$$= 电化学当量\left(\frac{g}{A \cdot h}\right) \times 电流强度(A) \times 通电时间(h)$$

因此，就可用下面公式计算出要达到一定容量的电池分别需要的正、负极活性物质材料最少用量：

$$活性物质用量(g) = 设计容量（A \cdot h）\times 电化学当量\left(\frac{g}{A \cdot h}\right)$$

同样的设计容量，活性物质的用量越轻越好，即为电化学当量越小越好，锂是所有金属中最轻的（摩尔质量仅为6.94g/mol），拥有最低的标准电极电位（-3.045V）、最高的比容量（3860mA·h/g）和最小的电化学当量[0.269g/（A·h）]，

具有设计成高能量密度储能装置的优势。

根据法拉第第二定律，电化学当量与其化学当量成正比。化学当量是指该物质的摩尔质量与其的化合价的比值。法拉第第二定律用公式可表示为

$$
电化学当量\left(\frac{g}{C}\right)=\frac{摩尔质量\left(\frac{g}{mol}\right)}{化合价}\times\frac{1}{摩尔电荷\left(\frac{C}{mol}\right)}=\frac{分子量\left(\frac{g}{mol}\right)}{化合价}\times\frac{1}{法拉第常数\left(\frac{C}{mol}\right)}
$$

电极材料的理论克容量，即假定 1g 材料中全部 Li^+[一] 参与电化学反应所能够提供的克容量，其数值通过下式计算：

$$
理论克容量\left(\frac{mA\cdot h}{g}\right)=\frac{法拉第常数\left(\frac{C}{mol}\right)\times\frac{1}{3.6}\left(\frac{mA\cdot h}{C}\right)\times Li计量个数}{材料摩尔质量\left(\frac{g}{mol}\right)}
$$

式中，法拉第常数代表每摩尔电子所携带的电荷，它是阿伏伽德罗数（N_A=6.02214×10^{23}/mol）与元电荷（e=1.602176×10^{-19}C）的乘积，其值是（96485.33289 ± 0.00083）C/mol；Li 计量个数，指一个电极材料化合物分子中 Li 原子的个数，例如 $LiFePO_4$、$LiCoO_2$、NCM 中 Li 计量个数均是 1，$Li_{22}Si_5$ 中 Li 计量个数是 22。下文代入公式计算时，Li 计量个数为 1。

例如，$LiFePO_4$ 的摩尔质量是 157.756 g/mol，其理论克容量为

$$
理论克容量\left(\frac{mA\cdot h}{g}\right)=\frac{96485.33\left(\frac{C}{mol}\right)\times\frac{1}{3.6}\left(\frac{mA\cdot h}{C}\right)\times1}{157.756\left(\frac{g}{mol}\right)}=170mA\cdot h/g
$$

三元材料 NCM（1/1/1）$\left(LiNi_{\frac{1}{3}}Co_{\frac{1}{3}}Mn_{\frac{1}{3}}O_2\right)$ 的摩尔质量为 96.461g/mol，其理论容量为 278mA·h/g；$LiCoO_2$ 摩尔质量 97.8698g/mol，如果 Li^+ 全部脱嵌，其理论克容量为 274mA·h/g；石墨负极中，锂嵌入量最大时，形成锂碳层间化合物，化学式 LiC_6，即 6 个 C 原子结合一个 Li^+，6 个 C 原子摩尔质量为 72.066g/mol，石墨的最大理论克容量为

$$
理论克容量\left(\frac{mA\cdot h}{g}\right)=\frac{96485.33\left(\frac{C}{mol}\right)\times\frac{1}{3.6}\left(\frac{mA\cdot h}{C}\right)\times1}{72.066\left(\frac{g}{mol}\right)}=372mA\cdot h/g
$$

[一] 因常用电极材料多为化合物（如 $LiFePO_4$、$LiCoO_2$、$Li_2Mn_2O_4$、$LiN_xCo_yMn_{(1-x-y)}O_2$），其中 Li 元素多以阳离子形式存在，并参与后续电化学反应，故此处写为 Li^+。

对于硅负极，5 个 Si 的摩尔质量为 140.43g/mol，5 个硅原子结合 22 个 Li⁺，则硅负极的理论克容量为

$$\text{理论克容量}\left(\frac{mA \cdot h}{g}\right) = \frac{96485.33\left(\frac{C}{mol}\right) \times \frac{1}{3.6}\left(\frac{mA \cdot h}{C}\right) \times 22}{140.43\left(\frac{g}{mol}\right)} \approx 4200 mA \cdot h/g$$

尽管材料的理论克容量是假定 1g 材料中全部 Li⁺ 参与电化学反应所能够提供的容量，但实际上全部 Li⁺ 都参与电化学反应是不可能的，为保证材料结构可逆，实际 Li⁺ 在正负极材料中的脱嵌系数小于 1（根据经验或测试结果可得出），材料的实际克容量为

$$\text{实际克容量} = \text{锂离子脱嵌系数} \times \text{理论克容量}$$

2.1.5 材料的电化学性能测试

实验室研发阶段，为了评估不同电池正负极材料的电化学性能，通常组装扣式半电池进行测试验证。扣式半电池因形似纽扣又名纽扣电池、扣式电池，简称半电池。本书所指半电池，一般以锂片为负极，待测材料制备的极片为正极，用于实验室初步测试研究。图 2-7 所示为石墨 / 锂半电池示意图。

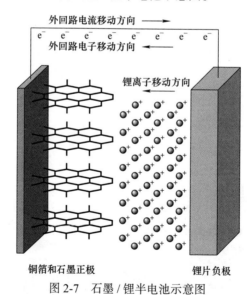

图 2-7　石墨 / 锂半电池示意图

1. 半电池一定要用金属锂片作为另外一极的主要原因

1）金属锂更容易制备，且测试各种材料都使用锂单质作为负极，便于不同材料、不同厂商之间的对比。

2）对于制作石墨等没有锂源的半电池而言，金属锂作为另外一极来提供锂源

是必不可少的。

3）在半电池测试中，可以认为金属锂是电位保持不变、容量无限的。

通过半电池测试，可以得到测试电极的充放电曲线、库仑效率、倍率性能和克容量等信息，但由于半电池与全电池在正负极材料、设计及制作工艺等方面区别较大，因此半电池测试结果仅可作为材料电性能评测的部分依据，材料真实的电性能发挥还需要结合全电池的测试结果。

2. 为什么工业中不用锂金属作为负极

半电池可以用金属锂作为负极，是不是也可以用金属锂作为工业生产中电池负极的活性物质呢？这样不是可以达到最大的能量密度吗？答案均是否定的。正负极材料不但要活泼，还要具有稳定的结构，才能实现有序可控的化学反应。不稳定的结果是什么？可以想象汽油燃烧和炸弹爆炸，能量剧烈释放，这个化学反应的过程实际上是无法人为地进行精确控制的，于是化学能变成了热能，一次性把能量释放完毕，而且不可逆。金属形态存在的锂元素太"活泼"，在实际反应过程中不易控制，不易进行工艺化大规模生产，目前只能在实验室充满惰性气体的手套箱环境中进行。这也正是锂电产业化创始人西美绪博士对锂电池研发历程的著名评价：最困难的课题就是如何把活性物质安全地收束在容器里。

早期针对锂电池的研究，确实是以金属锂或其合金作为负极这个方向开展的，但是因为安全问题突出，不得不寻找其他更好的路径。近年来，随着人们对高能量密度的追求，这个研究方向又有"满血复活"的趋势，这方面内容在本书后面会讲到。

如果锂元素不能带入负极，那就只能带入正极或电解液。如果把锂金属溶解在电解液中（例如电解液中的锂盐六氟磷酸锂），以电解液作为锂主要的供应源，电解液的量须非常大才行，电池的尺寸也会变大，所以早期的研究者直接否定了这个方案，经过各种失败的尝试以后，最终得出的结论是需要含锂的正极。

2.2 正极材料

正极材料是锂离子电池最核心和最贵的部分，可以说是影响锂离子电池能量密度和性能的核心材料。电池的化学反应过程都是氧化还原反应，所以正极材料首先从金属锂的氧化物中寻找。金属锂氧化物中锂元素的占比，也决定了正极材料的理论容量。为了实现能量存储和释放过程中的化学稳定性，即电池充放电循环的安全性和长寿命，需要的电极材料既要具有较大的可逆储锂量（储存的能量多），又能在存储过程中保证长期稳定（自放电小，安全性高）。因此正极材料的选择，主要基于以下几个因素考虑：

1）具有较高的氧化还原反应电位，使锂离子电池达到较高的输出电压。

2）锂元素含量高，材料堆积密度高，使得锂离子电池具有较高的能量密度。

3）化学反应过程中的结构稳定性要好，使锂离子电池具有长循环寿命。

4）电导率要高，使锂离子电池具有良好的充放电倍率性能。

5）化学稳定性和热稳定性要好，不易分解和发热，使锂离子电池具有良好的安全性。

6）价格便宜，使锂离子电池的成本足够低。

7）制造工艺相对简单，便于大规模生产。

8）对环境的污染低，易于回收利用。

经过长期研究和探索，人们找到了几种锂的金属氧化物，如钴酸锂（$LiCoO_2$）、磷酸铁锂（$LiFePO_4$）、锰酸锂（$LiMn_2O_4$）、镍酸锂（$LiNiO_2$）或者上述几种材料的混合，作为电池正极材料。表 2-1 比较了不同正极材料制成的电芯的基本性质。

表 2-1　不同正极材料制成的电芯的基本性质

正极材料名称	钴酸锂	镍酸锂	锰酸锂	镍钴锰酸锂	磷酸铁锂
分子式	$LiCoO_2$	$LiNiO_2$	$LiMn_2O_4$	$LiNi_xCo_yMn_{(1-x-y)}O_2$	$LiFePO_4$
理论克容量 /（mA·h/g）	274	274	148	278	170
实际克容量 /（mA·h/g）	145~150	190~210	100~120	150~190	140~155
平均电压 /V	3.7	3.6	3.8	3.6	3.2
质量比能量 /（W·h/kg）	536~555	684~756	380~456	540~684	448~496
压实密度 /（g/cm³）	4.1	3.5	3.0	3.5	2.3
体积比能量 /[（W·h）/L]	2198~2276	2394~2646	1140~1368	1890~2394	1030~1141
循环性能 / 次	>300	差	>500	>800	>2000
资源储量	贫乏	较丰富	丰富	较丰富	非常丰富
安全性	差	差	良好	尚好	好
温度性能	高温较差 低温较好	高温差 低温较差	高温差 低温好	高温较好 低温较差	高温好 低温差

表 2-1 中涉及的计算公式如下：

$$材料理论克容量\left(\frac{mA·h}{g}\right)=\frac{法拉第常数\times\left(\dfrac{C}{mol}\right)\times\dfrac{1}{3.6}\left(\dfrac{mA·h}{C}\right)\times Li计量个数}{材料摩尔质量\left(\dfrac{g}{mol}\right)},$$

详见 2.1.4 节。

质量比能量（W·h/kg）= 实际克容量（A·h/kg）× 平均电压（V），详见 3.4.1 节。

体积比能量（W·h/L）= 质量比能量（W·h/kg）× 压实密度（kg/L），详见3.2.1 节。

同时，在正极材料中一般会通过对材料的改性来改善电池的电化学性能，提高对 Li^+ 的利用率，具体的改性方法主要有掺杂和包覆。

1）掺杂通常是指为了改善某种材料或基质的性能，有目的地在这种材料或基质中掺入少量其他元素或化合物，进而改善材料的电学、磁学和光学等性能。对于正极材料，主要通过向其中加入 Al、Mn 等阳离子或 O、F、Cl 等阴离子来改善其电化学性能。

2）包覆是为了用保护层隔绝电解液和活性电极材料的直接接触，可以在很大程度上降低副反应，比如减少过渡金属的析出、形成更薄的 SEI（Solid Electrolyte Interphase, 固体电解质界面）膜、降低氧原子的析出等，从而提高电化学稳定性。除此之外，通过筛选合适的包覆材料，能使锂离子、电子导电性能和材料热稳定性显著提高，由此得到很好的倍率和循环性能。常见的包覆方法有核壳结构包覆、超薄膜包覆和粗糙包覆。

2.2.1　钴酸锂正极材料

钴酸锂（$LiCoO_2$）正极材料的优点是该类电池生产技术成熟，比能量高；缺点是高温状态下的热稳定性较差。钴酸锂的晶体结构如图 2-8 所示。

钴酸锂电池的商业化应用开始得最早，第一代商业化应用的锂离子电池就是索尼公司在 1990 年推向市场的钴酸锂电池，随后在消费类产品中得到大规模应用。随着手机、笔记本电脑、平板电脑的大规模普及，钴酸锂一度是锂离子电池正极材料中销售量占比最大的材料。钴酸锂具有二维层状结构，比较适合 Li^+ 的脱嵌，其理论容量为 274mA·h/g。在实际应用中，由于结构稳定性的限制，最多只能把晶格中一半的 Li^+ 脱

图 2-8　钴酸锂的晶体结构

出，因此实际比容量约为理论值一半，其平均工作电压高达 3.7 V。钴酸锂电池因其制备简单、电化学性能好、循环性能好、性能稳定和充放电性能优良等优点，成为了最早大规模商业化应用于锂离子电池的正极材料，目前消费类电子产品的锂离子电池有 70% 以上仍然采用钴酸锂作为其正极材料。在充电过程中，如果 Li^+ 的全部脱嵌，会引起结构中氧的氧化反应，造成 Co-O 键断裂，造成钴酸锂层状结构的坍塌，同时释放氧气造成电芯内部氧气含量过高的不安全环境，因此钴酸锂实际上只能脱嵌一半的 Li^+，实际克容量较低。

随着过充阶段的持续进行，钴酸锂的脱锂量越来越高、电压也随之持续升高。过充初始阶段的产气成分与化成接近，但是当电压达到 5V 左右时，钴酸锂的脱锂量达到最大，此时正极材料已由满电的 $Li_{0.5}CoO_2$，变成了极不稳定的 $Li_{<0.01}CoO_2$，并会分解产生大量氧气。正极产氧 + 负极析锂 + 副反应高温，使得钴酸锂电池的过充测试是最难通过的安规测试之一。

由于地球上钴元素的储量比较低，全球钴储量约 700 万吨，也导致钴酸锂的成本偏高，难以在动力电池领域大规模普及，所以钴酸锂正极材料将被其他材料逐步取代。钴材料全球产量分布、钴消费结构、钴的主要消费地区情况如图 2-9~图 2-11 所示。

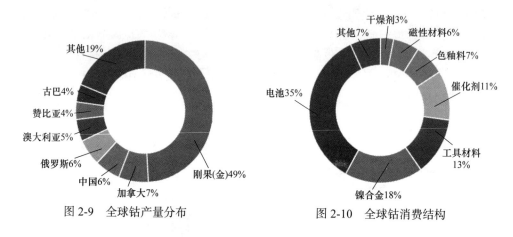

图 2-9　全球钴产量分布　　　　　　图 2-10　全球钴消费结构

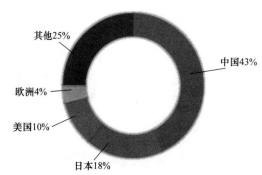

图 2-11　主要国家和地区钴的消费量

2.2.2　锰酸锂与富锂正极材料

1. 锰酸锂（$LiMn_2O_4$）正极材料

锰酸锂克容量偏低，由 Jahn-Teller 效应而造成的高温循环差的缺点很大程度上限制了其大规模的应用，但是对其进行过度金属掺杂后形成的 $LiNi_{0.5}Mn_{1.5}O_4$，不仅拥有高达 4.7V 的放电平台，克容量也提升到了 140mA·h/g，且充分抑制了 Jahn-Teller 效应的发生。虽说尖晶石型镍锰酸锂相对锰酸锂有较大优势，但与高端三元材料相比，其能量密度并不占优势，其使用的 5V 的电解液距技术成熟还有很长的道路。后续尖晶石镍锰酸锂的出路，或在于其低成本的特点以及与钛酸锂搭配成 3.2V 大倍率长循环电芯。

锰酸锂为尖晶石型结构，如图 2-12 所示，其中 $Mn_2O_4^-$ 框架是一个四面体与八面体共面的三维结构，Li^+ 在 $Mn_2O_4^-$ 框架中进行反复嵌入/脱嵌，在这个过程中，晶体各向同性地膨胀/收缩，晶体结构体积变化极小，可以进行锂的完全脱嵌。锰酸锂可以产生 3.8 V 的高电压平台，理论容量为 148mA·h/g。锰酸锂的突出优点是成本低、低温性能好，缺点是比容量低，极限在 148mA·h/g，且高温性能差，循环寿命低。锰酸锂循环过程中容量会发生缓慢衰减，主要有以下三方面原因：

1）锰在电解液中发生溶解；

2）Jahn-Teller 效应致使结构被破坏；

3）因为 Mn^{4+} 的氧化性，高度脱锂后的尖晶石结构不稳定。

日产的 LEAF 纯电动轿车采用了日本 AESC 公司的锰酸锂电池，早期的雪佛兰 Volt 也采用韩国 LG 化学的锰酸锂 $LiMn_2O_4$ 离子电池。

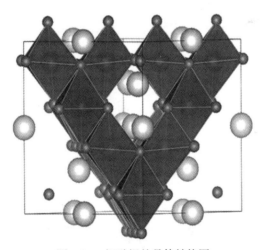

图 2-12 锰酸锂的晶体结构图

2. 富锂锰基正极材料

富锂锰基材料将具有电化学高活性的 $LiMO_2$ 和构造中富含更多 Li^+ 的 Li_2MnO_3，通过固溶化来达到高容量、高活性的兼顾，如图 2-13 所示。其结构为（$1-x$）$Li_2MnO_3 \cdot x(LiMO_2)$（$M$=Co、Ni、Mn），比容量达到了 250mA·h/g 以上，这主要是得益于其中过量的 Li^+，以及富锂材料中所包含的两种晶系，稳定的 Li_2MnO_3 单斜晶系和 $LiMO_2$ 六方晶系。其充电截止电压可以达到 4.8V（对锂片），其中由于

Li_2MnO_3 层状结构的存在，在充电电压大于 4.5V 时，Li_2MnO_3 中的 Li^+ 继续脱嵌，得到的 MnO_2 和 MO_2，有 O_2 析出，使得富锂材料首次循环效率较低。同时富锂材料还存在充放电机理不明确、材料振实密度低、倍率性能差、循环性能差、电压衰降快等需要解决的问题。其中，电压衰降快是目前富锂锰基材料的最难解决的问题，这是由于富锂锰基材料的层状结构在充放电过程中会逐渐向尖晶石结构转变造成的。

拥有着接近 300mA·h/g 容量和 4.8V 满电电压的富锂锰基正极材料长期以来一直是国内外研究的热点。但是其热稳定温度低于钴酸锂、没有放电平台致使上下限电压超过 1.5V、较大的直流阻抗（Direct Current Resistance，DCR）所带来的能源浪费等种种缺点，大幅限制了其大规模应用的可能。

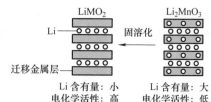

图 2-13　富锂锰基材料合成示意图

2.2.3　磷酸铁锂正极材料

磷酸铁锂（$LiFePO_4$）正极材料的优点是热稳定性较好、循环寿命长、安全性高和成本低；缺点是能量密度低，低温损耗大。

1997 年，古迪纳夫（Goodenough）等人首次提出具有橄榄石结构的磷酸铁锂可以用作锂离子电池的正极材料。磷酸铁锂（$LiFePO_4$）正极材料，其理论比容量为 170 mA·h/g，产品实际比容量可超过 140 mA·h/g，目前磷酸铁锂材料在容量发挥方面已经做到了极致。其特点是首次循环效率高，价格低廉，无毒性，不造成环境污染。如图 2-14 所示，一个 FeO_6 八面体与两个 LiO_6 八面体共棱，所有的氧离子都与五价的磷原子通过共价键结合，由于 P-O 键作用力强，磷原子起到了稳定整个"骨架"的作用，充放电过程中锂离子脱出晶体以后磷酸铁结构仍有足够的支撑，并不会造成晶格坍塌，故而具有良好的可逆性。

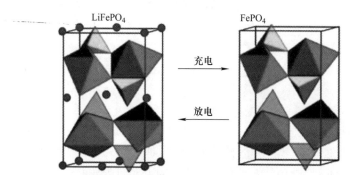

图 2-14　磷酸铁锂的充放电晶体结构图（小球体为锂离子）

磷酸铁锂是非常安全的正极材料，其热稳定性是目前动力锂电池中最好的，并且穿刺、短路、高温等极端情况电池都不会发生燃烧或爆炸；而相比前面所讲的钴酸锂电池，其在180~250℃时内部化学成分就已处于不稳定状态。总的来说，磷酸铁锂电池循环寿命高、耐过充能力强，而且成本低，不含任何对人体有害的重金属元素。

在实际应用中，磷酸铁锂材料的容量和倍率性要比理论值低许多，这主要是因为材料的导电性和锂离子导通性不佳。由于FeO_6八面体之间只是通过共顶点连接，并没有共边，所以没有形成连续的网状结构，导致材料的电子电导率较低。此外，由于近乎六方堆积的氧原子的紧密排列，锂离子只能在一维方向进行脱嵌，因此磷酸铁锂的倍率性能一般，这也引发了磷酸铁锂电池最大的痛点：当温度低于-5℃时，充电效率较低，不能满足电动汽车在我国北方冬天的充电需求。

2.2.4　三元正极材料

三元正极材料的优点是能量密度高、循环寿命长；缺点是高温下稳定性差，安全性低。

如图2-15所示，层状结构的$LiMO_2$（M=Co、Ni、Mn）正极材料是在层状$LiCoO_2$材料的基础上发展起来的，通过用Ni、Mn金属来取代部分Co实现的，其结构与层状$LiCoO_2$类似。

相比磷酸铁锂和钴酸锂电池，三元锂电池的能量密度相对较高。由于我国国家补贴金额与电池能量密度直接挂钩，因此三元锂电池在市场中的渗透率和占有率

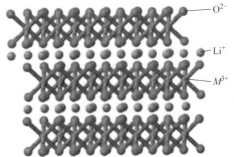

图2-15　$LiMO_2$晶体结构球棍模型示意图

快速提升。三元锂电池是指电池正极材料中，除了锂外，还有镍钴铝（NCA）或者镍钴锰（NCM）三种金属。

1. 镍钴铝（NCA）三元材料

严格来说，镍钴铝三元材料其实算是一种改性的镍酸锂（$LiNiO_2$）材料，在其中掺杂了一定比例的钴和铝元素（占比较少），即目前市场上的NCA三元材料。NCA的放热反应温度为180℃。高镍NCA材料在荷电状态下的热稳定较低，会导致电池的安全性下降。NCA电池充放电过程中有产气现象，会导致电池鼓胀变形，循环及搁置寿命下降，给电池带来安全隐患，所以通常使用NCA正极材料制作18650型圆柱电池，以缓解电池鼓胀变形问题。鼎鼎大名的特斯拉Model S电动汽车就是使用了松下公司的高容量3.1A·h NCA电芯作为电动汽车的动力电池系统，由7000多颗18650型圆柱电池组成，并且做到了接近500km的续驶里程。

针对NCA材料的商业化应用主要是日本的松下公司在做，我国国内锂离子电池公司对这个材料的商业化应用不多。在技术路线上，NCA材料比NCM材料的生

产工艺和条件更为苛刻。其难点在于生产制作过程中，前驱体的制备和焙烧工艺，对相关设备的要求很高。而设备极严格的要求，又伴随着成本的提高。同时高镍NCA材料的碱性较高，需要纯氧环境，且湿度控制在10%以下，这无疑加大了量产难度和资金投入，对国内企业形成很大的挑战。

2. 镍钴锰（NCM）三元材料

镍钴锰复合氧化物正极材料综合了$LiCoO_2$、$LiNiO_2$、$LiMnO_2$三种层状材料的优点，其综合性能优于以上任何一种单一组分正极材料，存在明显的三元协同效应。

镍（Ni）：可提高材料的容量；但由于镍离子的离子半径小于锂离子，在充放电过程中镍离子容易占据锂离子的位置，出现阳离子错排的现象，导致循环性能和倍率性能恶化。另外，高镍材料的pH值过高，会影响电池实际使用。

钴（Co）：能有效稳定三元材料的层状结构并抑制阳离子混排，提高材料的电子导电性，改善循环性能。但Co比例的增大会使电池容量降低，$LiCoO_2$在高温下容易发生析氧反应，释放出氧气，从而造成钴酸锂层状结构的坍塌。

锰（Mn）：可以引导锂和镍层间混合，并且可以改善材料的高温性能和结构稳定性，提高发生放热反应温度，达到220℃，不仅可以降低材料成本，而且还可以提高材料的安全性。但层状$LiMnO_2$在脱锂后结构不稳定，会慢慢向尖晶石型$LiMn_2O_4$结构转变，此时锂离子会进入锰离子层，造成容量衰减，并且过高的Mn含量将会降低材料克容量。

NCM材料由于镍钴锰的协同效应，电化学性能均优于任何单一组分的层状氧化物，较好地兼备了三种组分的优点，弥补了各自的不足，具有比容量高、成本低、循环寿命长及安全性能高等特点。钴元素能够有效地减弱离子混排，稳定材料的层状结构，提高材料的电导率；镍元素保证材料高容量；锰元素则主要起稳定结构作用。三元材料的理论比容量为274mA·h/g，实际比容量可以达到200 mA·h/g。

根据Ni、Co、Mn含量的差异，三元材料可分别称为NCM333、NCM523、NCM622和NCM811等。美国3M公司最早申请了三元材料的相关专利，而3M是按照镍锰钴（NMC）的顺序来命名三元材料的，故国际上普遍称呼三元材料为NMC。三元材料的名称比如333、442、532、622、811等都是以NMC的顺序来命名的，而国内由于发音习惯一般称为镍钴锰（NCM），此外还有镍含量65%的Ni65三元材料体系。

随着新能源汽车的发展，对电池能量密度提升的要求及降低成本的需求越来越迫切，动力电池正极材料正在向着高镍降钴的方向发展，由原来的NCM622逐渐变成NCM811甚至含镍更高的三元材料。NCM材料的比容量较高，目前市场上的产品已经可以达到170~180mA·h/g，从而可以将电池单体的能量密度提高到接近200W·h/kg，满足电动汽车的长续驶里程要求，从而成为商业动力电池正极的热门材料。此外，通过改变三元材料的配比，还可以达到良好的倍率性能，从而满足 PHEV 和 HEV 车型对大倍率小容量锂离子电池的需求，这也正是三元材料大行其道的原因。

三元锂电池中会用到的 Co、Ni、Mn 材料：对于 Co 资源，我国的储量仅占世界的 1.03%，但消耗占世界的 50% 左右，95% 以上依赖进口；对于 Ni 资源，我国的储量仅占世界的 3.0%，进口率占 60% 以上；Mn 元素因资源丰富且在电池领域的用量占比小，受新能源发展的影响不明显。

当然三元锂电池在应用过程中也存在一些缺点，三元材料的脱氧温度为 200℃，放热能量超过 800 J/g，化学反应比较剧烈，三元材料在结构塌陷过程中会释放氧气，致使电解液在高温下迅速燃烧，发生连锁反应，这表明三元锂电池在不做任何安全设计的条件下，在内部短路、电池外壳损坏等极端情况，可能引发燃烧、爆炸等安全事故。因此三元锂电池的主要研发方向是提高电池的安全性。正是出于安全方面的考虑，我国暂停了在商用车型上配备三元锂电池。不过随着技术的进步，尤其是在应用了陶瓷隔膜之后三元锂电池的安全问题已得到改善。就目前市场情况来看，由于三元锂电池综合优势比较明显，整车厂商对于三元锂电池的关注度也在持续增加。

3. NCA 与 NCM 的对比

从 NCM 材料及 NCA 材料制备过程中随着镍含量的升高，烧结气氛需要使用纯氧烧结，但是在同样镍含量条件下，NCA 材料对温湿度敏感性较强，需要将生产环境湿度控制在 10% 以下，加大了生产和管理的成本。NCM811 相对 NCA 的钴含量更低，这意味着 NCM811 具有更低的成本及更大的能量密度优势。排除容量、工作电压和成本的担忧，NCA 材料较 NCM811 具有更好的容量保持率，特别是铝的掺入可以一定程度上改善材料的结构稳定性，从而改善循环稳定性。NCM 和 NCA 正极材料通常采用不同的合成路线生产，针对 NCM 材料来说，一般直接通过共沉淀方法生成前驱体，然后进行混锂烧结得到 NCM 材料，而 NCA 材料有两种方式可以将铝引入到镍钴结构中，一种是通过直接共沉淀方法形成前驱体；另一种是通过将铝元素与镍钴前驱体混合烧结得到。

2.2.5　前驱体材料

前驱体是目标产物的一种雏形，是在获得目标产物之前的一种存在状态，大多以有机 - 无机配合物固体存在。锂盐和前驱体以及其他一些添加剂一起构成了锂离子电池的正极材料。三元材料前驱体主要由硫酸锰、硫酸镍和硫酸钴为原材料，氢氧化钠和氨水分别为沉淀剂和络合剂，通过共沉淀法制备出三元正极材料的前驱体。其中前驱体主要由镍、钴、锰形成的三元素金属氢氧化物，组成为 $Ni_xCo_yMn_{(1-x-y)}(OH)_2$。利用氢氧化物共沉淀反应与前驱体共同制备三元材料的过程如图 2-16 所示。

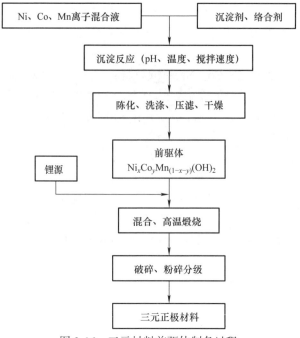

图 2-16　三元材料前驱体制备过程

对于三元材料来讲，前驱体的生产过程非常关键，前驱体制备的好坏直接关系到三元材料的电化学性能，不同的反应条件制备的前驱体在粒度分布及颗粒形貌上都有一定的区别，前驱体的批次稳定性需要严格控制。

三元前驱体需要与锂源混合之后经过烧结才能得到成品三元材料，对于镍含量不同的前驱体来说，其锂源的选择及烧结的条件也不同。一般情况下，对于低镍含量（Ni 摩尔比≤60%）的前驱体一般锂源选择碳酸锂，烧结气氛在空气氛围下即可完成材料的烧结制备。随着镍含量的升高（Ni 摩尔比 >60%）锂源的选择也有所区别。由于碳酸锂的分解温度较高，高镍三元材料烧结温度较低，使用氢氧化锂较为合适，同时镍含量较高时，烧结气氛需使用纯氧烧结。目前我国合成三元前驱体的主要生产厂商有宁波容百、南通瑞翔等。

2.3　负极材料

在没有外来约束条件下，电池充电时锂晶体会在负极表面无序生长，形成枝晶。所以要挖个"坑"让锂离子往里面跳，这个"坑"的具体表现即为负极表面的负极材料。这个负极材料的晶体与晶体之间的空隙要够大，足以容纳单个锂原子，但也只能容纳单个锂原子；然后石墨层与锂原子之间的物理吸附作用可以稳住锂原子，于是锂原子在没有外来电压时也能"安心"待在负极表面，不会"野蛮生长"

了。负极的作用是存储迁出来的锂离子并传导电子，承担着氧化还原反应中还原剂的作用。负极材料的特性直接影响锂电池的容量、首次循环效率、循环性能等。锂离子电池负极材料的选择应主要考虑以下几个条件：

1）锂离子在负极基体中的插入氧化还原电位尽可能低，接近金属锂的电位，从而使电池的正负极压差高。

2）能够容纳大量的锂离子发生可逆插入/脱嵌以得到高容量。

3）在插入/脱嵌过程中，负极主体结构没有或很少发生变化。

4）氧化还原电位随锂离子的嵌入/脱嵌变化应该尽可能小，这样电池的电压才不会发生显著变化，可保持较平稳的充电和放电。

5）插入化合物应有较好的电子电导率和离子导通性，这样可以减少极化并能进行大电流充放电。

6）主体材料具有良好的表面结构，能够与液体电解质形成良好的 SEI 膜。

7）插入化合物在整个电压范围内具有良好的化学稳定性，在形成 SEI 膜后不与电解质等发生反应。

8）锂离子在主体材料中有较大的扩散系数，便于快速充放电。

9）从实用角度而言，材料应具有较好的经济性以及对环境的友好性。目前负极材料的种类及相关性能对比见表 2-2。

表 2-2 负极材料的种类及相关性能

材料名称	碳	钛酸锂	硅	氧化亚硅	硅碳	锂
分子式	C	$Li_4Ti_5O_{12}$	Si	SiO	Si/C	Li
理论克容量/（mA·h/g）	372	175	4200	2400	≥ 400	3861
实际克容量/（mA·h/g）	340~360	160	2000~4000	1300~1500	≥ 400	≥ 3000
平均电压/V	0.2	1.55	0.5	0.4~0.5	0.2~0.5	0
压实密度/（g/cm³）	1.5~1.7	1.9~2.0	—	1.2~1.4	1.4~1.6	—
循环性能	良好	极优	差	较差	较差	差
安全性	良好	极优	较差	较差	较差	极差
温度性能	一般	极优	差	差	差	差

2.3.1 碳负极材料

碳材料主要分为石墨类碳材料、无定型碳材料和新型碳材料，它们都是由石墨微晶组成，但是组成结构、原子排列、堆积层数、堆叠方式等不同，使得它们在负极特性中表现也不同。由于石墨具有良好的循环稳定性、优异的导电性，且层状的石墨结构有利于嵌入/脱嵌过程的反复进行、储量丰富以及便于大规模制造等优点，因此目前市场上主要选择石墨类碳材料作为锂离子电池的负极材料，充放电时的反应原理如下。

充电时：$$xLi^+ + xe^- + 6C \rightarrow Li_xC_6$$

放电时：$$Li_xC_6 \rightarrow x Li^+ + xe^- + 6C$$

石墨类碳材料主要指各种石墨以及石墨化的碳材料，包括天然石墨、人造石墨、中间相炭微球和改性石墨。石墨烯一般不作为负极材料，只作为添加剂加入到正极或负极活性物质中，起到增加活性物质导电性的作用。天然石墨主要是指天然鳞片石墨或球状石墨，经选矿和提纯后其含碳量可高达99%以上，但是天然石墨因颗粒表面反应活性不均匀，晶粒粒度较大，在充放电过程中表面晶体结构容易被破坏。人造石墨是将焦类原料经高温石墨化处理制得。中间相炭微球则是由沥青或树脂类有机碳材料经过高温缩聚反应而成的微小球状碳材料，其倍率性能较好。

与人造石墨相比，天然石墨的容量更高、成本更低，但由于天然石墨容易发生溶剂共嵌入，从而会造成充放电过程中石墨层的剥离、粉化，影响循环性能。通过在天然石墨表面进行氧化、碳包覆等改性手段制得改性石墨则可以在一定程度上改善这一问题。而人造石墨则各项性能比较均衡，循环性能好，与电解液的相容性也比较好，价格也相对更高。

在形貌上，天然石墨颗粒大小不一，粒径分布广，未经处理的天然石墨是不能作为负极材料直接使用的，需要经过一系列的加工后才能使用，而人造石墨在形貌以及粒径分布上就一致多了。在微观结构上，天然石墨是层状结构，其电镜扫描图（SEM）剖面图中保留了鳞片石墨的层状结构，片状结构间有大量空隙存在；而人造石墨在高温石墨化过程中晶体结构重新排列并聚合收缩，其内部致密、无缝隙，如图2-17所示。

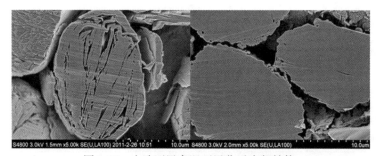

图2-17　人造石墨高温石墨化后内部结构

石墨作为负极材料也有一些不足：

1）克容量低，石墨的理论容量可以达到372mA·h/g，只有石墨化度非常高的材料可以达到这个值，市面上最好的石墨负极材料可达360mA·h/g；

2）循环次数较多时层状结构容易剥离脱落。

以上缺点限制了电池比能量和性能的进一步提升。

2.3.2　钛酸锂负极材料

钛酸锂作为负极材料的理论比容量为 175mA·h/g，实际比容量大于 160mA·h/g。钛酸锂中的锂元素只起到稳定结构的作用，不参加正负极之间的锂离子脱嵌，虽然能量密度不高，但其优点主要有：

1）放电平台可至 1.55V 且平台非常平坦；

2）锂离子在其中嵌入或脱嵌时，晶格变化和体积变化很小，使锂离子具有很好的迁移性。因此，钛酸锂可以让电池实现高倍率充放电，且安全性能优异，循环寿命长；

3）钛酸锂可与锰酸锂、三元材料或磷酸铁锂等正极材料组成 2.4V 或 1.9V 的电池；

4）钛酸锂还可以用作正极材料，与金属锂或锂合金负极组成 1.5V 的电池。

钛酸锂由于其多项优异的性能而作为新型锂离子电池的负极材料受到重视开始于 20 世纪 90 年代后期。比如钛酸锂材料在锂离子的嵌入及脱嵌过程中晶体结构能够保持高度的稳定性，晶格常数变化很小（体积变化 <1%）。

这个"零应变"电极材料极大地延长了钛酸锂电池的循环寿命。钛酸锂具有尖晶石结构所特有的三维锂离子扩散通道，具有功率特性优异和高低温性能佳等优点。与碳负极材料相比，钛酸锂的电位高（比金属锂的电位高 1.55V），这就导致通常在电解液与碳负极表面上生长的 SEI 膜在钛酸锂表面基本上不会形成。

更重要的是在正常电池使用的电压范围内，锂枝晶在钛酸锂表面上难以生成。这就在很大程度上消除了由锂枝晶在电池内部形成短路的可能性。所以钛酸锂为负极的锂离子电池的安全性是目前各种类型的锂离子电池中最高的。

2.3.3　硅负极材料

硅是一种极为常见的元素，极少以单质的形式在自然界出现，而是以复杂的硅酸盐或二氧化硅的形式广泛存在于岩石、砂砾、尘土之中。硅在地壳中是第二丰富的元素，构成地壳总质量的 26.3%。因此硅基负极材料有着丰富的资源储量、低廉的价格，是下一代高比能锂离子电池负极材料的主要竞争者。硅在电池中充放电的反应原理如下：

充电时：
$$Si + xLi^+ + xe^- \rightarrow Li_xSi \quad (0 \leq x \leq 3.75)$$
$$Li_xSi + (3.75-x)Li^+ + (3.75-x)e^- \rightarrow Li_{15}Si_4$$

放电时：
$$Li_{15}Si_4 \rightarrow Si + yLi^+ + ye^-$$

1. 纯硅负极材料

因为硅可以和锂形成二元合金，因此完全嵌锂状态下克容量可以达到 4200mA·h/g，具有低的脱嵌锂电压平台（相对于锂的电势为 0.5V），与电解液反应活性低，且在地壳中储量丰富（如图 2-18 所示）、价格低廉。但是硅作为锂电池负极具有致命的缺陷，充电时锂离子从正极材料脱嵌，随后嵌入到硅晶体内部晶格的过程中，具有较大的体积膨胀率（高达300%），形成硅锂合金；放电时，锂离子从硅负极的晶格间脱出，又形成了很大的间隙。这样的体积效应会造成纯硅材料在嵌锂过程中发生颗粒破碎和粉化，破坏电极的导电网络，还会导致硅基负极从集流体上剥离下来，从而导致极片露箔，进而引发电化学腐蚀和短路等现象，影响电池的性能安全和使用寿命（活性物质损失）。其晶格膨胀如图2-19所示。

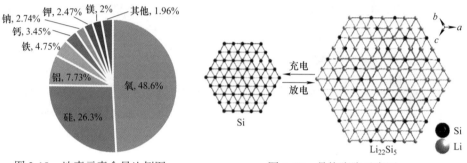

图2-18　地壳元素含量比例图　　　　图2-19　晶格膨胀示意图

为了克服纯硅负极材料这一难题，人们尝试将纯硅制成纳米颗粒以抑制硅颗粒的膨胀，但工艺上较难达到，同时纳米颗粒较大的比表面积还会造成负极与电解液之间的副反应显著增加，所以该材料的首次充放电库仑效率也较低。

2. 氧化亚硅负极材料

为了解决纯硅材料在充放电过程中的体积膨胀的问题，折中的解决办法就是制备氧化亚硅（SiO）材料。氧化亚硅负极电池的容量虽然没有纯硅负极电池的容量高，但Si-O键的强度是Si-Si键强度的2倍，Si-O键的键能是Si-Si键能的2倍，同时在嵌锂的过程中，锂离子会与材料中的氧元素发生反应，生成氧化锂、硅酸锂、偏硅酸锂等物质，这些副产物也可以很好地缓冲材料的体积膨胀，因此循环性能会得到很大程度的改善。同时，氧化亚硅材料的可逆容量为1300~1500mA·h/g，要远高于石墨类材料。但由于锂离子与氧元素生成副产物将会很大程度地消耗正极所提供的锂离子，因此氧化亚硅的最大缺点就是其首次循环的库仑效率很低。

因此在目前纯硅材料制备技术和材料性能没有大的突破的背景下，各大材料厂商纷纷转而开始研究循环性能更好的氧化亚硅材料。目前日韩已经推出了商业化的氧化亚硅复合负极材料，这些材料一般都进行了碳包覆，这一方面改善了材料的导电性，另一方面也避免了氧化亚硅材料直接和电解液接触，并且针对纯硅负极材料体积膨胀的特性开发了多款黏合剂，用以减少在循环过程中由于体积膨胀造成的粉化掉料等现象。

3. 硅碳负极材料

为了解决纯硅负极材料膨胀、导电性差的问题，可以将纳米颗粒的晶体硅材料嵌入石墨内部或表面，利用石墨材料缓冲纯硅负极材料在充放电过程中的体积变化，将两者进行复合形成硅碳负极材料。但由于石墨间隙或表面有限，因此大多数此类的硅碳负极的比容量仅为 400~500mA·h/g，同时此类硅碳材料循环寿命也并未得到太多的改善。

2.3.4　金属锂负极材料

金属锂具有较大的理论能量密度（3860mA·h/g 或 2061mA·h/cm^3）和相对最低的电化学势（相对于标准氢电极为 −3.04V）。早在索尼公司推出首款商用锂离子电池之前，采用金属锂负极的锂电池已经被广泛应用，但是金属锂负极在充电的过程中存在锂枝晶的问题，锂枝晶会引起两方面的问题：

1）锂枝晶生长到一定的程度后会发生断裂成为"死"锂，导致电池容量衰减；

2）锂枝晶不断生长，最终会刺穿隔膜，导致正负极短路，引发热失控。

鉴于以上原因，早期的金属锂电池都是作为一次电池使用，虽然其比能量很高，但是由于成本高昂，导致其应用领域受限，只能应用在一些高端领域。

随着人们对锂离子电池能量密度要求的不断提高，现有的石墨 / 过渡金属氧化物体系已经难以满足超高比容量的要求，于是金属锂负极材料开始进入人们的视野。要采用金属锂负极，首先要解决的就是锂枝晶的问题，传统的固体电解质很难在机械强度和离子导通性两个方面都满足金属锂电池的要求，好在人们已经开始寻找克服锂枝晶的方法，这里简要介绍诸多方法中的两种：

1）提高金属锂负极的活性面积：研究显示，降低金属锂表面的电流密度可以显著地抑制锂枝晶的产生。为了提高金属锂负极的比表面积，降低电流密度，人们尝试将金属锂制备成为粉末，但是金属锂粉不但昂贵，而且十分危险。

2）金属锂表面保护：在金属锂负极的表面加上一层无机或有机人造 SEI 膜层，不仅能够使得锂离子沉积得更加均匀，还能在锂离子沉积时产生必要的应力，防止锂枝晶的产生。

2.4　电解液

2.4.1　电解液的主要成分

电解液是锂离子电池四大关键材料（正极、负极、隔膜、电解液）之一，被誉为锂离子电池的"血液"，是锂离子迁移和传输的载体，为锂离子提供了一个在正负极之间自由嵌入 / 脱嵌的环境，是锂离子电池获得高电压、高比容量等优点的保证，对电池的循环寿命、温度特性、安全性能等各项指标都有着重要影响。为此要求电解液必须具有高的离子导通性和电子绝缘性，同时具有较好的电化学稳定性与热稳定性的电解液主要由电解质锂盐、高纯有机溶剂及具有特殊功能的添加剂组成。

水系电解质具有不可燃、低成本、低污染等有机电解质无法比拟的优点，但是电解电压远低于锂离子电池正极脱嵌电压是其致命弱点，直接断送了水系电解质应用于锂离子电池领域的可能。锂电之父古迪纳夫在早期开发出钴酸锂时，也是因为其电压过高、找不到合适电解质（当时电解质基本都是水系的），致使研究中断。

1. 锂盐

电解液要求锂盐在有机溶剂中具备溶解度高、易解离、离子导通性高和电化学窗口宽（0~5V）等特性。商业上锂离子电池电解液应用的锂盐为六氟磷酸锂（$LiPF_6$），它具有较佳的综合性能，但热稳定性相对较差、对水较敏感的缺点限制了其广泛应用。针对 $LiPF_6$ 存在的问题，大量的新型锂盐被发现并合成，主要包括以碳（C）、硼（B）、氮（N）、磷（P）等原子为中心的锂盐，如 $LiC(CF_3SO_2)_3$、$LiN(CF_3SO_2)_2$、$LiBF_4$ 等，而被认为未来最有希望取代 $LiPF_6$ 的物质是双氟磺酰亚胺锂（LiFSI），但现阶段基本都是作为辅盐或添加剂使用。

2. 溶剂

电解液的溶剂比较特殊，必须是有机的溶剂，用水肯定不行，溶质就是锂盐。除了溶质＋溶剂以外，还需要一个特殊的材料，即添加剂。并不是所有的溶液都能当电解液，必须是要能实现一定功能的溶液才能当电解液。对于锂离子电解液来说，好用的含义就是锂离子迁移的速率非常快。

电解液的溶剂必须是非质子性的有机溶剂。铅酸电池的电解液用的是水介质的溶液，为什么锂离子电池就不能用非有机型的水溶剂了呢？这是因为铅酸电池的电压通常不会超过 2.0V，一般的水电分解的电压是 1.23V，加上过电势大约为 2V。铅酸电池里的水正好达到了水分解电压的极限。锂离子电池电压最低是 3V，如果用水当溶剂，会分解产生氢气和氧气，所以水不能当溶剂。那只能使用有机溶剂。之所以用非质子性溶剂，是因为氢离子得到电子时也会被还原成氢气。在这个限定下，就把醇类、醛类等全部排除了，只能选择酯类、醚类。常用的有机溶剂有三大类：第一类是烷基的碳酸酯类，第二类是醚类，第三类是除了碳酸酯以外的其他的酯类。

溶剂的作用是溶解溶质，如何判断一种溶剂是否优良，主要通过溶解锂盐的难易程度来判断。溶液在长期使用过程中，尤其在受热情况下，不会分解，也不会发生氧化还原反应，这就说明该溶液具有一定稳定性。碳酸酯类、醚类之所以可以作为电解液溶剂，主要是由于其具有良好的电化学稳定性、较高的散点和较低的熔点，并能同时能够满足安全、稳定、好用、价廉等要求。

水之所以不能做电解液溶剂，因为水很容易发生氧化还原反应。对于碳酸乙烯酯（EC）来说，只有当电池的电压达到 6.2V 以上时，EC 才会发生分解，对于水作为溶剂的电解液，电压达到 2V 就会发生分解。在液态锂离子电池首次充放电过程中，电极材料与电解液在液固相界面发生反应，形成一层覆盖于电极材料表面的钝化层，这层钝化层被称为"固体电解质界面（Solid Electrolyte Interface，SEI）"

膜。SEI 膜的形成对电极材料的性能有着至关重要的作用。一方面，SEI 膜的形成消耗了部分锂离子，使首次充放电不可逆容量增加；另一方面，SEI 膜具有有机溶剂不溶性，在有机电解质中能稳定存在。

溶剂要求不能和正负极等材料发生反应、能够溶解足够浓度的锂盐、具有较高的介电常数和较低的黏度，以及具有较高的沸点和较低的熔点等特性。目前锂离子电池电解液常用的有机溶剂为环状碳酸酯 [碳酸乙烯酯（EC）、碳酸丙烯酯（PC）] 与链状碳酸酯 [碳酸二甲酯（DMC）、碳酸二乙酯（DEC）、碳酸甲乙酯（EMC）] 混合的二元或三元溶剂体系，溶剂之间的相互协同作用可使电解液具有较好的综合性能。

纯碳酸酯溶剂的氧化电位一般为 5.4~5.6V，但是电解液中有锂盐的存在，PF_6^- 会与 EC 络合然后再被高电压的正极氧化，电解液中产生的 HF 也会降低溶剂的稳定性，同时氧化电位越高的溶剂分子，与金属锂的反应活性越高、在负极越不稳定。因此电解液实际可以达到的稳定电压，要明显低于碳酸酯溶剂的理论氧化电位。

常用碳酸酯溶剂的理论氧化电位见表 2-3。

表 2-3　常用碳酸酯溶剂的理论氧化电位

溶剂名称	EC	PC	EMC	DEC	DMC
氧化电位 /V	5.58	5.61	5.55	5.46	5.62

3.添加剂

目前最常用的锂盐是六氟磷酸锂（$LiPF_6$），溶剂都是碳酸酯，唯一可以"大作文章"的地方就是添加剂。添加剂的技术属于电解液的核心技术。

添加剂按不同的功能，可分为成膜添加剂、除水或 HF 添加剂、防过充添加剂、阻燃添加剂以及增加浸润、抑制胀气等特殊功能添加剂。对于添加剂主要有以下几点要求：较少的用量即能改善电池的一种或几种性能，对电池无副作用，易溶于电解液有机溶剂，安全无毒。下面主要介绍一下前三种添加剂的作用：

（1）成膜添加剂：形成固体电解质 SEI 膜

在锂离子电池电解液中加入成膜添加剂（如 VC、PS 等），能够优先于溶剂在正负极材料表面发生氧化还原反应，形成的物质沉积在电极表面变成稳定致密的保护膜，阻止电解液与电极之间副反应的发生，从而减少电池的不可逆容量损失，改善电池的循环性能。

（2）除水或 HF 添加剂：降低电解液中的微量水和氢氟酸

锂离子电池对电解液中的水和酸要求非常严格，此类添加剂中的碳化二亚胺类化合物能抑制 $LiPF_6$ 水解成酸；一些金属氧化物（如 Al_2O_3、MgO、BaO、Li_2CO_3、$CaCO_3$ 等）则被用来清除 HF 等。

（3）防过充添加剂：防止过充电

防过充添加剂在电池正常充放电时不参加任何电化学反应，在过充电时通过一定的方式阻断电流，从而提高电池的安全性。防过充添加剂一般分为电聚合型和 Shuttle 型两大类。当电池过充电时，电聚合型添加剂在正极表面氧化聚合，使电阻增加，电流急剧下降，从而实现安全保护，其主要成分为联苯、环己基苯等；Shuttle 型添加剂则是在电池过充电时，在正极上氧化，氧化产物扩散到负极被还原，还原产物再扩散到正极被氧化，整个过程循环进行，直到电池的过充电结束，其主要成分为 4-氟苯甲醚、苯甲醚等。

电解液性能对电池性能的影响见表 2-4。

表 2-4　电解液性能对电池性能的影响

电解液性能	容量	自放电	循环性能	倍率性能	安全性能
酸度（以 HF 计）	负面影响	负面影	负面影响	负面影响	负面影响
水分	负面影响	负面影响	负面影响	负面影响	负面影响
电导率	正面影响	不确定	正面影响	正面影响	正面影响
黏度	负面影响	不确定	负面影响	负面影响	负面影响
热稳定性	无影响	正面影响	正面影响	不确定	正面影响
氧化稳定性	无影响	正面影响	正面影响	不确定	正面影响
锂盐浓度	正面影响	不确定	不确定	正面影响	不确定
纯度	正面影响	正面影响	正面影响	正面影响	正面影响
用量（过多或过少）	负面影响	负面影响	负面影响	负面影响	负面影响

2.4.2　电解质锂盐的作用与制备

用于与前驱体制备正极材料的氢氧化锂（LiOH）、碳酸锂（Li_2CO_3）与电解质锂盐都是锂盐，电池中的锂源来自于电解质锂盐与正极材料（若采用补锂工艺的负极材料中也含有部分锂源）。六氟磷酸锂（$LiPF_6$）是锂离子电池电解液中常用的锂盐，占电解液总质量的 12%~15%，占电解液总成本的 30%~50%。$LiPF_6$ 是由带负电荷的大阴离子基团六氟磷酸根（PF_6^-）与带正电荷的锂离子（Li^+）组成，其结构式如图 2-20 所示。

$LiPF_6$ 的制备主要通过氟化锂（LiF）和五氟化磷（PF_5）在浓的氢氟酸（HF）溶液中进行反应获得。如果制备 $LiPF_6$ 的原材料、反应釜的水分及杂质含量超标，将会产生氟化锂（LiF）、氢氟酸（HF）、氟磷氧化锂（$LiPO_xF_y$）等副产物，导致 $LiPF_6$ 产率和纯度都不高。同时副产物具有一定毒性，容易腐蚀机械设备，

图 2-20　六氟磷酸锂结构式

对人员安全防护和生产控制水平要求较高。因此，早年 $LiPF_6$ 生产技术一直被国外垄断，2004 年之前日本的瑞星化工、森田化学和关东电化把控着 $LiPF_6$ 行业，当时其价格超过 60 万元 /t。我国在过去的很长一段时间内无法突破 $LiPF_6$ 生产的技术壁垒，没有大规模量产能力，导致 $LiPF_6$ 的毛利率高达 80%。近年来我国越来越多的

企业掌握了 LiPF$_6$ 的生产技术并大规模扩产，其价格也迅速降到了 10~15 万元 /t，但同时也出现了产能过剩的问题。

2.5　隔膜

2.5.1　隔膜的制备工艺

视频：隔膜的介绍

锂离子电池中的隔膜实物图如图 2-21 所示，其作用是为了防止正负极直接接触而短路，造成热量聚集引发安全事故，同时又要导通锂离子。隔膜表面有均匀的微米级微孔，锂离子可以通过微孔在正负极两端扩散，形成锂离子自由通过的开放通道，隔膜的材料是电子的绝缘体，实现正负极之间电子的绝缘。正是因为隔膜和电解液的电子绝缘性和离子导通性，才能在电场力的作用下，迫使电子只能经电池外的负载到达电池另一极，而不能从电池内部经过电解液和隔膜到达另一极；而锂离子则可以经过电解液和隔膜到达另一极，并在到达另一极后与经电池外负载到达的电子相结合。

通俗地说，隔膜就是一层多孔的塑料薄膜，由于聚烯烃材料具有优异的力学性能、化学稳定性和相对廉价的特点，聚乙烯（PE）、聚丙烯（PP）等聚烯烃微孔膜在锂离子电池研发初期便被用做隔膜。其中 PE 隔膜主要由湿法工艺制得，PP 隔膜主要由干法工艺制得。湿法工艺是指其生产工艺中会使用有机溶剂，在高分子材料和特定溶剂相溶后进行拉伸；干法工艺是指其生产工艺中只涉及热处理。干法工艺又分为传统

图 2-21　隔膜实物图

的单向拉伸工艺（简称"干法单拉"）和新兴的双向拉伸工艺（简称"干法双拉"）。不同生产工艺制得的隔膜电镜扫描图（SEM）如图 2-22~ 图 2-24 所示。

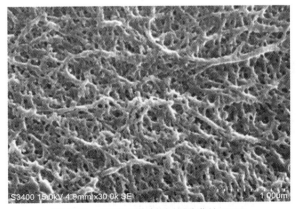

图 2-22　湿法工艺制造的隔膜的 SEM

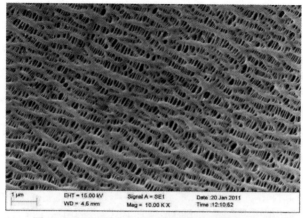

图 2-23 干法单向拉伸工艺制造的隔膜的 SEM

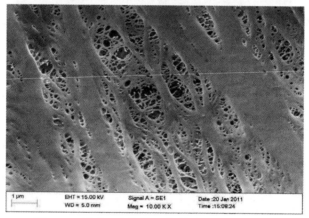

图 2-24 干法双向拉伸工艺制造的隔膜的 SEM

目前，国际锂离子电池隔膜市场份额排名前两位分别是日本的旭化成和东丽两家公司。国内由于政策与技术壁垒等多种原因，很多企业陆续加入和退出，市场排名变化较为频繁。

2.5.2　隔膜的性能参数

隔膜的性能参数主要有以下几个。

1. 厚度

对于消费类锂离子电池（如手机、笔记本电脑、数码相机等设备中使用的电池），多采用 16μm 、12μm 的隔膜甚至更薄的隔膜。对于动力电池来说，由于装配过程的机械要求，往往需要更厚的隔膜，以提供更好的安全性。隔膜越薄，同样的电池体积可以填充的活性物质就越多，电池的容量也会提升；隔膜越厚，离子迁移受到的阻力就越大，电池的内阻就会增加，且隔膜吸收的电解液量就越多，电池的循环性能会有一定的提升。另外，在电池受到外界破坏时，越厚的隔膜所起到的支撑作用就越强，电池的安全性能越高。

2. 孔径

为阻止正负极电极颗粒的直接接触，必须防止电极颗粒直接通过隔膜。隔膜本身具有微孔结构，容许吸纳电解液；为了保证电池中一致的电极 / 电解液界面性质和均一的电流密度，微孔在整个隔膜材料中的分布应当均匀。孔径的大小与分布对电池性能有直接的影响：孔径太小会抑制锂离子通过而增加电阻；孔径太大容易使隔膜穿孔形成电池微短路导致电池自放电过快。微孔的分布不均匀有可能导致电池内部电流密度不一致，长期使用后锂离子可能沉积形成枝晶而刺穿隔膜。目前所使用的电极颗粒一般在 $10\mu m$ 量级，而所使用的导电添加剂则在 $10nm$ 量级，一般炭黑颗粒倾向于团聚形成大颗粒。总的来说，亚微米孔径的隔膜足以阻止电极颗粒的直接通过，当然也不排除有些因为电极表面处理得不好、粉尘较多导致的一些诸如微短路等情况。

3. 孔隙率

孔隙率对隔膜的透过性和电解液的容纳量非常重要。其定义为：微孔的体积与隔膜所占体积的比值，即单位隔膜的体积中微孔所占的体积百分数。孔隙率与原料树脂及制品的密度有关。大多数锂离子电池隔膜的孔隙率在 40% ~ 50% 之间。孔隙率高的隔膜可以降低电池的阻抗，但孔隙率太高会使材料的机械强度变差。

4. 透气率

透气值一般又称为 Gurley 值，即一定体积的气体在一定压力条件下通过一定面积的隔膜所需要的时间。透气率越小说明锂离子穿过隔膜的速度越快，隔膜内阻越小，大电流充放电性能越好。

5. 浸润度

隔膜对电解液的浸润度可以通过测定其吸液率和保液率来衡量。浸润度是电解液进入隔膜微孔的快慢的表征。隔膜的浸润度影响到隔膜对电解液的吸收量和保有量，较好的浸润度有利于隔膜同电解液之间的亲和，扩大隔膜与电解液的接触面，从而提高离子导通性，提高电池的充放电性能和容量。隔膜的浸润度不好会增加隔膜和电池的电阻，影响电池的循环性能和充放电效率。

6. 力学性能

在电池组装和充放电循环使用过程中，需要隔膜材料本身具有一定的机械强度。隔膜的机械强度可用拉伸强度和穿刺强度来衡量。

（1）拉伸强度

拉伸强度是在一定方向（纵 / 横向）上、通过拉伸夹具以一定的试验速度拉伸直至材料断裂所表现出的承载能力，用拉断力（N）或拉伸强度（MPa）表示。足够的拉伸强度可以防止隔膜变形，但过高的拉伸强度会导致热稳定性下降。

（2）穿刺强度

穿刺强度是指施加在给定针形物上用来戳穿给定隔膜的力学强度，它用来表征隔膜装配过程中发生短路的趋势。由于电极表面是由活性物质和炭黑混合物的微小颗粒所构成的凸凹表面，被夹在正负极片间的隔膜材料，需要承受很大的压力。足够的穿刺强度可以防止锂枝晶和极片毛刺刺穿隔膜造成短路，在微结构一定的情况下，相对来说穿刺强度高的，其装配不良率低。干法工艺制得的隔膜的穿刺强度一般较低，不利于卷绕工艺。

7. 温度特性

隔膜的闭孔温度和破膜温度是衡量其安全性能的主要参数，材料的熔点决定了隔膜的闭孔温度、破膜温度的高低。

由于聚烯烃材料的热塑性质，非正常情况下电池短路导致温度接近聚合物熔点时，多孔的离子传导的聚合物膜会变成无孔的绝缘层，微孔闭合而产生自关闭现象，从而阻断离子的继续传输而形成断路，因此聚烯烃隔膜能够为电池提供额外的保护，微孔闭合时的温度就是闭孔温度。但热惯性会使温度进一步上升，有可能达到破膜温度而造成隔膜熔体破裂，造成电池内部短路。

因此，最理想的状况是有合理的闭孔温度和较高的破膜温度。一般生产隔膜的材料为 PP 和 PE，常见的 PE 隔膜闭孔温度在 130℃左右，破膜温度在 150℃左右；PP 隔膜的闭孔温度在 145℃左右，破膜温度在 170℃左右。

闭孔温度和破膜温度的测试方法是：在不断升温的情况下测试隔膜分隔的极板之间的电阻，随着温度升高，电阻突然增大，此时的温度即闭孔温度。再继续升温，电阻会突然变小，此时的温度即破膜温度。也有厂家结合透气值的变化来进行表征。

8. 化学稳定性

隔膜的化学稳定性通过耐电解液腐蚀能力和在电解液中的胀缩率来评价。隔膜应不参与电化学反应，在电解液中应当保持长期的稳定性，在强氧化和强还原的条件下，不与电解液和电极物质反应。在高电压体系中，隔膜的耐老化性能降低，电芯的安全性能也会变差，一般都会在隔膜上进行涂覆一层聚合物或无机材料解决。

9. 热稳定性

隔膜需要在电池使用的温度范围内（-20~60℃）保持热稳定；同时，由于电解液对水分非常敏感，需要在注液前进行 85~90℃的长时间烘烤，在这个温度下隔膜的尺寸也应该稳定。隔膜是一种高分子材料，经过拉伸取向后，在高温条件下，拉伸方向都或多或少会产生热收缩。单拉的隔膜在纵向热收缩会偏大，在横向基本不产生热收缩。双拉的隔膜在两个方向上均会产生热收缩。热收缩率反映隔膜在受热时的尺寸稳定性。

隔膜的热稳定性影响电池的安全性能：在电池设计时，隔膜会比负极宽

1~3mm，将正负极隔离开来，如果隔膜热收缩过大，就会造成正负极直接接触从而短路；同时，电池受到外界破坏时，正负极接触放出大量的热，此时隔膜的热稳定性更是保护电池安全的重要因素。

10. 一致性

一致性包括闭孔温度等自身特性，以及电镜下观察孔洞的一致性和厚度的一致性。隔膜厚度的一致性是一个特别重要的质量指标，它直接影响隔膜卷的外观质量甚至内在性能，生产过程中必须严格把控，一般要求控制在 ±1μm 以内。

综上所述，隔膜需要满足高孔隙率、良好的电解液浸润度、较高的机械强度、良好的热稳定性和电化学稳定性，同时保证厚度、孔径等一致性。

隔膜性能与电池性能的影响关系见表 2-5。

表 2-5　隔膜性能与电池性能影响关系对照表

隔膜性能	电池性能				
	安全性	能量密度	倍率	循环性能	质量、体积
厚度	正相关	负相关	负相关	负相关	正相关
孔径、孔隙率、透气率	负相关		正相关	正相关	—
浸润度	负相关	—	正相关	正相关	—
拉伸强度、穿刺强度	正相关				
闭孔温度	负相关				
破膜温度	正相关				
化学稳定性、热稳定性	正相关				
一致性	正相关	正相关	正相关	正相关	

在表 2-5 的基础上，隔膜本身的不同特性之间也存在一定相互影响关系，在调节隔膜其中一项或几项性能指标的同时，要兼顾其他各项性能指标，以获得最佳的使用性能。几种不同生产工艺的隔膜材料产品性能对比见表 2-6。

表 2-6　不同生产工艺的隔膜材料产品性能对比

性能参数		干法单拉	干法双拉	湿法
厚度 /μm		20	20	20
孔隙率（%）		34~50	40	42
透气率 /（s/100ml）		200~800	390	280
穿刺强度 /gf		≥280	~347	690
拉伸强度	横向 /MPa	≥107.87	90	188.53
	纵向 /MPa	≥10.79	25	169.09
热收缩率（90℃）	横向（%）	≤3.0（2h）	0.5（1h）	1.65（2h）
	纵向（%）	≤0.5（2h）	0.2（1h）	0.25（2h）

从表 2-6 中的数据不难看出，对于同样厚度的隔膜材料，湿法工艺在强度性质

上均优于干法工艺，可以较好地控制孔径大小、分布和孔隙率。湿法隔膜可以在比干法隔膜在更薄的厚度下，实现安全性能的要求。同时更薄的隔膜自然可以为电池减重，从而达到增加能量密度的目标。但湿法工艺成本高、投资大、对设备要求高、建设投产周期长，并且在生产过程中对能源消耗较大，故一般用于制造高端薄膜。

2.5.3 涂覆隔膜

由于传统隔膜的熔点较低，受热后会出现收缩，造成电池正负极间的接触短路；且对电解液浸润度不佳，因此很多隔膜生产厂家对隔膜进行了涂覆改性，主要包括陶瓷隔膜和涂胶隔膜。

陶瓷隔膜是以 PP、PE 或者多层复合隔膜为基体，在其表面涂覆一层纳米级三氧化二铝材料或其他非金属材料，并经过特殊工艺处理后与基体紧密黏结。上一小节讲过，当温度升高时，隔膜会进行一定的收缩，尤其是温度较高时，收缩现象将进一步加剧。陶瓷隔膜由于覆有陶瓷层，而陶瓷层没有受热收缩的性质，其起到骨架作用，与隔膜形成"骨包肉"结构，所以能减小热收缩，甚至当聚烯烃隔膜到达破膜温度时，陶瓷层能够使隔膜保持形状的完整性，提高隔膜的破膜温度，从而增强电芯的安全性能。

涂胶隔膜是在隔膜的单面或是两面分别涂覆具有黏结力的高分子材料（目前常用 PVDF-HFP 胶和 AFL 胶），经过电芯热压后把正负极和隔膜紧紧粘在一起，使电芯具有一定的硬度，防止极片变形，有效抑制电池产气，抑制锂枝晶生长，提高电池安全性能。

2.5.4 多层复合隔膜

多层复合隔膜弥补了单层隔膜在制造过程中形成的缺陷，能降低孔径分布范围，提高隔膜微孔的均匀一致性，从而保证电池工作时，电极之间电流密度的一致性，延长电池的使用寿命。多层复合隔膜的技术路线包括采用双层 PP/PE、双层 PP/PP 和三层 PP/PE/PP 等。

2.6 辅材

除了前面提到的几种主要材料之外，要想把锂离子电池从实验室的一个"实验品"变成一个可以商业化应用的产品，还需要其他辅材。辅材成本虽然占比较小，但是却起着非常重要的作用。电池的正负极除了活性物质以外，还需要黏结剂来固定活性物质石墨，也需要添加导电剂增加活性物质之间的电子导电性，更需要充当电池内外部的电荷转移载体的金属集流体（正极通常为铝箔，负极为铜箔）。

2.6.1 集流体

我们已经知道，锂离子电池是将化学能转化为电能的一种电化学装置，那么在这个过程中，我们需要一种介质把化学能转化的电能传递出来，这就需要导电的材料——集流体。对于锂离子电池来说，通常使用的正极集流体是铝箔，负极集流体是铜箔，为了保证集流体在电池内部的稳定性，二者纯度都要求在98%以上。

现在对于电池的能量密度要求越来越高，电池的重量越来越轻，因而降低集流体的厚度和重量正是各大厂家所追求的目标。目前正极的铝箔由前几年的16μm降低到了12μm，现在已经有不少厂家量产使用10μm甚至8μm的铝箔。而负极的铜箔，由于铜箔本身柔韧性就较好，其厚度已经由之前12μm降低到8μm，现在大部分厂家量产用的是6μm的铜箔，甚至部分厂家正在开发的5μm/4μm铜箔都是有可能被投入使用的。

1. 为什么负极用铜箔，正极用铝箔

首先，铜铝箔导电性好，质地软，价格便宜。在普通材料中，金属材料是导电性最好的材料，而在金属材料里价格便宜导电性又好的就是铜箔和铝箔。用于制备电池的极片需要具有一定的柔软性，才能保证极片在卷绕时不发生脆断等问题，而在金属材料中，铜铝箔也是质地较软的金属。最后就是考虑电池制备成本，相对来说，铜铝箔价格相对便宜，世界上铜和铝元素资源丰富。

其次，铜铝箔的化学性质在空气中也相对比较稳定。铝很容易跟空气中的氧气发生化学反应，在铝表面层生成一层致密的氧化膜，阻止铝的进一步反应，而这层很薄的氧化膜在电解液中对铝也有一定的保护作用。铜在空气中本身比较稳定，在干燥的空气中基本不发生化学反应。

最后，锂离子电池正负极集流体之所以正极用铝箔，负极用铜箔，而非反过来，是因为正极电位高，铜箔在高电位下很容易被氧化，而铝的氧化电位高，且铝箔表层有致密的氧化膜，对内部的铝也有较好的保护作用。

2. 铜箔的工艺处理

用做集流体的铜箔，按厚度可以分为厚铜箔（>70μm）、常规厚度铜箔（18~70μm）、薄铜箔（12~18μm）、超薄铜箔（<12μm）；

按表面状况可以分为单面处理铜箔、双面处理铜箔（如图2-25所示）、光面处理铜箔、双面光铜箔和甚低轮廓铜箔等。如果铜箔过于光滑，则负极材料涂覆在集流体上的结合度较差；过于粗糙则对电池性能均一性有影响，表面处理后铜箔的表面张力对于后期铜箔的分切效率及电池制备工序也起着很重要的作用。

图2-25 单面处理铜箔（左）和双面处理铜箔（右）

按生产方式可分为电解铜箔和压延铜箔，如图 2-26 所示。

图 2-26　电解铜箔（左）和压延铜箔（右）

（1）电解铜箔

电解铜箔是将铜先经溶解后制成溶液，在直流电的作用下，将硫酸铜溶液中的二价铜离子还原成铜原子，在不断转动的光滑的阴极辊筒表面聚焦结晶，然后对铜箔进行一系列处理：表面处理、耐热层处理、防氧化处理等。铜箔紧贴阴极滚筒面的面称为光面，而另一面呈现凹凸形状的结晶组织结构，比较粗糙，称为毛面。

（2）压延铜箔

压延铜箔一般是由铜锭做原材料，经热压、回火韧化、削垢、冷轧、连续韧化、酸洗、压延及脱脂干燥等工序制成，生产难度大，设备精度高，因此成本也较高。其生产方式的主要区别在于轧机的选型，一般都采用进口轧机。

相对来说，电解铜箔的导电性要好一些，压延铜箔的绕曲性要好一些，一般有弯折要求的产品就用压延铜箔，压延铜箔的价格比电解铜箔要高。相比压延铜箔，电解铜箔的制备相对简单，设备要求相对简单，成本相对较低。锂离子电池所用的铜箔大部分使用电解铜箔作为负极基材。

铜箔的检验要有厚度、标准质量、外观、抗张强度、剥离强度、抗高温氧化性、质量电阻系数、延伸率、耐折性、硬度、弹性系数、高温延伸性、表面粗糙度、蚀刻性、可焊性、色相等技术要求。随着电池能量密度的不断提升，动力电池厂家也对铜箔提出了更高的要求，厚度小于 6μm 超薄铜箔、高抗拉强度铜箔、多孔铜箔（如图 2-27 所示）、涂层铜箔等新产品纷纷面世。

 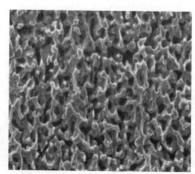

图 2-27　多孔铜箔

尽管多孔铜箔可以提高负极活性物质的负载量，让负极形成立体的导电网络，但在大规模生产中，还是不可避免地面临着巨大的困难需要解决，在涂布、碾压、剪切、卷绕等方面仍存在一定的技术难度。

3. 铝箔的工艺处理

对于铝箔，主要是对现有铝箔进行表面处理，比如粗化处理、清洁处理，或者在铝箔表面涂上导电碳。

2.6.2　黏结剂

黏结剂起到了将活性物质与箔材之间、活性物质与活性物质之间、活性物质与导电剂之间黏结起来的作用，虽然用量很少，但其作用不可替代。在锂离子电池正常的充放电过程中，锂离子在活性物质中的嵌入和脱嵌，会引起活性物质的膨胀和收缩，而黏结剂起到了把活性物质粉料均匀"固定"在正负极集流体上的作用，具体如图 2-28 所示。

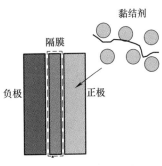

图 2-28　黏结剂作用示意图

黏结剂分为水性和油性两种。水性黏结剂一般是 CMC-Na（羧甲基纤维素纳）和 SBR（丁苯橡胶），油性黏结剂一般是 PVDF（聚偏二氟乙烯）。水性黏结剂成本较低，一般用在负极。油性黏结剂效果比水性黏结剂更好，可用在负极或正极，一般多用在正极。通常对黏结剂的主要性能要求见表 2-7。

表 2-7　锂离子电池用黏结剂的主要性能要求

性能要求	生产工艺要求
1）对活性物质有较好的黏结力	1）浆料黏度长时间保持稳定
2）对箔材有较好的黏结力	2）胶液浓度高
3）在宽电压范围内电化学稳定性高、熔点高	3）辊压后极片不易反弹
4）在有机电解液中的溶胀率低	4）切片时不易碎裂

1. 油性黏结剂 PVDF

PVDF 黏结剂的主要黏结作用机理是范德华力（分子间作用力），PVDF 黏结剂的用量约占正极材料的 3%。其突出的特点是抗氧化还原能力强、热稳定性好。PVDF 需要使用 NMP（N-甲基吡咯烷酮）作溶剂，NMP 溶剂的挥发温度较高，有一定的环境污染，且价格高，NMP 可以使 PVDF 在较低温度下就可以起到黏结活性物质和辅材的作用，但对电池性能而言相当于杂质，在涂布烘干过程中，NMP 会挥发，可以回收再利用。PVDF 吸水后分子量下降，黏性变差，因此对环境的湿度要求比较高。PVDF 对离子和电子绝缘，在电解液中会有一定程度的溶胀，且会与金属锂、Li_xC_6 在较高温度下发生放热反应，对电池的安全性不利。

2. 水性黏结剂 CMC-Na 和 SBR

CMC-Na 是当今世界上使用范围最广、用量最大的纤维素种类，是天然纤维经过化学改性后所获得的一种水溶性好的聚阴离子纤维素化合物，属于中性物质，无嗅无味、有吸湿性、易溶于冷热水、不溶于有机溶剂。因为负极石墨材料本身是不亲水的，很难在水系浆料中分散，使用 CMC-Na 的一个作用就是作为分散剂。CMC-Na 具有增稠、分散、悬浮、黏合、成膜、保护胶体和保护水分等优良性能，但 CMC 具有较大的脆性，在经过辊压之后必然会导致极片结构坍塌，出现掉粉、漏箔等现象，所以 CMC-Na 可以单独使用的条件是：极片厚度较薄，不进行辊压工艺或者对极片的压实密度不高的情况下。另外在负极浆料制备过程中，需要注意的是搅拌机转速对 CMC-Na 的影响。CMC-Na 溶液具有假塑性，其黏度随着温度升高而降低，具有可逆性。在搅拌机转速太快的情况下，CMC 黏度会降低，从而影响到石墨负极的悬浮。图 2-29 所示为 CMC-Na 在负极的分散机理。

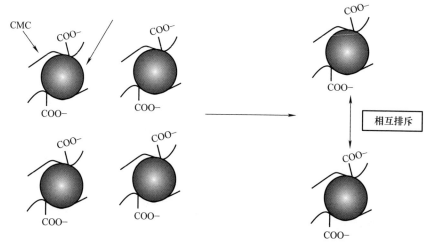

图 2-29 CMC-Na 在负极的分散机理

SBR 是常用的负极黏结剂，负极黏结剂占负极用量 3% 左右。SBR 壳内是共聚物分子链的交联结构，外壳是亲水性的极性基团和表面活性剂。水性基团与箔材表面基团结合形成黏结力，有利于分散性和浆料稳定性，油性链段与负极石墨相结合形成黏结力，具有很高的黏结强度以及良好的机械稳定性和可操作性。所以，SBR 是一种亲水性和亲油性共存的物质。但 SBR 不能单独用于石墨负极浆料中，这是因为 SBR 没有分散的功能，且 SBR 过多也会使得极片在电解液中溶胀。

在锂离子电池工业生产中，常常将 CMC-Na 和 SBR 同时使用，两者的结合使用就可以解决浆料黏度不稳定、极片溶胀、脆性大等问题。另外，CMC-Na 遇水后会形成凝胶，使得浆料变稠，提高水系负极浆料的悬浮稳定性。在浆料涂布时，因为 CMC-Na 凝胶结构的存在，既能保持水分也能稳定浆料，能够在一定时间内保持浆料的均匀性。考虑到 CMC-Na 的弊端，引入易溶于水的柔性分子 SBR 乳液，能使浆料具有较好的黏结性，同时提高极片韧性，这样极片在压实密度高的情况下，极片也不会掉粉，辊压后的极片黏接强度也高。CMC-Na 作为一种稳定剂、悬浮分散剂，对 SBR 具有辅助的黏结作用，同时也可让 SBR 分散得更加均匀，同时利用空间电荷的排斥作用保证整个体系的稳定。有时候负极浆料的"飘蓝"现象就是因为 SBR 在负极浆料中和石墨、导电剂、CMC-Na 的亲和性不够好。

2.6.3　导电剂

导电剂在电极中的首要作用是提供电子移动的通道，在活性物质之间、活性物质与集流体之间收集微电流，以减小电极的接触电阻，加速电子的移动速率。此外，导电剂也可以提高极片加工性，促进电解液对极片的浸润，有效提高锂离子在电极材料中的迁移速率，降低极化，从而提高电极的充放电效率和锂离子电池的使用寿命。导电剂含量如果选用合适，可获得较高的放电容量和较好的循环性能，导电剂含量太低，则电子导电通道少，会导致电极中活性物质利用率低，且不利于大电流充放电；导电剂含量太高，则降低了活性物质的相对含量，使电池容量降低。

导电剂主要分为两大类：传统导电剂和高端导电剂。传统导电剂包括导电炭黑（如 SP）和导电石墨（如 KS-6、SFG-6 等）。高端导电剂包括碳纤维（如 VGCF）、碳纳米管（Carbon Nanotube，CNT）和石墨烯。下面分别做介绍。

1. 导电炭黑

炭黑比石墨有更好的离子和电子导电能力，目前导电炭黑还是以常规导电剂 SP（全称 Super-P Li）为主。炭黑在扫描电镜下呈链状或葡萄状，如图 2-30 所示，单个炭黑颗粒具有非常大的比表面积。炭黑颗粒堆积紧密，组成了电极中的导电网络，有利于电解质的吸附而提高离子导通性。炭黑颗粒团聚形成支链结构，能够与活性材料形成链式导电结构，有助于提高材料的电子电导率。比表面积较大带来的工艺问题是分散困难、具有较

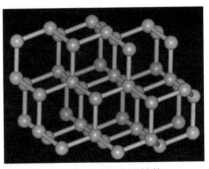

图 2-30　炭黑分子结构

强的吸油性，这就需要通过改善活性物质、导电剂的混料工艺来提高其分散性，并将炭黑量控制在一定范围内，通常是 1.5% 以下。

科琴黑是一种高纯度、高性能的超级导电炭黑，是目前导电炭黑中电导率最高的一个品种，有 EC-300J、Carbon ECP 和 ECP-600JD 等，与其他导电炭黑相比，科琴黑具有独特的支链状形态，支链形成较多导电通路，只需很少的添加量即可达到极高的电导率。

2. 导电石墨

石墨导电剂基本为人造石墨，与用做负极材料人造石墨相比，作为导电剂的人造石墨具有更小的颗粒度，一般为 3~6μm，且孔隙多、比表面积大，也具有较好的导电性，其本身颗粒较接近活性物质颗粒粒径，颗粒与颗粒之间呈点接触的形式，可以构成一定规模的导电网络结构，有利于改善极片颗粒的压实以及提高离子和电子电导率，同时用做负极时更可提高负极容量。导电石墨具有更好的压缩性和分散性，可提高电池的体积能量密度和改善极片的工艺特性，一般配合炭黑使用。

石墨导电剂有 KS-6、KS-15、SFG-6、SFG-15 等。其中比较典型的 KS-6 是大颗粒石墨粉，羽毛状，具有一定的储锂功能，实际生产中用于正极；SFG-6 则用于负极做导电剂比较适宜，是鳞片状的人造石墨，可以改善负极表面性能。

3. 碳纤维

碳纤维的显微图片如图 2-31 所示，其特点是杂质极少，如将 VGCF 添加在电极（正极或负极）上，由于 VGCF 有很大的长径比，即使正、负极活性材料膨胀收缩后，其活性材料颗粒之间的间隙，也可以有 VGCF 架桥连接，电子与离子传输不会间断，可大幅度提高电极的导电性。由于 VGCF 微结构是中空，可以让正负电极吸纳更多的电解液，使得锂离子可以顺利快速嵌入，有利于高倍率充放电。VGCF 是高强度纤维状长径比大的材料，可以增加电极板的可绕性，正负极活性材料颗粒之间黏结力更强，不会因为绕曲而龟裂掉粉，可提高电极的强度。

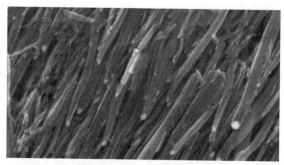

图 2-31　碳纤维的显微图片

VGCF 具有线性结构，在电极中容易形成良好的导电网络，表现出较好的导电性，因而可以减轻电极极化，降低电池内阻及改善电池性能。在 VGCF 作为导电剂的电池内部，活性物质与导电剂接触形式为点线接触，相比于导电炭黑与导电石墨的点接触形式，不仅有利于提高电极导电性，更能降低导电剂用量，提高电池容量。

4. 碳纳米管

碳纳米管（CNT）的显微图片如图 2-32 所示，作为导电剂可以在锂离子电池电极活性物质颗粒之间形成大量的导电接触位点，减小电极材料颗粒间的接触阻抗，具有在导电网络中充当"导线"的作用，而且它具有双电层效应，能够发挥超级电容器的高倍率特性，其良好的导热性能还有助于电池充放电时散热，降低电池极化，改善电池高低温性能，提升电池循环性能。但由于 CNT 直径小、长径比大，在范德华力的作用下，极易发生团聚，影响导电效果。因此，作为锂离子电池的导电剂，需要解决的主要问题是 CNT 的分散性，要求其在浆料中要分散良好。

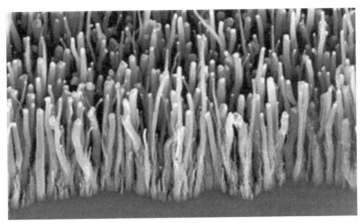

图 2-32　碳纳米管的显微图片

5. 石墨烯

石墨烯单独作为负极材料时，虽然其初始容量较高，但是随着充放电次数增加，电池的容量会快速衰减，这可能是较大的比表面积以及较多结构缺陷，使石墨烯与电解液之间的副反应较多造成的。因此目前石墨烯在锂离子电池中主要作为导电剂使用，以提高导电性。

石墨烯作为新型导电剂，由于其独特的片状结构（二维结构），与活性物质的接触形式为点面接触，而不是常规的点接触，这样可以最大化地发挥导电剂的作用，减少导电剂的用量，从而可以多使用活性物质，提升锂离子电池容量。作为导电剂的效果与其加入量密切相关，在加入量较小的情况下，石墨烯能够更好地形成导电网络，导电效果远好于导电炭黑。但是片层较厚的石墨烯会阻碍锂离子的扩散而降低极片的离子导通性。

前述几种导电剂与活性物质的接触示意图如图 2-33 所示。从炭黑的颗粒状到碳纤维、CNT 的一维结构再到现在的石墨烯二维片状结构，这是一个电池生产技术不断改进的过程。在实际应用中，炭黑作为导电剂应用已经非常广泛，工艺也非常成熟了，价格比较稳定。CNT 作为导电剂应用也已经过较多厂商试验、量产，取得了很好的效果。石墨烯由于其成本和工艺问题，还没有大规模应用于导电剂行业，但是随着石墨烯制备技术的逐渐成熟、生产成本不断降低，石墨烯作为导电剂应用在锂离子电池上已经进入到实际应用阶段。

碳黑SP与刚性纳米颗粒
点接触

导电石墨SFG6与刚性微米颗粒
点接触

CNT与柔性薄片
点线接触

石墨烯与柔性薄片
点面接触

图 2-33 几种导电剂与活性物质接触示意图

目前，正极导电剂用得比较多的是 CNT、CNT 与 SP、CNT 与石墨烯的混合使用，这都是为了构成立体的导电网络而进行的尝试，在中低端的锂离子电池市场里，无论用于正极还是负极，SP 的应用还是十分广泛。而无论是炭黑、石墨烯还是 CNT，将其三者单独使用时已经有很大的分散难度，如果想要将其与活性物质均匀混合，则需要在未进行电极浆料搅拌之前，将其分散开然后再投入使用。

6. 把导电剂涂覆在集流体上

利用功能涂层对电池导电基材进行表面处理是一项突破性的技术创新，涂碳铝箔/铜箔就是将分散好的纳米导电石墨和碳包覆粒，均匀、细腻地涂覆在铝箔/铜箔上，从而通过纳米导电石墨收集活性物质的微电流，增加了集流体与正负极活性物质材料的导电接触面积，大幅度降低了正/负极材料和集流体之间的接触电阻，为锂离子电池提供了极佳的静态导电性能，并能够减小极化，改善电池高低温性能与功率性能，提高容量保持率，延长电池组寿命。

涂碳铝箔/铜箔在电极中的位置如图 2-34 所示。

同时，涂碳铝箔/铜箔还可以提高活性物质和集流体的黏接附着力，增强集流电极的易涂覆性能，提高集流体表面张力，防止集流电极腐蚀、氧化，提高电池组的压差一致性。并且能够降低活性材料中黏结剂的比例，从而通过提高正负极材料中锂离子密度而提高克容量。

2.6.4 电池结构件

任何一款电池产品，其结构一方面要为化学体系提供可靠的、有效的内部环境，另

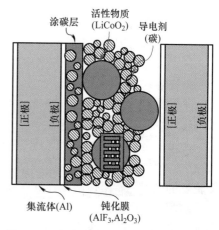

图 2-34 涂碳铝箔/铜箔在电极中的位置

一方面要连接电池的外部工作环境，必须具备一定的机械性能、加工性能才能够满足实际使用需求，也是电池结构件的主要功能。但应注意，电池本身的电性能、安全性能、使用寿命等并不直接由电池结构件决定。

电池结构的基本需求是密封性、绝缘性和过电流能力，在实际的使用过程中，良好的密封性能保证电池内部化学体系的稳定工作；绝缘性能保证电池的基本安全；过电流能力则是进一步确保电池在使用过程中的可靠性。除了满足以上基本需求外，应对电芯的高能量密度、高安全性、高可靠性要求，电池结构的可靠性、安全性、耐久性、轻量化也成为电池结构件的设计准则。

以外形区分，可将电池分为圆柱、方形、软包三类，其中不同化学体系间的电池结构存在微小差异。比如三元电芯为了安全可靠性，盖板组件在原磷酸铁锂电芯盖板的基础上增加了熔断器、防过充保护装置（Short Safety Device, SSD）、稳流片、正极弹片等部件；而以钛酸锂为负极的电芯因其负极相对于锂的电位较高，所以负极材料可以不用铜而直接用铝。下面将逐步介绍电池结构关键组件。

1. 电池外壳

为了保护锂离子电池内部材料不受损害，一般的电池都有保护外壳。电池的外壳最开始是不锈钢壳，后来发展到铝壳、铝塑复合膜等。同等容量下，重量逐渐减轻，制造过程控制逐渐变严格，技术含量逐渐变高。采用铝塑膜外壳的电池为软包电池，软包电池在发生安全隐患的情况下最多只会鼓气裂开，而不像钢壳电芯那样发生爆炸。

2. 防爆阀（如图 2-35 所示）

先介绍两个概念：

1）应力：物体由于外因（受力、湿度、温度场变化等）而变形时，在物体内各部分之间产生相互作用的内力，单位面积上的内力称为应力。应力这个概念在后面系统机械结构设计中还会大量提到。

2）应变：物体在受到外力作用下会产生一定的变形，变形的程度称应变，衡量公式为变形量与变形前尺寸的比值。

图 2-35　防爆阀

应用于锂离子电池的防爆阀一般由铝合金制成，当电池内部产气时，材料本身承受应力，在该结构下防爆阀各部分之间承受不均匀应力应变，在应力逐步增加的过程中，防爆阀将沿着首先达到张力强度的位置撕裂，在电池内部因热失控大量产气时，防爆阀迅速开启以排气的方式带走一部分热量，以阻止危险情况的进一步恶化。

对于密封的锂离子电池，电池内部平衡压力的高低是衡量电池安全性能的重要指标。防爆阀的关键参数是开启压力，比如某防爆阀开启压力为（0.7±0.1）MPa，即表明该防爆阀在电池内部气压中心值为 0.7MPa 时开启。其开启压力的数值受金属材料本身、防爆阀刻痕位置、深度、形状、撕裂方向、热处理工艺及使用情况等有关。

3. SSD+ 熔断器（保险丝）设计

SSD+ 熔断器（保险丝）设计是为了解决三元电池安全问题而专门设计的一个保险装置，而铁锂电池安全性相对较好，所以无需添加此装置。SSD 与防爆阀具有一定的相似之处，在于 SSD 和防爆阀的作动均需要一定的气压或外部应力作为前提条件。当电池内部产气时，SSD 的中间位置被顶起，电池正负极通过壳体（三元电池壳体设计为带正电）、被顶起的 SSD 端子形成短接，使电池发生短路。此时，另外一个装置熔断器就开始发挥作用了，熔断器及时熔断，使正负极端子电路断开，从而让产气的电池完全停止运行，防止问题电池进一步热失控。

4. 正极弱导板

一旦负极因为粉料、极片或电池内部金属异物等接触到壳体，电子会传导到壳体使其带有负电，则锂离子可能通过负极嵌入铝壳中，形成松散的锂铝合金（LiAl），使铝壳发生腐蚀，进而形成漏液。因此在结构端设计一个具有一定阻抗的正极弱导板，使壳体带有少许的正电，可以直接改善负极接触壳体造成的腐蚀问题，从而提升电芯可靠性。铝壳漏液过程原理示意如图 2-36 所示。

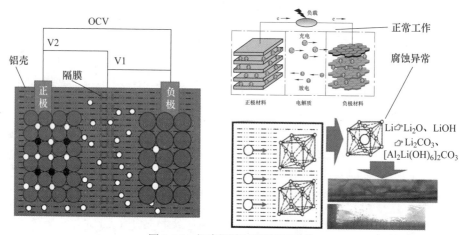

图 2-36　铝壳漏液过程原理示意

5. 电池极耳

极耳是从电芯中将正负极引出来的金属导电体，是电芯充放电时的内外接触点。

铝（Al）极耳，一般用作正极极耳，如果电池为钛酸锂负极时，也用作负极极耳。

镍（Ni）极耳，用作负极极耳。

铜（Cu）极耳，用作负极极耳，铜相对于镍是不耐腐蚀，但铜的导电和导热性能都远远高于镍，且价格便宜。

习　题

2-1　作为电池的能量载体，需要满足以下哪些条件？（　　　）（多选题）

A. 原子相对质量小　　　　　　　　　B. 电子转移比例要高

C. 原子半径小　　　　　　　　　　　D. 得失电子能力要强

2-2　下列哪种元素是自然界最好的载体？（　　　）

A. Li　　　　　　　B. Be　　　　　　C. H　　　　　　D. C

2-3　为提高锂电池性能和能量密度，选择正极材料和负极材料时应考虑哪些因素？

第3章

动力电池类型与性能分析

3.1 动力电池的主要类别与型号

3.1.1 动力电池的分类

根据电池是否可以重复使用，可以将电池分为一次电池和二次电池。一次电池包括锌锰电池、锌银电池和锂锰电池等，其特点是电池只能放电，放电结束后电池即不能再用；二次电池包括铅酸电池、镍氢电池、锂离子电池、镍镉电池和锌镍电池等，其特点是放电结束后可以重新对其充电重复使用。

锂离子动力电池属于二次电池，按照单体正极材料来分，大致分为钴酸锂电池、磷酸铁锂电池、锰酸锂电池、三元锂电池等几大类；按电芯的结构形状来分，主要分为圆柱电芯电池和方形电芯电池，从市场应用情况来看，方形电芯电池的占比最高；按外壳材质来分，主要分为钢壳电池、铝壳电池和软包电池等。

根据电池内部组装方式分类，可分为卷绕式电池和叠片式电池。叠片式是将正极极片、隔膜、负极极片叠合成小电芯单体，然后将小电芯单体叠放并联起来，组成一个大电芯的制造工艺，如图3-1所示；卷绕式是将分条后的极片固定在卷针上，随着卷针转动将正极极片、负极极片以及隔膜卷成电芯的工艺方式。

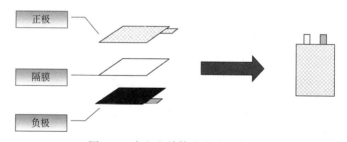

图3-1 小电芯单体叠片过程演示

实际上，实验室里做试制电芯时，经常用的是叠片软包电芯（几块极片用铝塑膜包起来），但是叠片软包电芯的工业化生产较为困难。叠片式电芯极片隔膜之间受力面积一致，在使用过程中也不会出现某个部位急剧损坏的情况。卷绕式电芯由于存在多处弯折和厚度变化区域，很容易造成隔膜和极片的起皱变形，致使正负极得不到有效接触。卷绕式电芯操作比较简便，无论是半自动或全自动生产，都可以快速完成，目前市场上大多厂家采用的是卷绕的形式；而叠片工艺则非常繁琐，且极片分切合格率很低。对于卷绕式电芯来说，其切割只需要开头和结尾两刀，而叠片式每个极片都要四刀，极片的质量（断面、毛刺等）很难保持高度一致性。图 3-2 所示为若干叠片后的小电芯单体被铝塑膜软包的工艺流程图。

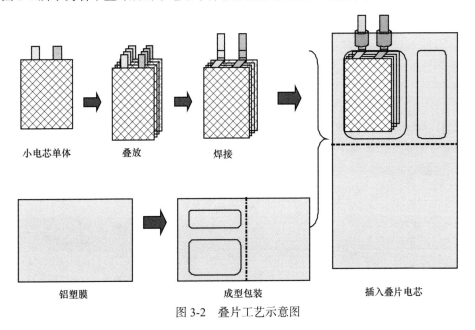

图 3-2　叠片工艺示意图

表 3-1 为不同形状结构电芯的优缺点比较。

表 3-1　不同形状结构电芯的优缺点

电池结构	圆柱结构	方形结构	软包结构
优点	工艺成熟度高，生产效率高，过程控制严格，成品率及电芯一致性高；壳体结构成熟，工艺制造成本低	对电芯的保护作用要高，可以通过减少单体电芯的厚度保证内部热量的快速传导，电芯的安全性能有较大的改善	外部结构对电芯的影响小，电芯性能优良；封装采用的材质质量小，电池的能量密度最高
缺点	集流体上电流密度分布不均匀，造成内部各部分反应程度不一致；电芯内部产生的热量很难得到快速释放，会造成电池的安全隐患	壳体在电芯的总重中占比较大，导致单体电芯的能量密度较低；内部结构复杂，自动化工艺成熟度相对较低	大容量电池封装工艺难度增加，可靠性相对较差；所采用的铝塑膜机械强度低，铝塑复合膜的寿命制约了电池的使用寿命

此外，根据锂离子电池的特性，可以分为容量型电池和功率型电池，锂离子电池的单体电芯是不可能同时兼具高能量密度和高功率密度的。容量型电池主要强调

电池要具有高的容量，但充放电电流不一定大；而功率型电池强调电池要具备承受较高的充放电电流（即较大功率）的能力，用来支持大倍率充放电，但电池容量通常比较小，可以为用电设备提供瞬间大电流供电，主要用于电动工具、轻度混合动力电动汽车。

3.1.2　锂离子电池型号命名规则与BOM

1. 锂离子电池型号与命名规则

根据 GB/T 30426—2013 或 IEC 61960:2003《含碱性或其他非酸性电解质的蓄电池和蓄电池组　便携式锂蓄电池和蓄电池组》，锂离子电池型号的命名具有一定的准则。

（1）电池标识组成

1）圆柱形二次锂离子电池由 3 个字母 +2 组数字组成；

2）方形二次锂离子电池由 3 个字母 +3 组数字组成。

锂离子电池前三个字母及其含义见表 3-2。

表 3-2　锂离子电池前三个字母及其含义

第一个字母 （负极材料）		第二个字母 （正极材料）		第三个字母 （电池形状）	
字母	表示含义	字母	表示含义	字母	表示含义
I	锂离子电池	C	钴基正极	R	圆柱形电池
L	锂金属电极或锂合金电极	N	镍基正极	P	方形电池
		M	锰基正极		
		V	钒基正极		
		F[①]	磷基正极		

①字母"F"未收录于 GB/T 30426—2013 中。

（2）圆柱形电池 2 组数字分别表示电池的直径和高度

1）字母后第 1 组数字表示电池的直径，取整数，单位为 mm；

2）第 2 组数字表示电池高度，取整数，单位为 mm；

3）直径或高度之间应加一条斜线。

（3）方形电池 3 组数字分别表示电池的厚度、宽度和高度

1）第 1 组数字表示电池的厚度，取整数，单位为 mm；

2）第 2 组数字表示电池的宽度，取整数，单位为 mm；

3）第 3 组数字表示电池的高度，取整数，单位为 mm。

厚度、宽度和高度 3 个尺寸之间应加斜线，3 个尺寸中若有任一个小于 1mm，则在此尺寸前加字母 t，此尺寸单位为 0.1mm。

例如：

ICR 18/65 表示一个直径约为 18mm、高约为 65mm 的钴基正极圆柱形锂离子电池[⊖]。

ICR 20/105 表示一个直径约为 20mm、高约为 105mm 的钴基正极圆柱形锂离子电池。

ICP 8/34/48 表示一个厚度约为 8mm、宽度约为 34mm、高度约为 48mm 的钴基正极方形锂离子电池。

ICP 8/34/150 表示一个厚度约为 8mm、宽度约为 34mm、高度约为 150mm 的钴基正极方形锂离子电池。

ICP t7/34/48 表示一个厚度约为 0.7mm、宽度约为 34mm、高度约为 48mm 的钴基正极方形锂离子电池。

2. BOM（Bill of Material，物料清单）

越来越多的整车制造及零部件制造企业都实施了 PDM（Product Data Management，产品数据管理）系统，PDM 系统的核心是 BOM 的管理。BOM 也称为产品结构表或产品结构树，其将最终产品的需求或生产计划中的项目分解成零件需求，是联系与沟通企业各项业务的纽带，是现代制造业信息化系统中最重要的基础数据。产品一般要经过产品设计、工程设计、工艺制造计划、生产计划 4 个阶段，相应地，在这 4 个阶段中分别产生了 D-BOM、E-BOM、M-BOM、P-BOM。

D-BOM 为设计部门设计产品的总体信息，称为产品设计 BOM（Design BOM），对应常见文本格式表现形式包括产品明细表、图样目录、材料定额明细表等。D-BOM 信息来源一般是设计部门提供的成套设计图样中的标题栏和明细栏信息，有时候也涉及工艺部门编制的工艺卡片上的部分信息。

E-BOM 为 CAD 生成的物料清单，称为工程设计 BOM（Engineering BOM），E-BOM 通常仅限于图样零件明细表出现的物料，说明图样的层次和从属关系，做好技术文档管理，虽然也有指导采购和估算报价的功能，但主要是为了管理图样。

M-BOM 为综合工艺工程师根据工厂的加工水平和能力，对 E-BOM 再设计出来的用于安排计划生产的物料清单，称为工艺制造 BOM（Manufacturing BOM）。它用于工艺设计和生产制造管理，使用它可以明确地了解零件与零件之间的制造关系，跟踪零件是如何制造出来的，在哪里制造、由谁制造、用什么制造等信息。E-BOM 关注的是产品设计结构中的零件，而 M-BOM 关注的是制造现场的实物。在 E-BOM 中的几个零件如果全部由一个供应商装配供货，则在 M-BOM 中则只有

⊖ 此型号即为目前市面上常见的 ICR 18650 电池，"18650"是源于日本企业的命名法，因这种命名方法在业界较为通用，所以在许多商业宣传材料或新闻报道中都有较多使用，但需知道这种命名法与我国标准的区别。此外，国内不同厂商在其电池产品型号命名上，也会有在标准命名的基础上加以调整的情况。

1个零件。

P-BOM 为 ERP 系统使用的物料清单，称为生产计划 BOM（Plan BOM）。P-BOM 看待物料清单上的每一件物料是同处理这个物料的业务联系起来的，主要是为满足销售计划而编制加工和采购计划，把物料看成是计划的对象、库存的对象和成本的对象。

3.2 锂离子电池的设计原则与步骤

3.2.1 孔隙率与压实密度

本小节首先对几个经常涉及的基本概念做一下介绍。

1. 固相、液相

相是物理学名词，其中成分与结构相同的组织称为相。不同的相之间一定有明显的分界面，越过界面时物理性质和化学性质将会发生突变。固相是指由固体组成的相。液相是指由均匀的溶液组成的相。

2. 比表面积

比表面积是指单位质量物质所具有的总面积，分外表面积和内表面积两类，在本书范围内也指多孔固体物质单位质量所具有的总表面积。表面积是固体与周围环境，特别是液体和气体相互作用的手段和途径。一般有下列 3 种作用：

1）固体 - 固体之间的作用：表现为自动黏结、流动性（如流沙）、压塑性等。

2）固体 - 液体之间的作用：表现为浸润、非浸润、吸附等。

3）固体 - 气体之间的作用：表现为吸附、催化等。

3. 电极孔隙率

锂离子电池极片包括金属集流体及两侧颗粒涂层，如图 3-3 所示，其中的颗粒颗粒涂层主要由 3 部分组成：

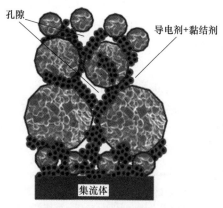

图 3-3 极片微观结构示意图

1）活性物质颗粒；

2）导电剂和黏结剂相互混合的组成相（碳胶相）；

3）孔隙，注液后将填满电解液。

各相的体积关系表示为

$$孔隙率 + 活性物质体积分数 + 碳胶相体积分数 = 1$$

极片的孔隙率是粉体颗粒涂层中孔隙所占的体积比，即粉体颗粒间空隙和颗粒本身孔隙所占体积与涂层几何体积之比，常用百分数表示。极片的孔隙率是与粒子形态、表面状态、粒子大小及粒度分布等因素有关。极片孔隙率的计算方法为：

$$孔隙率 = 1 - \frac{极片压实密度}{极片物质密度}$$

极片压实密度可通过测量得出，极片物质密度可针对不同物质含量从物质密度表中查找得出。

4. 面密度与压实密度

$$面密度 = \frac{质量}{面积}$$

$$压实密度 = \frac{面密度}{厚度} = \frac{质量}{体积}$$

涂布的面密度是一个关键的设计参数，锂离子电池在大电流放电的情况下，活性物质反应速度很快，要求离子能在材料中迅速地嵌入和脱嵌，压实密度不变时，涂层面密度增加意味着极片厚度增加，电子传输距离增大，离子运动的阻力增加，活性物质利用率降低。经过双面涂布的电极一般会经过一到两次碾压，在未经碾压的电极中，仅有 50% 的空间被活性物质所占据，提高压实密度会影响电极结构，例如孔隙率、比表面积、孔径分布和孔曲折度等，同时也会影响电极中黏结剂和导电剂的分布。合适的压实密度可以使电极的孔径和孔隙的分布更加均匀，降低电极的接触电阻和电荷转移阻抗，提高电极的体积能量密度和重量能量密度；但如果极片的压实密度过大，则活性物质内部离子运动的小路径、小孔隙会变得更小，也就是材料与电解液之间接触面积减小，电池内阻就会增大，同时也会导致极片变脆、断带、变形、颗粒破裂、与集流体分离等问题。

说到电池极片的时候，我们会引用压实密度来描述其在涂布碾压后的效果。而单说到材料性能的时候会引用振实密度来描述。振实密度是指在规定条件下容器中的粉末，经振实后所测得的单位容积的质量。振实密度定义为样品的质量除以它的体积，这一体积包括样品本身和样品孔隙及其样品间隙体积。如果合成的磷酸铁锂粉末颗粒为不规则形貌，由于不规则的粉末颗粒不能紧密堆积，最后会造成产物的振实密度很低；球形颗粒组成的粉体，由于没有团聚和粒子架桥现象，则具有较高的振实密度。

3.2.2 多孔电极理论简介

谈到锂离子电池的反应机理，还会涉及一个略有难度的多孔电极理论。John Newman 从最基本的物理原理出发，建立了锂离子电池的电化学模型。该模型不仅可以预测锂离子电池的倍率性能、电流和电压，还能将视角深入锂离子电池内部，去分析正负极流体、正负极多孔电极、多孔隔膜和溶液等区域的电化学反应、电子运动和锂离子运动等特性，从而为锂离子电池设计提供指导，这套理论称为多孔电极理论。在电化学仿真中，多孔电极理论是电池设计仿真的基础。接下来对 John Newman 的多孔电极理论进行一个较为详细的描述。

所有的锂离子电池，包括不同体系（钴酸锂、锰酸锂、镍钴锰、三元和磷酸铁锂等）和不同制造工艺（卷绕和叠片等），其电芯内部是由 5 个区域依次组成的：正极集流体、正极极片、隔膜、负极极片和负极集流体。其中，正、负极集流体分别为铝箔和铜箔；正负极极片是由活性材料、导电材料和黏结剂等混合之后均匀涂在正、负极集流体上形成的一层多孔介质，电解液、隔膜允许 Li^+ 通过但不允许电子通过。这种基本单元的结构在外形上与三明治极为相似，因此也将该基本单元称为"三明治结构"。三明治结构也是锂离子电池所有物理化学过程的载体，当锂离子电池接入负载或外部电源时，就会出现下列五个方面的物理化学变化（下面仅描述放电过程的机理，充电过程与放电过程的原理是一样的，区别只是电荷运动的方向相反），具体方程式在本书中不作赘述。

1. 电化学过程

接通回路时，正负极的电势差是电化学反应的驱动力，该电势差使电子与 Li^+ 脱离通过回路进入正极，脱离电子后的 Li^+ 从负极活性颗粒中脱嵌，并嵌入正极活性颗粒中，这个过程称为电化学过程。该过程由电池正负极的电势差驱动，多孔电极理论用电极过程动力学方程［巴特勒 - 福尔默方程（Butler-Volmer 方程，B-V 方程）］描述电极和电解液界面发生的电化学反应过程，即 Li^+ 在活性颗粒表面的脱嵌过程。

2. 固相扩散过程

Li^+ 是从活性颗粒表面脱嵌的，因此活性颗粒内部会出现一个 Li^+ 的浓度梯度。在这个浓度梯度的驱动下，Li^+ 在活性颗粒中扩散，这个过程称为固相扩散过程。该过程由浓度梯度驱动，多孔电极理论用菲克第二定律描述 Li^+ 在活性材料颗粒内部的扩散过程。

3. 液相扩散过程

当 Li^+ 从负极活性颗粒中脱出之后，负极极片周围的电解液中 Li^+ 浓度升高，当 Li^+ 嵌入到正极活性颗粒之后，正极极片周围的电解液中 Li^+ 浓度降低，这样在电池内部电解液中就存在着浓度梯度，在这个浓度梯度的驱动下，Li^+ 从负极扩散到正极，同时 Li^+ 会受到电迁移和对流等因素的影响而运动，这个过程称为液相扩散过程。该过程由浓度梯度、电迁移等驱动，多孔电极理论用能斯特 - 普朗克

（Nernst-Planck）方程描述 Li^+ 在电解液中的扩散过程。

Li^+ 导通性主要与极片的孔隙率和孔曲折度相关，当增加孔隙率时，电解液浸润容易，Li^+ 导通性升高，但是电子电导率下降。而孔曲折度与活性物质的形貌、极片制备工艺相关。特别是对于高能量密度的厚电极极片的设计，控制孔曲折度，提高离子导通性和电子电导率，这是非常重要的。

4. 固相电势过程

在集流体和极片上，存在电子的转移以及 Li^+ 的产生和吸收，因此同一电极的集流体和极片上也存在电势差，而且电势会出现变化，这个过程称为固相电势过程。该过程由集流体和极片活性物质之间的电势差驱动，多孔电极理论用欧姆定律描述集流体和极片上的电势变化过程。

5. 液相电势过程

在电解液中，存在着 Li^+ 的扩散、迁移、对流、产生和吸收，因此电解液的电势会出现变化，这个过程称为液相电势过程。该过程由正、负极电解液之间的电势差驱动，多孔电极理论用欧姆定律描述电解液的电势变化过程。

3.2.3 锂离子电池设计的基本原则

1. 设计容量高于标称容量

在电池生产中，电芯容量会因材料、工艺或设备等因素上下波动，具有一定的离散度。因此在进行电池设计的时候，必须遵循设计容量高于电池标称容量的原则，并且保证标称容量位于电芯容量离散区间的下限。

2. N/P 设计

锂离子电池是依靠锂离子在正负极之间迁移来实现能量存储的，因此必须考虑正极和负极容量的匹配问题。定义 N/P（习惯读作 NP 比或负正极克容量比）作为负极设计容量与正极设计容量的比值，其中 N 代表负极（Negative），P 代表正极（Positive）。N/P 为负极设计容量与正极设计容量间的比值。N/P 的计算公式为

$$\frac{N}{P} = \frac{单位面积负极容量}{单位面积正极容量} = \frac{负极面密度 \times 负极活物质比例 \times 负极活物质克容量}{正极面密度 \times 正极活物质比例 \times 正极活物质克容量}$$

N/P 过大时，一方面会使首次充电过程中负极消耗的不可逆容量增大，导致电池容量偏低，同时多余的负极不参与锂离子的脱嵌过程，会降低电池整体的能量密度；另一方面，电池在满电状态进行高温存储，会导致氧以自由基形态从正极晶格脱出，令正极粉料与箔材脱离，并且导致隔膜氧化发黄。N/P 小的电池，也就是负极容量不足的电池，正极能够在循环中达到浅充深放状态，负极的状况则是深充浅放，在电池充电的末期，从正极过来的锂离子不能全部嵌入到负极材料中，多余的锂离子会引发析锂。实际中，N/P 的设计主要考虑涂布机所能达到的涂布精度，涂布面密度波动大的话，需要增加 N/P；如果精度比较高的话，较小的 N/P 就可以了。

大多数锂离子电池都采用 N/P>1 的方案，也称为负极过量方案。但是钛酸锂

电池是一个例外，钛酸锂电池采用正极过量的方案，即 N/P<1。这样设计的原因有三点：

1）钛酸锂电势高，不存在锂枝晶生长的现象；

2）在正极过量设计时，负极电位较低，更易于在钛酸锂表面形成 SEI 膜；

3）钛酸锂的成本高，采用正极过量有利于降低电池成本。

3. 负极面积大于正极

为防止锂枝晶生长，所有种类的电池在设计时必须保证有正极敷料的地方对应有负极敷料。可根据要求的工作电流和选定的工作电流密度，计算控制电极面积。

$$电极面积 = \frac{工作电流}{工作电流密度}$$

4. 正负极间电子绝缘

电池正负极之间只有锂离子能通过隔膜传输，电子必须通过外电路负载从负极流向正极。因此当正负极片直接接触时，则在电池内部形成了一个无负载的回路，形成内短路，若为微短路，则会引起自放电过大等现象，若短路情况严重，则会有热失控等安全问题，因此电池设计时须保证正负极间电子绝缘，具体有以下两种主要措施：

1）隔膜的长度和宽度都要大于负极；

2）极耳或其他容易引起短路的地方用胶纸等进行保护。

3.2.4 锂离子电池设计的基本步骤

锂离子电池设计具体步骤如下：

1. 计算电池容量

$$额定容量 = 工作电流 \times 工作时间$$

为了保证电池的可靠性和寿命，一般设计容量比额定容量高。

$$设计容量 = （1.1\sim1.2）额定容量$$

2. 计算电池正负极活性物质用量

设计正负极活性物质用量时，首先考虑控制电极（通常是设计容量较小的电极）活性物质用量，因为控制电极活性物质用量决定了电芯的真正容量，非控制电极活性物质用量可根据 N/P 计算得出。根据控制电极的活性物质的理论克容量、活性物质利用率以及设计容量来计算单体电芯中控制电极的物质用量，一般均采用正极材料作为控制电极的活性物质（钛酸锂电池除外）。

$$控制电极的活性物质用量 = \frac{设计容量}{活性物质利用率 \times 理论克容量}$$

单体电芯中非控制电极活性物质的用量，应根据控制电极活性物质的用量来定，为了保证电池有较好的性能，锂离子电池通常采用负极过量方案，即 N/P>1。

$$负极面密度 \times 负极活性物质含量 \times 负极克容量 = \frac{设计容量}{极片面积}$$

$$= 正极面密度 \times 正极活性物质含量 \times 正极克容量 \times \frac{N}{P}$$

3. 计算正负极的平均厚度

$$碾压后的极片厚度 = \frac{极片面密度}{材料压实密度} + 集流体厚度比$$

4. 隔膜的选择

隔膜的厚度可根据电池的实际需要选择，比如选择单层 PP、单层 PE、PP+陶瓷涂覆、PE+陶瓷涂覆、涂胶 PP、涂胶 PE、双层 PP/PE、双层 PP/PP 或 3 层 PP/PE/PP 等。

5. 确定电解液用量

电解液主要用于填充满极片和隔膜里面的孔隙，电芯中的孔隙体积就是电解液用量体积，故：

$$电解液体积 = 正极片孔隙体积 + 负极片孔隙体积 + 隔膜孔隙体积$$

$$极片的孔隙体积 = 极片体积 \times 孔隙率$$

$$隔膜的孔隙体积 = 隔膜的面积 \times 厚度 \times 孔隙率$$

除了卷芯之外，壳体内部的空间还有没有被填充的剩余空间（这些空间也可以根据电池设计计算出来），这些地方也会存有电解液，即

$$实际电解液量 = 所有电芯孔隙体积 + 卷芯外电解液体积$$

6. 电池结构件设计

根据电池壳体材料的物理性能与机械性能，确定电池壳体的宽度、长度及壁厚，同时考虑电气绝缘方案、安全保护装置等，可参见 2.6.4 节的内容。

3.3　锂离子电池性能机理的相关概念

3.3.1　SEI 膜的形成机理

1. 锂离子电池 SEI 膜的形成

在液态锂离子电池首次充电放电过程中，电极材料与电解液中的溶剂和锂盐分子在固液两相界面上会发生化学反应，在电极材料表面形成一层钝化层，该钝化层具有固体电解质的特征，阻止电解液与电极材料表面直接接触，因此这层钝化膜被称为固体电解质界面（Solid Electrolyte Interface）膜，即 SEI 膜。如图 3-4 所示。

典型 SEI 膜的厚度约为 10~20nm，可分为两层，靠近电极材料的一侧主要成分为碳酸锂（Li_2CO_3）、氟化锂（LiF）、氧化锂（Li_2O）等无机物，靠近电解液的一侧主要由有机锂盐 [如 $ROCO_2Li$、ROLi、（$ROCO_2Li$）$_2$] 组成。SEI 膜阻止电子通过，

只允许锂离子自由地嵌入和脱嵌，提高了电池的循环性能和使用寿命。

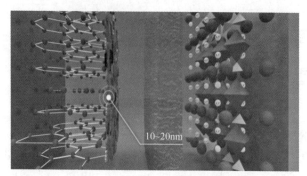

图 3-4　SEI 膜

2. 水分对 SEI 膜的影响

水分控制是电芯生产制造过程中的核心控制点，因为水会和电解液中的六氟磷酸锂（$LiPF_6$）反应生成三氟氧化磷（POF_3）、氟化锂（LiF）和氢氟酸（HF），化学式如下：

$$H_2O + LiPF_6 \rightarrow POF_3 + LiF + 2HF$$

HF 是一种腐蚀性很强的酸，它会腐蚀电池内部的金属零件，此外，HF 会与 SEI 的膜主要成分继续发生反应，破坏 SEI 膜，并生成 LiF。LiF 会在电池内部沉淀，使锂离子在电池负极片发生不可逆的化学反应，消耗活性锂离子，使得电池的容量减少。当水分足够多时，产生的气体会增多，使电池内部的压力变大，从而引起电池受力变形，存在电池鼓胀、漏液等隐患。

3.3.2　首次库仑效率

库仑效率（放电效率）是电池放电容量与充电容量的百分比。对于正极材料来说，库仑效率 = 放电容量 / 充电容量 = 嵌锂容量 / 脱锂容量；对于负极材料来说，库仑效率 = 放电容量 / 充电容量 = 脱锂容量 / 嵌锂容量。

电池首次库仑效率（首效）= 电池首次放电容量 / 首次充电容量

电池的首次充电容量总是略高于首次放电容量，这主要是由于充电时，从正极脱嵌的锂离子并没有完全回到正极导致的。

那么首次充放电中损失的容量哪里去了呢？正极材料半电池容量损失主要是由首次放电后材料结构变化引起：首次放电后，正极材料结构由于脱锂（锂离子脱嵌）而发生变化，这种变化会减少材料中的可嵌锂（锂离子嵌入）位置，锂离子无法在首次放电时全部嵌回到正极，从而就造成了容量损失。负极材料半电池的首效较低是因为锂离子在嵌入负极前，会先在负极表面形成 SEI 膜，献身于 SEI 膜的锂离子无法在后续充电时回到锂片负极，这个过程的形象描述如图 3-5 所示。

化成前

正极
100 个锂离子"整装待发"

负极
足够的嵌锂位置"虚位以待"

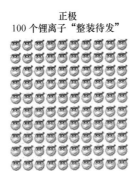

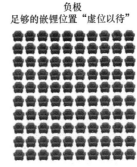

化成+分容满充后

100 个锂离子离开正极
留下100个空位
但只有88个可重复利用

100个锂离子来到负极
92个嵌入石墨层间
8个"阵亡"于 SEI膜

分容放电后

88个有效空位被填满
12个无效位置无法嵌锂

4个锂离子留在负极
8个锂离子为 SEI "献身"

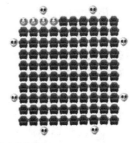

图 3-5　首效原因分析图

经过图 3-5 所示的流程可以发现，原本 100 个正极活性锂离子在经历首次充放电之后，只有 88 个可以继续循环使用。损失掉 12 个锂离子的原因，分别为负极首效损失了 8 个，以及正极首效造成嵌锂空间不够、4 个锂离子留在负极无法回到正极。不同 SOC（State of Charge，荷电状态，也称剩余电量，取值为 0~100%）下的正负极拆解照片如图 3-6 所示。

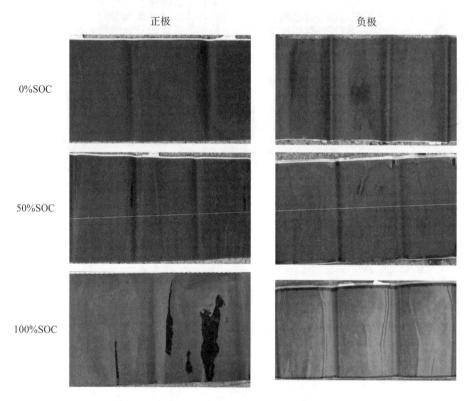

图 3-6　不同 SOC 下的正负极拆解照片

对全电池而言，全电池的首效与正负极材料首效较低者相等。其他因素对首效的影响较小，主要还有以下几点：

1）石墨负极比表面积：当石墨负极比表面积越大时，形成 SEI 膜的面积也就会越大，从而会消耗更多的锂离子，并降低全电池首效（前提为负极首效比正极低）。

2）化成充电制度：当化成形成的 SEI 膜更薄且更致密时，就可以降低首次充电过程对锂离子的消耗，并提升首效。

3）N/P：过大的负极过量就需要形成更多的 SEI 膜，因此也会在一定程度上降低首次效率。

4）电解液：电解液中加入 PC 溶剂，虽然会加宽锂离子电池的工作温度窗口，但是如果没有对应的成膜添加剂来对负极进行保护，就容易造成 PC 对石墨负极的剥离，并降低全电池的首效。

不同材料的半电池测试首效数据见表 3-3。

表 3-3　不同材料的半电池测试首效数据

材料		首效
正极	三元	85%~88%
	钴酸锂	94%~96%
	磷酸铁锂	95%~97%
负极	石墨	90%~92%
	钛酸锂	97%
	纯硅负极	80%
	硅碳负极	60%
	氧化亚硅	60%

正极材料中，三元材料的首效最低；负极材料中，由于氧化亚硅材料在嵌锂的过程中会生成 Li_2O 和 Li_4SiO_4 非活性产物，从而令部分锂离子失去活性，导致氧化亚硅的首次库仑效率较低。

3.3.3　预锂化技术

目前 300W·h/kg 的单体电芯体系，业内已形成共识：即采用高镍三元（811）作为正极，硅基材料作为负极。而采用硅基材料虽然有较高的克容量，但是限制其在全电池中能量密度提升的主要瓶颈在于硅基材料在首次充电形成 SEI 膜的时候，消耗锂离子较多，导致其首次库仑效率低，一般低于 80%。硅碳为同一主族元素，在首次充放电时同样会形成 SEI 膜包覆在硅表面，但是由于硅体积效应造成的剥落情况会导致 SEI 膜的反复破坏与重建，从而加大了锂离子的消耗，最终影响电池的容量。如何降低或弥补 SEI 膜形成过程中锂离子的消耗？最直接的方案，是通过化学、电化学的反应向电池体系中加入锂离子，用于补充 SEI 膜形成过程中锂离子的损耗，即通常业界内所说的"预锂化"技术。

什么是预锂化呢？对全电池而言，化成时负极界面形成的 SEI 膜会消耗掉从正极脱嵌的锂离子，并降低电池的容量。如果我们可以从正极材料外再寻找到一个锂源，让 SEI 膜的形成消耗外界锂源的锂离子，这样就可以保证正极脱嵌的锂离子不会浪费于化成过程，最终就可以提高全电池容量。这个提供外界锂源的过程，就是预锂化。因此预锂化的核心是：寻找外界锂源，让全电池化成消耗外界锂源提供的锂离子，而非消耗正极脱嵌的锂离子，从而最大程度地保留正极脱嵌的锂离子，提高全电池容量。

目前，补锂工艺主要分为负极补锂与正极补锂两大类，由于正极补锂处于实验室阶段，负极补锂工艺是最为常见的补锂方法，主要有：钝化锂粉合浆涂布、锂箔压延复合负极、真空镀锂等技术。但是这些负极补锂方法都不得不面对一个问题——金属锂的安全性问题。因为金属锂是高反应活性的碱金属，能够与水剧烈反应，所以金属锂对环境的要求十分高，这就使得这两种负极补锂工艺都要投入巨资对生产线进行改造，同时要在负极锂外层设有专门保护层。

钝化锂粉合浆涂布工艺首先要制做出一种稳定的金属锂粉末颗粒（惰性锂粉），颗粒的内层为金属锂，外层为具有良好锂离子导通性和电子电导率的保护层，预锂化过程中，先将锂粉分散在有机溶剂中，然后将分散体喷涂在负极片上，接着将负极片上的残留有机溶剂干燥，这样就得到了完成预锂化的负极片。锂箔压延复合负极工艺将金属锂箔碾压致数微米的厚度，然后与负极复合、碾压。补锂后单层电极的整体示意图如图 3-7 所示。

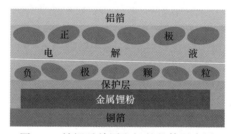

图 3-7　补锂后单层电极的整体示意图

负极补锂的电池，在注液后，这些金属锂迅速与负极反应。当电芯完成注液后，保护层会溶解于电解液中，从而让金属锂嵌入到负极材料之中，化成时形成 SEI 膜所消耗的锂离子由金属锂补充，从而提升材料的首效。充电后的电极示意图如图 3-8 所示。

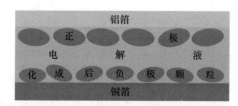

图 3-8　充电后的电极示意图

通过预锂化，最显著、最直接的效果是可以大大提高电芯的首次库仑效率，从而达到改善电芯循环性能及能量密度的效果。

3.3.4　析锂机理解析

析锂是锂离子电池常见的一种失效现象，当锂离子电池充电时，锂离子会从正极脱嵌并嵌入负极，但是当一些异常状况发生时，会导致部分锂离子没有进入负极活性物质形成稳定的化合物，而是获得电子后沉积在负极表面成为金属锂，形成一层灰白色的物质，这一现象就叫做析锂，如图 3-9 所示。锂离子电池中不应该存在锂的金属形态，锂元素要么是以金属氧化物、碳锂化合物的形态存在，要么是以离子的形态存在。单质锂的活性非常高，它能与电解液发生化学反应，消耗电解液的含量、钝化负极表面的性质，从而导致电池性能劣化，而且单质锂会在负极表面沉积形成锂枝晶，锂枝晶非常尖锐，有刺穿隔膜导致内短路引发安全事故的风险。

图 3-9　析锂现象示意图

　　产生析锂的原因有很多种，包括负极过量不足造成的析锂、充电机制不合适造成的析锂、材料异常造成的析锂、电解液浸润不足造成的析锂、嵌锂路径异常造成的析锂和特殊原因造成的固定位置析锂等，下面分别予以说明。

1. 负极过量不足造成的析锂

　　负极过量不足是造成析锂最常见的原因之一。锂离子在充电时从正极脱嵌来到负极时没有足够的位置供锂离子嵌入，因此只能在负极表面析出单质锂并且堆积。负极实际面密度越低，则析锂越严重。该条件下的析锂也一般都是均匀的一层，如图 3-10 所示。

图 3-10　负极过量不足造成的析锂

2. 充电机制不合适造成的析锂

（1）低温充电析锂

　　电池在低温下充电时，由于低温导致锂离子电池极化增加，虽然锂离子可以在低温下相对快速地从正极脱嵌，但是却无法及时嵌入到负极当中，从而导致负极表面析锂，如图 3-11 所示。

图 3-11　低温充电析锂

（2）大倍率充电析锂

当采用的充电倍率超过额定倍率时，到达负极表面的锂离子来不及向内部扩散，会在电极表面析出。一般来说，充电倍率越大，析锂现象越严重，如图 3-12 所示。

图 3-12　大倍率充电析锂

（3）过充电析锂

当电池的充电电压或充电容量大幅超出设计值时，过量锂离子会从正极脱嵌，而负极并没有能力嵌入多余的锂离子，因此引发析锂，它的原理与负极不足相同。

3. 材料异常造成的析锂

当负极片压实密度过高，负极结构被压坏或极片孔隙率不足时，会导致电解液无法有效地浸润到所有负极颗粒表面，造成充电时，由于部分石墨颗粒无法参与嵌锂过程，锂离子就会析出在负极表面，如图 3-13 所示。

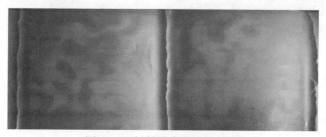

图 3-13　材料异常造成的析锂

4. 电解液浸润不足造成的析锂

当电池注液量不足，或者浸润时间较短时，电解液无法完全浸润负极，未充分浸润的位置就会形成未嵌锂小黑斑，因此本应该嵌入黑斑处的锂离子就会在黑斑的周围析出，如图 3-14 所示。不仅是电解液浸润不足会造成析锂，当电解液和负极不匹配时，也会产生析锂。

图 3-14　电解液浸润不足造成的析锂

5. 嵌锂路径异常造成的析锂

（1）隔膜打皱析锂

若隔膜打皱，锂离子穿透打皱处的隔膜时，由于褶皱处锂离子通过的阻力较大，部分锂离子会在褶皱处负极表面析出，导致析锂现象发生，此种情况一般锂离子会在隔膜负极表面析出如图 3-15 所示。

（2）电芯变形析锂

电芯卷绕折数较多或面积较大时，在卷芯发生变形处容易产生极片褶皱的现象，造成极片接触不良，从而在褶皱的位置产生条状的嵌锂不足区域产生析锂，如图 3-16 所示。

图 3-15　隔膜打皱析锂

图 3-16　电芯变形析锂

6. 特殊原因造成的固定位置析锂

除了以上原因造成的析锂之外，还有一些在极片制造过程中异常产生的析锂。如涂布不良或电芯结构缺陷、卷绕过程中出现异常、原材料有杂质、环境粉尘的引入，都有可能产生析锂现象。

（1）横向贯穿析锂

当涂布时出现正极竖状条纹或负极竖状条纹时，该位置负极过量不足或负极片压实过高，可能引发电芯对应位置处的条纹形状析锂如图3-17所示。

图3-17　横向贯穿析锂

（2）纵向条纹状析锂

当电芯宽度方向的结构、厚度不均时，例如电芯变形、极耳位附近厚度变化等，则会在极片每一层的固定位置析锂。此外，涂布时如果设备不稳定，也会造成类似的条纹状析锂如图3-18所示。

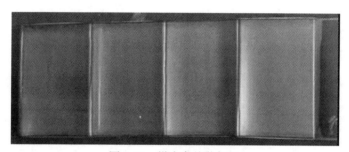

图3-18　纵向条纹状析锂

（3）卷绕异常导致的析锂

卷绕式电池的卷芯是通过正极片、负极片和两片隔膜卷绕形成的。卷芯的设计原则一般是负极片宽度大于正极片，即负极完全覆盖正极。但是在卷芯的制程过程中，由于设备或人为等因素，可能发生正负极相对位置偏离，导致负极不能完全包覆正极的情况。这样的电池在充电过程中，未包覆正极的负极片边缘会产生析锂。

（4）金属异物导致的析锂

在电池制作过程中，原材料的杂质、环境的粉尘以及设备磨损产生的金属微粒可能会引入到电池极片中，电池工厂现场最常见的金属异物有铁、铜、锌、铝、锡及不锈钢（SUS）等，而这些金属异物是造成电池内部短路的主要原因。尺寸较大的金属颗粒会直接刺穿隔膜，导致正负极之间短路，如图3-19所示。另外，当金属异物混入正极后，充电之后正极电位升高到3V以上，金属发生氧化反应失去电子溶解，然后通过电解液扩散到负极；负极电位在 1V 以下，溶解的金属再在负极表面发生还原反应，得电子后又重新析出为带枝晶的金属。同时，锂会以这些杂质异物为晶核生长锂枝晶，最后锂沉积和金属沉积形成的枝晶会刺穿隔膜，产生局部电流和产热过大（电芯自放电），最终造成电池安全性问题。

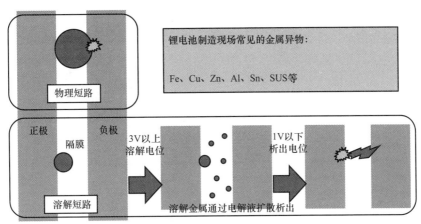

图 3-19　金属异物刺穿隔膜示意图

3.4　锂离子电池主要性能指标及影响因素

我们在使用锂离子电池的时候，会关注一些技术指标，作为衡量其性能"优劣"的主要因素。

3.4.1　能量密度指标与影响因素

电芯容量一般分为额定容量和实际容量，单位为 mA·h（毫安时）或 A·h（安时）。额定容量是指充满电的锂离子电池在实验室条件下（比较理想的温湿度环境），以某一特定的放电倍率放电到截止电压时，所能够提供的总的电量。实际容量一般都不等于额定容量，它与温度、湿度、充放电倍率等直接相关。一般情况下，实际容量比额定容量稍小，在极端应用条件下甚至比额定容量小很多，比如我国北方的冬季，如果在室外使用手机，电池容量会迅速下降。

能量密度是单位体积或单位重量的电池能够存储和释放的电量，其单位有两种：W·h/kg 和 W·h/L，分别代表重量比能量（重量比容量）、体积比能量（体积比容量）。首先将能量的计算公式复习一下：

能量（W·h）= 容量（A·h）× 电压（V）= 功率（W）× 时间（h）= 电压（V）× 电流（A）× 时间（h）

在谈到很多电芯组成的电池包（Pack）时，常用瓦时（W·h）作为计价单位（目前均价 1 元 /W·h 左右），并且用多少度电作为电动汽车电池系统的总能量计算单位（1 度电 =1kW · h）。

要提高能量密度，首先想到的就是提高锂元素的比例，同时要让尽可能多的锂离子从正极跑出来，移动到负极，然后还得从负极原数返回正极（不能变少了），周而复始地搬运能量。电芯能量密度与正负极材料的克容量、电芯质量有极大的关系，其不同的计算公式可以表示为

$$电芯能量密度 = \frac{控制电极的电量}{电芯质量} = \frac{Min\{正极容量，负极容量\}}{电芯质量} \times 电池电压$$

$$= 活性物质实际克容量 \times \frac{活性物质占比 \times 控制电极质量}{电芯质量} \times 电池电压$$

$$= 控制电极实际克容量 \times \frac{控制电极质量}{电芯质量} \times (正极电压 - 负极电压)$$

从以上公式可以看出，提高电芯能量密度的方法主要有：提高正极活性物质占比，可以提高锂元素的占比；更多的负极活性物质可以容纳游过来的锂离子，存储能量；提高正、负极材料的比容量；电芯减重瘦身，电解液、隔膜、黏结剂、导电剂、集流体、基体、壳体材料等占整个电池质量的比例在 40% 左右，如果能够减轻这些材料的质量，同时不影响电池的性能，也可以提高能量密度。

除了钛酸锂电池，其他一般都以正极作为控制电极，非控制电极的能量密度对电芯能量密度也存在很大影响。假定正极能量密度维持 180mA · h/g 不变的情况下，某款电池负极能量密度对电芯能量密度提升幅度的影响见表 3-4。

表 3-4　某款电池负极能量密度对电芯能量密度提升幅度的影响

正极能量密度（mA · h/g）	负极能量密度（mA · h/g）	电芯能量密度提升幅度
180	350	0%
	500	10%
	800	24%
	1000	28%
	1200	32%
	2000	39%
	3000	42%

为了实现电池的高质量比能量目标，主要的方法包括：

1）选择高容量材料体系，正极采用高镍三元，负极采用硅碳；

2）设计高压电解液，提高充电截止电压；

3）优化正负极浆料的配方，增加活性物质在电极中占比；

4）采用更薄的铜箔、铝箔，减少集流体的所占的比例；

5）提高正负极的涂布量，增加活性物质在电极中占比；

6）控制电解液的数量，减少电解液的数量提高锂离子电池比能量；

7）优化电池的结构，降低极耳、封装材料等在电池中所占的比例。

3.4.2　内阻、极化指标与影响因素

内阻（Internal Resistance，IR），又称内电阻，指电池在工作时电流流过电池内部表现出的电阻，它包括欧姆内阻和极化内阻。内阻增加，则电池电压达到放电截止电压所需要的时间会相应减少，故输出的电量也减少。内阻大的电池，在充放电的时候，功耗损失大，发热严重，会造成电池的老化加速和寿命衰减，同时也会限制大倍率的充放电应用。从理论上来说，电池内阻越小，电池的寿命和倍率性能就会越好。

1. 欧姆内阻

欧姆内阻由电极材料、电解液、隔膜、集流体、极耳等各部分零件的接触电阻组成。欧姆极化是瞬时发生的。使用导电好的连接片及基体，增加焊接点数、减少虚焊等可以减少电池的欧姆内阻。

2. 极化内阻

平衡电极电动势是电极上无电流通过时的电极电动势，电流通过电极时，实际电极电动势偏离平衡电极电动势的现象称为电池的极化。由于极化作用，使正极的极化电动势高于可逆电动势，负极的极化电动势低于可逆电动势。极化内阻又包括电化学极化内阻和浓差极化内阻。

1）电化学极化：又称活化极化，由于电极活性颗粒表面发生的电化学放电速率相比电子迁移速率稍慢，从而使正、负极颗粒表面实际电位偏移平衡电位，引起这种极化现象主要由电极电化学反应的活化所决定。电化学极化一般认为是微秒级的。

2）浓差极化：顾名思义，浓差极化是由于浓度差引起的，又称固液相扩散极化。锂离子电池实质上是一种锂离子浓差电池，其充放电过程为锂离子在正负极的嵌入、脱嵌的过程。电极的电化学反应发生在电极与溶液的界面上，电化学反应的结果改变了电极表面附近溶液中锂离子的浓度，由于锂离子在电极颗粒内部的迁移速率远小于其表面发生的电化学反应速率，因此锂离子扩散的迟滞性导致电极表面附近的溶液与溶液本体之间产生浓度差，使电压降低。浓差极化一般认为是秒级的。

电池阻抗主要体现为极化内阻，而欧姆内阻相对较小。欧姆内阻是由设计和制造工艺决定的，充放电倍率对欧姆内阻影响可以忽略。一般情况下充放电电流密度越大，极化内阻也就越大，当充放电倍率大到一定程度，极化内阻急剧增大导致电压损失过大，外部电压很快就下降到放电截止电压，电量就放不出来了。所以只有把内阻设计小了，锂离子电池才能支持大倍率放电。

影响锂离子电池极化的因素：

1）电解液的锂离子导通性：电解液锂离子导通性低是锂离子电池极化较大的主要原因。电解液的锂离子导通性一般只有 0.01~0.1S/cm，是水溶液的约 1%。因此，锂离子电池在大电流放电时，来不及从电解液中补充锂离子，会发生极化现象。提高电解液的导电能力是改善大电流放电能力的关键因素。

2）电解液的浸润度：电解质与正负极材料的浸润程度，会影响电解质与电极界面处的接触电阻，从而影响电池的倍率性能。电解质的总量、黏度、杂质含量、正负极材料的孔隙等，都会改变电解质与电极的接触阻抗。随着循环次数的增加，SEI 膜会不断脱落、剥离、沉积在负极表面，导致负极的内阻逐渐增加，成为影响循环倍率性能的因素。此外，隔膜的浸润度和孔隙率也对锂离子的通过性有较大的影响。

3）导电剂：正极导电剂的含量是影响高倍率放电性能的关键因素。正常电池不能进行高倍率放电的主要原因是，正常正极配方中的导电剂含量不足，大电流放电时电子不能及时地转移，极化内阻迅速增大，使电池的电压很快降低到放电终止电压。

4）正负极材料：正极活性材料颗粒越大，锂离子扩散到表面的通道越长，不利于大倍率放电；或者黏结剂过多也可能导致电导率下降（黏结剂一般都是高分子材料，绝缘性能较强）。

5）集流体：正负极的集流体（极耳）是锂离子电池与外界进行电能传递的载体，通过改变集流体的材质、尺寸大小、引出方式、连接工艺等，都可以改善锂离子电池的内阻。

6）极片厚度：详见 3.2.1 节内容。

7）SEI 膜：SEI 膜的形成增加了电极 / 电解液界面的电阻，造成电压滞后即极化。

8）温度：温度过低时，由于电解液黏度的增加，电解液导电能力变差，石墨负极动力学性能变差，会导致电池的电化学极化增加。

3.4.3 电压指标与提升策略

锂离子电池的电压，有开路电压、工作电压、充电截止电压、放电截止电压等参数。开路电压，就是电池外部不接任何负载或电源（即没有电流通过两极时），电池的正极电极电动势与负极电极电动势之差。工作电压，就是电池外接负载或电源，处在工作状态，有电流流过时，所得的正负极之间的测量电位差。根据欧姆定律，我们知道：

$$放电工作电压 = 开路电压 \times \frac{负载电阻}{电池内阻 + 负载电阻}$$

所以说，由于电池内阻的存在，放电状态时的工作电压低于开路电压，充电时的工作电压高于开路电压。充 / 放电截止电压，是指电池允许达到的最高和最低工作电压。超过了这一限值，会对电池产生一些不可逆的损害，导致电池性能的下降，严重时甚至造成起火、爆炸等安全事故。

全电池由分处于正负极的两个半电池构成，全电池电压就是由正负极两个半电池电压相减得到的。例如钛酸锂对锂电势是 1.5V，如果用钛酸锂作为负极，单体电芯的电压即是 3.7−1.5=2.2V 左右（半电池理论详见 2.1.5 节），因此又称为端电压。当多个单体电池串联在一起时，会增加电池组对外输出的电压；多个电池并联时可以增加电池组的输出电流。对于全电池而言，自然希望其电压越高越好，因为同样容量下，电压越高，可以提供的能量就越多。

对于正极而言，过高的电压会造成电解液溶剂的分解，除非对溶剂进行大幅改良。对于负极而言，进一步降低其电压的可能性已经微乎其微。原因是目前碳类材料的锂脱嵌电位已经仅仅比锂离子形成金属锂的电位高 0.2V 左右，如果使用电位比锂离子析出成金属锂更低的负极材料，则一定会造成充电时锂离子来到负极表面后，直接于负极表面析出，而非嵌入负极当中。

可以将全电池充电过程想象成一个"锂离子下台阶"的过程，如图 3-20 所示：充电时，锂离子从正极脱嵌的反应电压很高，可以看成一个高度为 3.7V 的台阶；锂离子从正极脱嵌后面临着两种选择，一是嵌入负极，对应这个台阶的高度是 0.2V（也就是碳负极半电池平均电压），再就是析锂，对应这个台阶的高度是 0V。但锂离子是个"胆小鬼"，当它发现下一级台阶有两种选择的时候，会优先选择落在高度落差更小的台阶上，因此从正极脱嵌的锂离子，会优先嵌入到碳负极中。如果找到一种嵌锂电位更低的负极，也将难以应用，因为这将大幅增加锂离子在负极析出的风险。

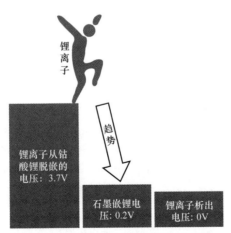

图 3-20　锂离子充电电压变化示意图

负极极化增大造成锂离子嵌入负极的电位比平时更低，当其数值低于锂离子析出电位 0V 时，锂离子就会直接析出。当全电池低温充电时，极化的增加造成石墨嵌锂电位的降低（越接近析锂反应电位 0V，析锂的风险就越大），当充电到 50% 左右时，电位突降并低于 0V，此时锂离子这个胆小鬼觉得直接析出反而会使反应电压的跨度更小，因此此时继续充电电池就会明显析锂。

钛酸锂负极的安全性要远高于石墨负极，原因就是锂离子嵌入钛酸锂的电压（1.5V）要远高于析锂电压（0V），锂离子来到钛酸锂负极后，发现嵌入钛酸锂所产生的电压跨度要比析锂小很多，"胆小鬼"自然会选择更"安全"的路径（嵌入钛酸锂），因此也就几乎不会产生析锂了。但负极电压比析锂电压高带来安全性的结果就是，同样容量情况下的电芯所带电量大幅度减少。

3.4.4 电芯热失控及温升机理

锂离子电池的安全性设计是生产厂商首先需要考虑的问题。电池是能量的高密度载体，本质上就存在不安全因素，能量密度越高的物体，其能量剧烈释放时的影响就越大，安全问题也越突出。汽油、天然气、乙炔等高能量载体，也都存在同样的问题。

电池由于其自身有一定的内阻，在输出电能的同时会产生一定的热量，热量累积使电池系统温度升高，同时，空间布置的不同使得各处电池温度并不一致。当电池热量产生和累积速度大于散热速度时，电池内部温度就会持续升高。锂离子电池由高活性的正极材料和有机电解液组成，在受热条件下非常容易发生剧烈的化学副反应，这种反应将产生大量的热，甚至导致的"热失控"，这是引发电池发生危险事故的主要原因。电池内热的变化主要来自 3 个方面：

1）不可逆热：是由于电池电化学极化、浓差极化、欧姆内阻引起的产热，在充放电过程中均表现出放热效应。

2）可逆热：可逆热是由于电池工作过程中温升升高导致的电池体系熵变引起的，体系熵增加表现出吸热效应，体系熵减少则表现出放热效应。在放电过程和充电过程中可逆热可以是吸热也可以是放热，大小与物质的熵变化有关。

3）副反应产生的热：主要是来自电解液与电极材料之间发生的化学反应。

研究表明，锂离子电池的产热速率与其充放电电流大小成二次曲线关系，产热速率随电流的增大而急剧增大，尤其是高倍率充电时产热速率会呈几何级增长。锂离子电池内部的热失控，说明电池内部的一些化学反应已经不是我们此前所期待的"可控"和"有序"，而是呈现出不可控和无序的状态，导致能量的快速剧烈释放，其外在的表现是燃烧、爆炸等剧烈的能量释放现象。导致热失控的步骤和表现主要有以下六个。

1）SEI 膜分解：电解液放热副反应：当电池内部温度达到 69~89℃左右时，SEI 膜就会分解，导致负极完全裸露，电解液在电极表面大量分解放热，导致电池内部温度迅速升高。这是锂电池内部第一个放热副反应，也是一连串热失控问题的起点。

2）嵌锂碳与电解液反应：SEI 分解副反应放热会使电池温度继续升高，当电池温度升高到 100~130℃时，会触发负极 Li_xC_6 与电解液中有机溶剂反应，释放的热量进一步提高。

3）隔膜熔化：由于 SEI 膜分解和嵌锂碳与电解液反应释放的大量热，导致电池温度持续升高，可能会使电池温度达到 130~140℃，此时，电池内部隔膜会熔化，导致电池内短路，电池放热更加剧烈。

4）正极材料的热分解：随着电池内部温度的进一步上升，正极的活性物质发生分解，这一反应一般发生在 230℃，并伴随大量的热和氧气产生。不同的正极材料，其活性物质分解所产生的热量是不同的，所释放的氧气含量也有所不同。磷酸铁锂正极材料由于分解时产生的热量较少，因而在所有的正极材料中，热稳定性最为突出。镍钴锰三元材料分解时则会产生较多的热量，同时伴有大量的氧气释放，容易产生燃烧或爆炸，因此安全性相对较低。

5）电解液的热分解：由于电解质在负极的放热副反应，电池内部温度不断升高，进而导致电解质内的锂盐和溶剂进一步发生热分解。这个副反应发生的温度范围大致在 230~330℃之间，同样伴随着大量的热产生，进一步推高电池内部的温度。

6）黏结剂与负极高活性物质的反应：负极活性物质 Li_xC_6 与 PVDF 黏结剂的反应温度约从 260℃开始，峰值出现在 290℃，反应放热可达 1500J/g。

因此，一旦温度上升到内部连锁反应的门槛温度（约 130℃），锂离子电池内部将会自发地产生一系列的放热副反应，并进一步加剧电池内部的热量累积和温度上升趋势，这一过程还会析出大量的可燃性气体，当温度上升到内部溶剂和可燃性气体的闪点、燃点时，将会导致燃烧和爆炸等安全事故。容量 20A·h、电压 3.6V 电池，其能量为 72W·h，等于 259.2kJ，而 1g TNT 炸药的能量等于 4.20kJ，因此 20A·h 锂离子电池仅存储的电能就相当于 61.7g TNT 炸药的能量。以上计算还未计电解液燃烧所含能量及正极活性物质分解的能量。

为了确保锂离子电池能够安全可靠地使用，降低热失控发生的概率，必须进行非常严格、周密的电池安全设计，主要措施有：从正负极材料、电解液、隔膜等主要成分入手，选择化学稳定性和热稳定性优良的材料，具有良好的阻燃特性，在出现内外部热失控的诱因时，降低内部副反应的发热量，或者具有很高的燃点温度；阻断放热副反应的正反馈过程，如增加保险丝，或在正负极材料与集流体之间增加 PTC 材料等。所以锂离子电池正负极之间往往有保护性的温控隔膜或电解质添加剂，在电池升温到一定的情况下，复合膜膜孔闭合或电解质变性，电池内阻增大直到断路，电池不再升温，确保电池充电温度正常。

一只合格的电芯需要：当发生短路、过充电、平板冲击（10kg 重物自 1m 高处砸向电池）、热箱试验（150℃恒温 10min）时，不起火，不爆炸；并且在针刺（用 3mm 钉穿透电池）、焚烧（煤气火焰烧烤电池）时不爆炸。需要说明的是，刚出厂的电芯通过安全测试认证，并不代表电芯在生命周期中的安全性。在长期的使用过程中，会发生析锂、电解液的分解和挥发、正负极活性物质的脱落、电池内部结构变形、材料中混入金属杂质以及其他很多非预期的变化，这些都会导致电池发生内短路，进而产生大量的热量。再加上外部的各种滥用情况，如过充、挤压、金属穿刺、碰撞、跌落、冲击等，也会导致电池在短时间内产生大量的热量，成为热失控的诱因。

3.4.5 充放电倍率指标与提升策略

锂离子电池的充放电倍率，决定了我们可以以多快的速度，将一定的能量存储到电池里面，或者以多快的速度，将电池里面的能量释放出来。充放电倍率是电池在规定的时间内放出其额定容量时所需要的电流值，充放电倍率 = 充放电电流 / 额定容量。充放电倍率会影响锂离子电池工作的连续电流和峰值电流，其单位一般为C（Capacity 的简写），如 1/10C、1/5C、1C、5C、10C 等。可以举个例子来阐述倍率指标的具体含义，某电池的额定容量是 10A·h，如果其额定充放电倍率是 1C，那么就意味着这个型号的电池，可以以 10A 的电流，进行放电 1h 直到放电的截止电压。如果其最大充放电倍率是 10C@10s，最大充电倍率 5C@10s，那么该电池可以以 100A 的电流进行持续 10s 的放电，以 50A 的电流进行持续 10s 的充电。充放电倍率对应的电流值乘以工作电压，就可以得出锂离子电池的连续功率和峰值功率指标。充放电倍率指标定义得越详细，对于使用时的指导意义越大。尤其是作为电动交通工具动力源的锂离子电池，需要规定不同温度条件下连续和脉冲的倍率指标，以确保锂离子电池使用在合理的范围之内。

在介绍倍率指标时，需要介绍另外一个概念：恒流充入比。恒压充电是指从始至终以固定电压给电池充电，若始终以恒压充电，在开始充电时电流很大，电池发热，内部化学反应急剧，有爆炸的危险。恒流充电则是指以固定的电流给电池充电，若始终以恒流充电，到充电快结束时，还是以固定电流充电，充电机为维持恒流，提高电压，有因为过充而损坏电池的危险。

实际上电池的充电过程，一般是先恒流充电，在恒流充电过程中，电压不断上升，当电压达到某一设定值时，充电由恒流转为恒压，因此电池的总容量为恒流充电容量与恒压充电容量之和。恒流充入比，是指在恒流恒压充电过程中，恒流充入容量占总容量的比值。恒流充入比主要是针对倍充测试，即是否能够满足某一倍率下的充电指标，主要是看其恒流充入比是否能够达到指标值。例如某型号电池在 2C 充电时，产品规格书要求恒流充入比大于 80%，则恒流充入比低于 80% 的电池，其电性能不能满足 2C 充电指标。

锂离子电池的充放电倍率性能，与锂离子在正负极、电解液以及它们之间界面处的迁移能力直接相关，一切影响锂离子迁移速度的因素（这些影响因子也可等效为电池的内阻），都会影响锂离子电池的充放电倍率性能。此外，电池内部的散热速率，也是影响倍率性能的一个重要因素，如果散热速率慢，大倍率充放电时所积累的热量无法传递出去，会严重影响锂离子电池的安全性和寿命。改善锂离子电池的充放电倍率性能，主要从提高锂离子迁移速度和电池内部的散热速率两个方面着手，也就是提高正、负极的锂离子扩散能力和提高电解质的离子导通性。

1. 提高正、负极的锂离子扩散能力

锂离子在正 / 负极活性物质内部的脱嵌和嵌入的速率，也就是锂离子从正 / 负极活性物质里面跑出来的速度，或者从正 / 负极表面进入活性物质内部找个位置"安家"的速度到底有多快，这是影响充放电倍率的一个重要因素。

在活性物质内部，要有足够的孔隙，同时这些"跑道"分布要均匀，这就要优化正极材料的结构，改变粒子之间的距离和结构，做到均匀分布。以上两点其实是相互矛盾的，提高压实密度，虽然厚度变薄，但是粒子间隙会变小，跑道就会显得拥挤；反之，保持一定的粒子间隙，不利于把材料做薄。所以需要寻找一个平衡点，以达到最佳的锂离子迁移速率。因此，选择锂离子扩散系数比较高的正极材料，也是改善倍率性能的重要方向。

负极材料也是主要从材料的结构、尺寸、厚度等方面着手，减小锂离子在负极材料中的浓度差，改善锂离子在负极材料中的扩散能力。

2. 提高电解质的离子导通性

锂离子要在正、负极之间来回穿梭，就如同在电解质和电池壳体所构成的"游泳池"里面游泳，电解质的离子导通性如同水的阻力一样，对锂离子游泳的速度有非常大的影响。同时，在大倍率充放电时，电池的电化学窗口变化范围非常宽，如果电解质的化学稳定性不好，容易在正极材料表面氧化分解，影响电解质的离子导通性。电解液的热稳定性则对锂离子电池的安全性和循环寿命有非常大的影响，因为电解质受热分解时会产生很多气体，对电池安全构成隐患，有些气体对负极表面的 SEI 膜产生破坏作用，从而影响其循环性能。

因此，选择具有较高的锂离子传导能力、良好的化学稳定性和热稳定性、且与电极材料匹配的电解质是提高锂离子电池倍率性能的一个重要方向。

除此之外，降低电池的内阻也是改善锂离子电池充放电倍率性能的手段，具体详见 3.4.2 小节内容。

3.4.6　自放电与循环寿命的影响机理

1. 自放电指标与影响因素

电池在静置的时候，其容量是在不断下降的，容量下降的速率称为自放电率。空气中的粉尘或者制成时极片、隔膜沾上的金属粉末都会造成内部微短路，使自放电率增大。一旦锂离子电池的自放电使电池电压低于放电截至电压，会造成过放电，其影响通常是不可逆的，即使再充电，电池的可用容量也会有很大损失，寿命会快速衰减。所以长期放置不用的锂离子电池，一定要定期充电，避免因为自放电

导致过放，致使性能受到很大影响。

（1）可逆容量损失

世界上不存在完全隔绝电子通过的绝缘材料，电解液与隔膜也只是相当于电阻率极大的电阻而已，因此总是会有极少量电子在电场作用下运动回锂电池正极，并带动锂离子同步运动到正极形成电荷平衡。可逆容量损失的原因就是发生了电反应，原理跟电池正常放电反应一致，不同点是正常放电电子路径为外电路、反应速度很快；自放电的电子路径是电解液、反应速度很慢。

锂离子电池为了追求更高的能量密度和功率，一般都会选用较薄的隔膜，约为 $8\sim20\mu m$，不到头发直径的 1/3，任何微小异物都可能刺穿隔膜，引发内短路风险。这里的微小异物主要来自于粉尘和集流体毛刺：

1）粉尘颗粒：电池制造工序过程中会产生一些颗粒留在极片表面，当粉尘严重到可以刺穿隔膜这个"度"时，电池就会产生明显的自放电现象，粉尘是目前造成自放电的最主要原因。

2）集流体毛刺：极片分切时，由于分切刀片不够锋利，会在极片边缘产生金属毛刺，毛刺刺穿隔膜引发微短路。

依据短路电阻大小的不同可以分为内部微短路和内部直接短路。内部微短路后电阻仍然较大，内电流较小，这种短路不会直接引起电芯热失控，但会加剧电池的自放电。而当内部直接短路时，短路电阻小，内部电流大，电池快速升温，电解液分解产生大量气体，电池内部压力急剧上升，进而引起电池爆炸。除此之外，有些可逆的析锂反应也会造成可逆容量损失。可逆容量损失会在电池充电时补充电量，不会造成电池循环寿命衰减。

（2）不可逆容量损失

当电池内部发生了不可逆反应时，所造成的容量损失即为不可逆容量损失，不可逆容量损失会导致锂电池循环寿命降低，不可逆容量损失的具体原因可参见下面循环性能的原因解释部分。

2. 电池的寿命指标

电池用着用着，感觉不耐用，容量没有以前多了，这些都是循环寿命不断衰减的体现。锂离子电池的寿命分为循环寿命和日历寿命两个参数。循环寿命一般以次数为单位，表征电池可以充放电循环的次数。一般是在理想的温湿度下，以额定的充放电电流进行不同深度的充放电，当电池容量衰减到额定容量的 80% 时，所经历的循环次数。日历寿命的定义则比较复杂，电池不可能一直在充放电，有存储和搁置，也不可能一直处于理想环境条件，会经历各种温湿度条件，充放电的倍率也是时刻在变化的，所以实际的使用寿命就需要模拟和测试。日历寿命就是电池在使用环境条件下，经过特定的使用工况，达到寿命终止条件（比如容量衰减到80%）的时间跨度。日历寿命与具体的使用要求是紧密结合的，通常需要规定具体的使用工况、环境条件、存储间隔等。日历寿命比循环寿命更具有实际意义，但由于日历寿命的测算非常复杂，而且耗时太长，所以一般电池厂家只给出循环寿命的数据。如需要获得日历寿命的数据，通常要额外付费，且要等待很长时间。

3. 影响循环的影响因素

影响锂离子电池循环寿命的因素有很多，但其内在的根本原因，还是参与能量转移的锂离子数量在不断减少。需要注意的是，电池当中的锂元素总量并未减少，而是"活化"的锂离子少了，它们被禁锢在了其他地方或活动的通道被堵塞了，不能自由的参与循环充放电的过程。因此，只要了解这些本该参与氧化还原反应的锂离子，都跑哪儿去了，就能够搞清楚容量下降的机理。造成锂离子被禁锢的主要原因有

1）金属锂的沉积。

2）正极材料的分解：作为正极材料的含锂金属氧化物，虽然具有足够的稳定性，但是在长期的使用过程中，仍然会不断的分解，产生一些电化学惰性物质（如 Co_3O_4、Mn_2O_3 等）以及一些可燃性气体，破坏了电极间的容量平衡，造成容量的不可逆损失。这种情况在过充电情况下尤为明显，有时甚至会发生剧烈的分解和气体释放，不但影响电池容量，还会造成严重的安全风险。除了严格限定电池的充电截止电压之外，提高正极材料的化学稳定性和热稳定性，也是降低循环寿命下降速度的可行方法。

3）SEI 膜：SEI 膜的形成过程会消耗电池中的锂离子，并且 SEI 膜并不是稳定不变的，会在循环过程中不断的破裂，露出来新的碳表面再与电解质反应形成新的 SEI 膜，这样会不断造成锂离子和电解质的持续损耗，导致电池的容量下降。SEI 膜有一定的厚度，虽然锂离子可以穿透，但是 SEI 膜会造成负极表面部分扩散孔道的堵塞，不利于锂离子在负极材料的扩散，这也会造成电池容量的下降。其实首次库仑效率就是电池的第一次不可逆容量损失。

4）电解质的影响：在不断的循环过程中，电解质由于化学稳定性和热稳定性的局限，会不断发生分解和挥发，长期累积下来，导致电解质总量减少，不能充分的浸润正负极材料，充放电反应不完全，造成实际使用容量的下降。电解质中含有活泼氢的物质和铁、钠、铝、镍等金属离子杂质。因为杂质的氧化电位一般低于锂离子电池的正极电位，易在正极表面氧化，氧化物又在负极还原，不断消耗正负极活性物质，引起自放电，即在非正常使用的情况下改变电池放电。电解质中还含有一定量的水，水会与电解质中的 $LiFP_6$ 发生化学反应，生产 LiF 和 HF，HF 进而又破坏 SEI 膜，生成更多的 LiF，造成 LiF 沉积，不断地消耗活性的锂离子。

5）隔膜阻塞或损坏：隔膜的作用是将电池正负极分开防止短路。在锂离子电池循环过程中，隔膜逐渐干涸失效是电池早期性能衰退的一个重要原因。这主要是由于隔膜本身的电化学稳定性和机械性能不足，以及对电解质对隔膜的浸润性在反

复充电过程中变差造成的。由于隔膜的干涸，电池的欧姆内阻增大，导致充放电通道堵塞，充放电不完全，电池容量无法恢复到初始状态，大大降低了电池的容量和使用寿命。

6）正负极材料脱落：正负极的活性物质，是通过黏结剂固定在基体上面的，在长期使用过程中，由于黏结剂的失效以及电池受到机械振动等原因，正负极的活性物质不断脱落，进入电解质溶液，这导致能够参与电化学反应的活性物质不断减少，电池的循环寿命不断下降。黏结剂的长期稳定性和电池良好的机械性能，将能够延缓电池循环寿命的下降速度。

7）深充深放对锂电池的伤害：早期手机上面的可充电电池——镍镉电池，每隔一段时间（1个月或30次循环）就要进行一次深放电，这主要是为了防止发生记忆效应。记忆效应是指电池长时间经受特定的工作循环后，自动保持这一特定的倾向。由于镍镉电池的负极为烧结式，镉晶粒较粗，如果镍镉电池在它们被完全放电之前就重新充电，镉晶粒容易聚集成块，并且以后任何一次不完全的放电都将加深这一效应，使电池的容量变得更低。

而锂离子电池几乎不会产生镍镉电池的记忆效应。锂离子电池的容量和循环性能下降原因前面分析过，完全是充放电过程中可移动的锂离子数量减少。而锂离子电池完全不需要像镍镉电池那样每隔一段时间就进行一次深放电，还要防止过度充电和过度放电。因为深充深放将对锂离子电池的正负极造成永久的损坏：正负极一端过度释放出锂离子、而另一端过度塞入锂离子；过度释放锂离子的一端，容易因为晶体结构缺少锂离子支撑而发生结构塌陷，太多锂离子硬塞进可能导致一些锂离子再也无法释放出来。所以，经常对锂离子电池过度低放电的结果只能是让电池提前报废，对于锂离子电池，大可不必等到电量降到0时再去充电。

8）充放电与存储温度范围：锂离子电池有合理的充放电与存储温度范围，因为低温容易导致析锂、高温容易导致SEI膜分解进而热失控。所以对于电芯而言，最佳的工作温度范围在20~30℃之间。但在实际使用当中，超出允许范围的滥用情况非常普遍，长期的不合理使用，会导致电池内部发生不可逆的化学反应，造成循环性能下降。

习　题

3-1　下列属于二次电池的是（　　　）。（多选题）

A. 铅酸电池　　　B. 镍氢电池　　　C. 锌银电池　　　D. 锌锰电池

E. 锂离子电池　　F. 锂锰电池　　　G. 镍镉电池

3-2　锂电池的正极材料主要包括以下几种（　　　）。（多选题）

A. LFP材料　　　B. NCM材料　　　C. 钛酸锂材料　　　D. 钴酸锂材料

E. 锰酸锂材料

3-3　FP20100140A-27Ah 中蓄电池的厚度为（　　）。

A. 20mm 　　　　　B. 100mm 　　　　　C. 140mm 　　　　　D. 27mm

3-4　正极、负极、隔膜的宽度大小依次为（　　）。

A. 正极 > 负极 > 隔膜

B. 正极 > 隔膜 > 负极

C. 负极 > 隔膜 > 正极

D. 隔膜 > 负极 > 正极

第4章

动力电池系统设计原理

动力电池系统惯称为动力电池包（Battery Pack, Pack 是包装、封装、装配的意思），电池包由多个电池单体（电芯）通过复杂的电连接工艺和机械连接工艺组成，为了有效、可靠地使用，还增加了许多传感器和控制器，为了满足在恶劣环境下的使用，增加了热管理系统。电池包是一个高度集成的产品，其中包含的零部件种类有上百个，图 4-1 所示为动力电池系统构成示意图。

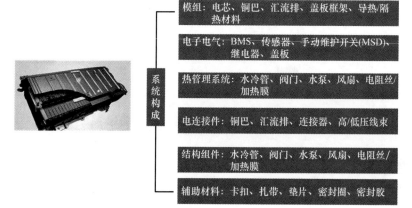

图 4-1　动力电池系统构成示意图

4.1　动力电池系统的总体设计

4.1.1　设计流程与 V 开发模型

动力电池系统的设计流程一般如下：确定整车设计要求；确定电机要求；确定电池系统的功率需求；确定电池系统的电压范围；确定电池系统所需电池类型；确定电池系统的 SOC 应用范围；确定电池系统的有效容量范围和实际容量；确定电池系统组合结构形式；确定 BMS（Battary Management System，电池管理系统）要求；确定电池系统的接口；确定散热方式、气体来源、充电方式等；仿真模拟验证，设计优化。图 4-2 所示为动力电池系统的主要设计内容。

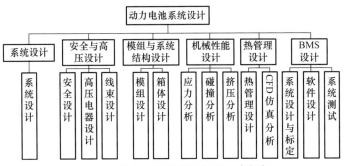

图 4-2　动力电池系统的主要设计内容

由于整车及其系统零部件的开发模型构图形似字母 V，所以又称为 V 模型。图 4-3 所示为 V-Model 软件开发流程，左边为设计流程，由上而下执行从系统需求分析到电池选择及工艺实现；右边为测试流程，由下而上分别进行电池、模组、子系统、Pack 系统的测试或验证，最后再进行系统集成测试。在各阶段的测试均有相对应的设计需求进行验证，若无法满足设计需求，可回溯进行检查修改，并反复进行以确保与设计需求一致及避免设计缺陷。

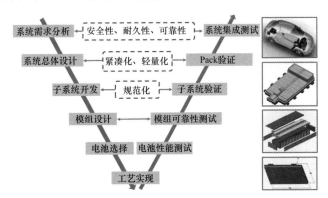

图 4-3　V-Model 软件开发流程

整车厂针对要设计的整车，在考虑安全、线束连接线、接插件等相关设计要求后，会形成一个有限的动力电池系统空间大小。然后在有限的空间约束下，进行电池模组、BMS、热管理系统、高压系统等布置，保证电芯及模块均匀散热，保障电池的一致性，提高电池系统的寿命与安全。设计时要考虑到整体和通用性原则，例如安全性好、比能量高、比功率大、温度适应性强、使用寿命长、安装维护性强、综合成本低等。不同种类电动汽车由于在结构和工作模式上的差异，对动力电池的性能要求也不同。

动力电池系统设计要以满足整车的动力要求和其他设计为前提，同时要考虑电池系统自身的内部结构以及安全和管理设计等方面。对整车的了解越详细，设计的动力电池系统越完善。一般需要了解的整车参数包括：整车电机参数、整车要求的续驶里程、反馈功率、动力电池系统安装空间尺寸、动力电池系统安装固定要求、充电方式及接口、车辆行驶工况、使用环境温度范围、充电环境温度范围、辅助系统功率要求、辅助电源特征参数等。

4.1.2 动力电池系统关键参数分析

根据整车参数，可以确定下列动力电池系统的关键参数。

1. 额定电压及电压应用范围

对于高速电动车辆动力电池系统的额定电压等级，参照 GB/T 31466—2015《电动汽车高压系统电压等级》，可选择 144V、288V、317V、346V、400V、576V 等。对于微型低速电动车动力电池系统的电压等级，100V 以下主要以 48V、60V、72V 和 96V 为主。

动力电池系统的额定电压及电压范围必须与整车所选用的电机和电机控制器工作电压相匹配，因此为保证整车动力系统的可靠运行，需要根据整车电机的电压等级及工作电压范围要求，选择合适的单体电芯规格（化学体系、额定电压、容量规格等）并确定单体电芯的串联数量、系统额定电压及工作电压范围。通常允许使用的电压范围上限为系统额定电压的 115%~120%，下限为系统额定电压的 75%~80%。

2. 动力电池系统容量

纯电动汽车行驶完全依赖于动力电池系统的能量，电池系统容量越大，续驶里程越长，电池系统的体积和重量也越大。整车概念设计阶段，从整车车重和设定的典型工况出发，根据续驶里程、整车性能（最高车速、爬坡度、加速时间等）要求，可以计算出汽车行驶所需搭载的总能量需求。动力电池系统容量主要基于总能量和系统额定电压来进行计算。

$$系统容量 = \frac{总能量}{系统额定电压}$$

$$系统可用容量 = \frac{总能量 \times 可用SOC}{系统额定电压}$$

3. 功率和工作电流

整车在急加速情况下，动力电池系统需要提供短时脉冲放电功率，对应的工作电流为峰值放电电流；在紧急制动情况下，需要提供短时能量回收功率，对应的回馈电流为峰值充电电流。

$$峰值放电工作电流 = \frac{峰值放电功率}{系统端电压}$$

$$峰值充电工作电流 = \frac{峰值回收功率}{系统端电压}$$

整车在平路持续加速或长坡道时，动力电池系统需要提供稳定的持续放电功率，此时要求能够长时间稳定输出一定额度的电流，即持续放电工作电流。

$$持续放电工作电流 = \frac{持续放电功率}{系统端电压}$$

4. 可用 SOC 范围

动力电池系统在其应用 SOC 范围内必须满足整车负载的峰值放电功率要求，保证电池系统具有的峰值放电能力大于负载的最大功率需求；同时，为了尽可能多地接受回收的能量，应满足所设定的峰值充电功率 / 回充功率要求。由于动力电池系统的充放电功率能力主要受选用的电芯功率能力限制，其中：在低温、低 SOC 条件下，电芯的放电功率会受到限制；在高温、高 SOC 条件下，电芯的充电 / 回充功率会受到限制。因此，需要结合整车动力系统峰值（放电 / 回充）功率需求，定义 SOC 可用范围。动力电池系统 SOC 使用范围的选择还要根据整车设计的纯电续驶里程目标，通过分析整车能耗情况确定对应的可用能量需求，计算动力电池系统可用能量与整车能量需求差距，并调整 SOC 使用范围需求。

为了更好地保护动力电池系统，并延长其使用寿命，充电时不能将其充满电（接近 100%SOC），放电时也不能完全放电（低于 5%SOC），否则可能会损坏电芯，缩短其使用寿命。但是，如果单方面为了延长动力电池使用寿命而加大电池系统的能量，来减小 SOC 使用区间，对于系统成本和空间布置都会产生不利影响。一般建议充电到 95%~100%，放电应剩余 5%~10% 的 SOC。

由于动力电池均存在一定程度的自放电，因此，考虑到电池包的存储周期可能达到 3 个月以上（6 个星期以上的工厂 / 物流 / 配送和 6 个星期以上的存贮区存贮）的情况，为避免因为自放电而导致发生电芯过放电的情况发生，通常动力电池系统的 SOC 的下限应不低于 5%。通常，BEV 产品 SOC 可用窗口为 10%~95%；PHEV 产品 SOC 可用窗口为 20%~95%；HEV 产品 SOC 可用窗口为 30%~70%。

5. 温度应用范围

在整个生命周期内，动力电池系统必须满足使用区域的环境和气候条件，因此环境条件要求主要与整车目标市场区域相关，主要是考虑没有外部的温度辅助和调节装置的条件下，动力电池系统暴露在整车装配、运输、存放以及使用过程中，整个产品不会发生明显的功能降级，不会发生破损或破坏，更不会产生严重的安全问题或风险等。

（1）工作温度范围

一般情况下，动力电池系统要求能在 10~50℃ 范围内满足整车使用要求。在低温条件下，动力电池系统由于受到单体电芯功率特性的限制，很难满足整车正常条件下的峰值放电或峰值回充功率需求。在高温条件下，动力电池系统由于受到单体电芯温升特性、安全及可靠性应用温度范围等因素的限制，不能允许按峰值放电或峰值回充功率进行工作。因此，需要基于单体电芯的温度和功率特性，在低温、低 SOC 条件下对应放电功率能力和高温、高 SOC 条件下的充电功率能力结合使用温度区间进行限制。

（2）存贮温度范围

一般条件下，要求动力电池系统产品能在 −40~60℃ 范围内进行存贮。由于动力电池系统产品装配完成之后，会经历由制造工厂出厂，经由物流运输（夏季高温运输途中暴晒）和配送到整车厂物料仓库存贮区进行存贮的情况，因此，要求动力电池产品能满足：在环境温度不超过 45℃ 条件下，允许存贮 2~3 个月，不发生明显的寿命衰减（或出现明显的不可逆容量损失）。动力电池系统产品在整车驻车停放在车库过程中，不能因为温度的变化导致自放电率大幅增加而发生过放电或者输出功率能力不足，导致影响整车的起动、爬坡性能。

6. IP 等级

IP（Ingress Protection）等级系统将电器依其防尘防湿气等特性加以分级。IP 等级是由两个数字所组成，第 1 个数字表示电器防尘、防止外物侵入的等级（这里所指的外物含工具、人的手指等均不可接触到电器内的带电部分，以免触电），第 2 个数字表示电器防湿气、防水浸入的密闭程度，数字越大表示其防护等级越高。主流动力电池包目前都已达到 IP67 标准（最高是 IP68）。

4.1.3 单体电芯的选型与串并联设计

在动力电池系统的设计中，电芯的设计及选型最为关键。电芯设计及选型时需要着重关注的要素包括：能量密度及功率密度、外形尺寸、循环寿命和日历寿命、单体成本等。此外还需要考虑产品的技术成熟度与产品生命周期，一般会选择已量产的电芯。常见的动力电池类型详见 3.1 节内容。单体电芯选型和设计时主要考虑的输入输出对应关系见表 4-1。

表 4-1　单体电芯选型和设计时主要考虑的输入输出对应关系

输入	输出
产品的应用背景（车辆类型 BEV/PHEV、个人用户 / 出租运营、日均行驶里程、开发计划等）	电芯产品技术成熟度要求
	电芯化学体系限制性要求
额定电压及工作电压范围要求	电芯额定电压、工作电压范围
寿命起始时（Beginning of Life, BOL）（25℃下），需提供的总能量要求	电芯串联数量需求
BOL（25℃下），需提供的最小可用能量要求	电芯容量设计或选型需求
持续放电功率	电芯并联数量需求
峰值脉冲放电功率，持续时间	电芯持续放电功率能力需求
峰值回馈 / 充电功率，持续时间	电芯峰值放电功率能力需求
快速充电功率 / 倍率（充电站 / 桩快速充电）	电芯持续充电倍率能力需求

（续）

输入	输出
慢速充电功率 / 倍率（车载充电机慢速充电）	电芯峰值回馈功率能力需求
产品的重量 / 体积能量密度要求	电芯重量能量密度要求
产品设计使用寿命和质量保证要求	电芯循环寿命要求
产品应用的环境条件和区域	可用温度（工作、存储）范围需求
产品的使用温度范围	电芯测试、认证要求
产品的存储温度范围	电芯限制性使用要求
产品的重量	产品的重量

电芯选型首先要考虑动力电池系统的相关要求。例如，根据某款整车综合工况条件下纯电续驶里程设计不低于 300km 的目标、车速目标、单位里程能耗分析结果，初步设计动力电池系统总能量需要达到 55kW·h，可用能量约 46kW·h。整车选用的电机和电机控制器额定工作电压为 350V 平台产品，则系统总容量和可用容量分别为

$$系统总容量 = \frac{总能量}{系统额定电压} = \frac{55000W \cdot h}{350V} = 157.1A \cdot h$$

$$系统可用容量 = \frac{总能量 \times 可用SOC}{系统额定电压} = \frac{55000W \cdot h \times 85\%}{350V} = 133.5A \cdot h$$

当多个电芯串联在一起时，会增加电池组对外输出的电压；多个电芯并联时可以增加电池组的输出电流。则根据系统电压与容量要求，单体电芯容量选型及可选并联方案见表 4-2。

表 4-2　单体电芯容量选型及可选并联方案

	方案 1	方案 2	方案 3	方案 4	方案 5	方案 6
电芯容量选型	157A·h 电芯	79A·h 电芯	52A·h 电芯	39A·h 电芯	3.1A·h 电芯	2.8A·h 电芯
电芯并联方案	—	2 并	3 并	4 并	51 并	56 并
系统容量	157A·h	158A·h	156A·h	156A·h	158.1A·h	156.8A·h

表 4-2 中具体选择哪一种容量规格的电芯，一个很关键的考虑是选大容量电芯（简称大电芯）还是串联更多的小容量电芯（简称小电芯）。大电芯一般采用较大的壳体设计，以便在同一个电芯内容纳更多的正负极活性物质，因此其组合方便，一般在体积比能量、质量比能量等方面具有优势。但大电芯内部电流密度、温度的分布均匀性控制较为严格，需要高水平的过程管控能力，且单体电芯内活性物质含量较高，安全性相对较差。

若选择三元体系电芯，基于电池系统额定电压和三元体系单体电芯额定电压 3.65V，计算系统的单体电芯串联数量 n：

$$单体电芯串联数量 n = \frac{电池系统额定电压}{单体电芯额定电压} = \frac{350V}{3.65V} = 95.9 \approx 96$$

最后，所需要的电芯数量就是串联数量与并联数量的乘积。

4.2 动力电池系统的机械结构与设计

动力电池的机械结构系统可以看作电池包的"骨骼"，起到支撑、抗机械冲击、抗机械振动和内部环境保护（防水防尘等）的作用。在电池包产品的机械结构设计当中，最为关键的是电池模组设计和箱体设计（热管理另设小节专门讲述）。

4.2.1 电池模组的设计

1. 电池模组的设计要求

动力电池模组是由几个到数百个电芯通过串联或并联方式组合并加保护线路板及外壳后，能够直接提供电能的组合体，是组成动力电池系统的次级结构之一。在设计时，首先要通过电动汽车的动力需求以及各种高电压机器配件等所需的消耗电力、时间以及使用温度，确定电池系统的容量，再结合动力电池的特性进行电池模组设计。电池模组包括电芯、固定框架、电连接装置、温度传感器、电压检测线路等，其系统爆炸图如图4-4所示。

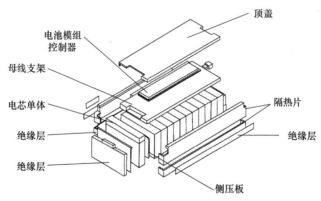

图 4-4　动力电池系统爆炸图

电池模组设计需要考虑以下几个方面：

1）电芯尺寸与排布方式：电芯是模组的基本单元，它直接影响模组尺寸的机械接口、电气接口和外轮廓的尺寸和形式。

2）机械安全设计：电池模组的装配须松紧度适中，各结构件具有足够的刚度和强度，能牢固地固定在电池包内部，并充分考虑电芯在循环过程中膨胀力影响，防止因电池的内压变化而产生变形和破损，同时要严格避免振动过程中单体电芯的移动。

3）电气安全设计。

4）热管理设计：电池模组温度采样的布点应能体现其特征温度，提供良好的热交换空间。

5）轻量化设计：在满足刚度和强度的前提下，尽量减少材料用量，尽量减轻重量。

6）可制造性设计（Design for Manufacturing，DFM）：即电池模组的设计应标准化、具有互换性，易批量化加工制造，制造工艺尽量简单，安装、拆卸方便，低工艺成本；可用不同数量的单体电芯进行串并联扩展设计、零部件尽量复用。

7）降低成本：在满足性能要求的前提下，尽量采用廉价易得的材料。

2. 电芯的固定与连接

模组中最主要的部件就是电芯，模组最主要的功能就是就是固定电芯。电芯成组的连接已从最初的螺栓连接发展到现在的焊接工艺。螺栓连接是一种比较传统的连接方式，容易实现，但接触阻抗较大、一致性较差、容易被电化学腐蚀。焊接工艺的优点是在稳定性、一致性、寿命方面得到了很大的提升，不会产生电化学腐蚀，内阻大幅降低，让电芯功率可以得到最大的释放，而且体积也变小了，易批量生产；缺点是在电池梯次利用和回收应用环节造成了拆卸方面的麻烦，在生产前端需要专用的设备、工装模具完成，增加了成本。比较常见的焊接有激光焊接和超声焊接。具体而言，电芯的固定与连接方式主要有三种。

（1）圆柱电芯的固定与连接

圆柱电芯在固定时不仅要防止电芯本身的位移，还要防止电芯自身的转动，因此圆柱电芯模组工艺难度会更大。也正是由于圆柱电芯的这种形态，圆柱电芯的固定方式都比较类似和单一。图 4-5 所示的是比较常见的圆柱电芯模组形式，使用带有圆柱形凹槽的电芯固定架，凹槽尺寸一般比圆柱电芯略大，为防止圆柱电芯转动，一般会使用胶水粘接电芯。

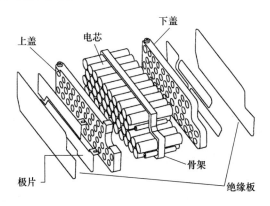

图 4-5　圆柱电芯模组形式

（2）方形电芯的固定与连接

方形电芯的固定通常使用外围框架式固定，多个方形之间电芯使用胶水、或带黏结性能的材料，通过压力固定起来，如图 4-6 所示。

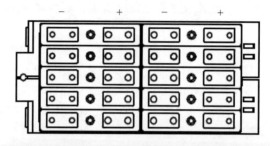

图 4-6　方形电芯的固定与连接

（3）软包电芯的固定与连接

软包电芯自身的强度和刚度较差，一般会增加一个保护外壳来弥补。这种保护外壳可以包裹一个或者多个电芯，成为一个小单元（可以看作是简化版的方形电芯），然后再把小单元和小单元固定在一起组成一个模组，也可以一个小单元就组成一个小模组。另外，软包电芯除了大面较为规整外，其余的面都不容易做到贴合，所以保护外壳在一些模组设计中，也发挥了导热路径的功能。

软包电芯模组的电芯固定还有一种固定方式，与铅酸电芯的成组方式比较类似：把软包电芯装在一个只有一面开口的盒子当中，然后再填充一些有黏结性能的填充物以达到保护和固定电芯的作用。

4.2.2　电池箱体的设计

箱体作为动力电池包的外壳，首先受到来自整车安装空间和安装方式的影响，其次受到模组轮廓尺寸和安装方式的影响，还有就是高压箱的形式（包含在箱体内部，还是独立于箱体）的影响。此外，在设计上还应考虑结构强度、机械接口、电气接口、系统成组效率、能量密度、加热/散热要求、安全防护等方面的因素。

1. 电池包空间设计

箱体的需求边界来源于整车对动力电池系统的整体要求，也受来自下一层级模组的影响，同时也要考虑规模化生产、售后维护、后续梯次回收使用等因素。模组不但在箱体中占比空间大，重量占比也大。模组紧固一般用螺栓把模组固定到箱体中，模组紧固的好坏直接决定整个电池包的性能和安全。

对于商用车，由于整车空间较大，可以安装电池包的位置较多，所以商用车的模组形式大多比较高大，以充分利用商用车的车架高度优势。设计时主要关注下层级模组的影响和系统能量的需求，来自整车的影响因素较小。所以在商用车上，一般都有比较成熟的标准化箱体。

乘用车由于空间紧凑，车型繁多，可用于安装电池包的空间有限。在追求高续驶里程数时，势必需要更多的电池，这就导致有空间的地方都去考虑安装电池，这也使得乘用车的模组种类增多，箱体设计难度加大。乘用车受底盘的高度和离地间隙的限制，可用于安装电池包的高度一般都小于 1.5m 以下；乘用车的宽度一般为 1.5~2.2m，扣除安装尺寸和两侧的间隙，电池包可用宽度一般为 0.75~1.35m；电池包的安装区域大都在两轴之间，而乘用车的轴距一般为 2.0~3.0m，扣除前段安装电器件、走线空间等，留给电池包的尺寸一般为 1.2~2.2m。

2. 箱体与整车固定方式

将箱体固定到整车上时，通常选择车身上钢板等级和厚度较高的部分作为基础，将电池箱体有效固定在整车车身上，通过受力分析和计算，确定具体的结构、材料型号和厚度；与车辆之间连接的固定结构设计固定支架，增加安装支架的强度，保证在碰撞等恶劣工况条件下不发生变形；均匀对称布置安装点；由于电池箱体质量较大，如果车身厚度不能满足相关机械强度和焊接标准要求，需要采用局部加厚车身的方式来保证足够的机械强度和焊接质量，从而使电池箱体固定结构能有足够的安全系数，尤其是在发生激烈碰撞过程中，避免由于电池箱体固定结构失效或者车身对应位置发生破裂，而出现电池箱窜入乘客舱的情况。

动力电池包的固定方式尽量采用与车身纵梁等稳固件的连接，电池箱体与车身连接固定时，主要选用螺栓紧固方式，通过综合评估电池箱体的重量、碰撞工况加速度以及与接合面的摩擦系数等因素，来确定需要的螺栓规格和性能等级。采用螺栓紧固的主要优点是可靠性较高，但缺点是会增大电池安装和拆卸的难度，不适合快速更换电池箱体的应用场合。

3. 电池箱体纵横梁的布置

目前在动力电池系统产品开发和应用过程中，由于电池包的质量较大（大多为几百千克），电池箱体下壳体纵横梁/加强筋的边缘部位应力都比较集中，容易发生疲劳失效；或者电池模块在箱体底板固定，箱体下壳体的中心区域变形量较大，会影响整车的最小离地间隙和通过性。为防止电池箱体在恶劣工况下变形，箱体内往往设有纵横梁，以增加箱体支撑并固定模组，安装固定后与车身连成一体增加车身承载强度。纵横梁需要有足够的强度，除了应选择车身上钢板等级和厚度较高部分作为基础之外，有时还要在纵横梁和车身固定连接处增加加强板或改进结构，以支撑加速度很大、质量很大的动力电池组。

4. 上箱体（上盖）设计

考虑到上箱体（上盖）的强度和加工可行性，目前使用较多、技术比较成熟的上盖材质主要有钣金上盖、铝板材上盖、复合材料上盖。钣金和铝板材上盖主要有：折弯＋拼焊和一体冲压成型两种成型工艺；复合材料一般都使用一体成型（模压或者SMC）工艺。

大部分的电池包设计，电芯都是垂直安装的，这导致电芯的防爆阀正对上盖，故在上盖设计时，需要考虑防火和防热冲击，往往在上盖内壁喷涂一些隔热涂层来增加上盖的防热冲击性能，或在上盖内壁粘贴一些防火的材料（如防火布）。

5. 外观标识

箱体的外观设计主要从材质、表面防腐蚀、绝缘处理、产品标识等方面进行。要求具有永久标识，注明单体电池的化学体系类型和动力电池系统的基本参数以便识别。基本参数包含：电池系统中单体电池化学体系类型、额定电压、总能量、最大放电电流、最大充电电流、电池系统整体质量等。同时需要贴有安全风险警示标签，警告标识的位置、尺寸和内容必须遵照相应的设计要求、标准和规则，优先在电池包的第一可视面或者清晰醒目位置设置高压危险符号。

4.2.3 机械结构安全防护

箱体作为电池模块的承载体，对电池模块的安全工作和防护起着关键作用，系统的机械结构防护主要体现在以下几个方面。

1. 外侵密封防护

由于整车行驶环境的复杂性，尤其是安装在车辆底盘下方或者安装位置较低的区域，当车辆遇到涉水、暴雨等危险工况时，可能由于水汽的侵袭引起电池的电器故障、短路、漏电等危害，因此必须为电池系统提供防水、防尘的环境。电池包的密封性直接影响到电池系统的工作安全，影响到电动车辆的使用安全。通常，密封防护等级要求达到IP67，才能保证电池包密封防水，电池组不会因为进水而短路，在一些要求较高的场合也需要满足到IP68的要求。气密性主要针对IP等级在IP67以上箱体进行测试，气密性包含箱体的气密性和水冷系统的气密性。气密性若是采用正压测试，检测过程分为充气、保压、检测和排气四个阶段。可以通过使用涂抹肥皂水的方法，把认为是易漏点的地方先涂抹上肥皂水，直到找到泄漏点。

2. 底部抗石击性能

在车辆行驶过程中，安装在车辆底部的电池箱体容易受到飞石撞击，尤其是溅起的小石子长期重复的冲击，会对电池箱体底部的保护漆膜造成损坏，导致金属部件缺少防护而生锈。通常参考传统燃油汽车，要求在电池箱体底部设置一层防护装甲（例如采用厚度约为 2~4mm 且具有弹性的树脂保护层），满足防腐蚀、防石击的要求。

3. 底部球击和穿刺

道路上可能会出现各种石块、混凝土块，如果没有得到及时清理，并且驾驶员在车辆行驶过程中没有有效避让这些异物，则安装在整车地板下方的电池箱体很容易受到冲击而变形，从而可能对电池箱体内部的电池模组、水冷板形成挤压。道路上还可能出现各种尖锐异物，例如钢筋、钢板尖头、拖车挂钩等，如果安装在整车地板下方的电池箱体受到这些尖锐异物的猛烈撞击，很可能将箱体底部击穿并对内部的电池模组形成穿刺作用。

4. 内部液体防护

内部液体防护主要指冷凝水的防护，在设计时可以从两个方面来考虑：消除冷凝水和防护冷凝水。消除冷凝水主要是使用一些吸水性材料，把箱体内部的水汽吸收，使之不能形成冷凝水；防护冷凝水主要是使用一些疏水材料或者保护结构，使冷凝水不会对电气部件产生破坏性的影响。

5. 内部化学防护

面对针刺、挤压、短路等情况造成的电芯鼓胀、起火、爆炸等隐患，在材料和结构的设计上，需要起到一定的隔离作用。例如在软包电池模组设计中，为防止电芯鼓胀和针刺、挤压、短路的起火，一般在软包电芯之间填充有一定压缩量的材料，既可以给软包电芯预留电芯鼓胀空间，也起到隔离电芯、减少由于极端情况下造成的热蔓延情况。

6. 机械刚度和强度

应分析碰撞过程中电池箱体及其内部产生的最大变形情况，并结合单体电芯和电池模组允许的最大侵入尺寸或挤压变形量来判断碰撞过程中的安全风险，尤其是在典型的极限工况（如紧急制动、越过路面障碍物或颠簸路面、急转弯等）条件下，电池系统各部分不发生破坏和失效。可以通过受力分析和计算（见 4.3 节讲到的 CAE 仿真分析内容），确定纵横梁具体的结构、材料型号和厚度。

4.2.4 成组效率与轻量化设计

1. 成组效率

$$模组成组效率 = \frac{模组能量密度}{电芯能量密度} = \frac{电芯总重量}{模组总重量}$$

根据模组成组效率公式可知，模组成组效率主要看电芯在模组中重量的占比，模组各构成部分的重量占比示例见表 4-3。

表 4-3　模组各构成部分的重量占比示例

模组构成	电芯	端板	侧板	底板	线束隔离板	上盖	输出极	胶水	隔热垫	汇流排
重量占比	85%	5%	3%	1%	1%	1%	1%	1%	1%	1%

$$系统成组效率=\frac{系统能量密度}{电芯能量密度}=\frac{电芯总重量}{系统总重量}=模组成组效率\times\frac{模组总重量}{系统总重量}$$

因此模组效率既定的情况下，系统成组效率主要看模组在电池包中重量的占比，系统各构成部分的重量占比示例见表 4-4。

表 4-4　系统各构成部分的重量占比示例

系统构成	模组	下箱体	上盖	模组压板	低压线束	紧固件	汇流排	高压线束	高压器件
重量占比	82%	9%	3%	2%	1%	1%	1%	1%	0%

对于不规则的电池箱体，圆柱电芯可充分利用空间，通过减小电芯间距和模组轻量化，可使模组成组效率得到较大提高。方形电芯更适用于规则箱体，通过电芯体积变大有利于提高电芯能量密度，但后续模组成组效率提升空间有限，有赖于电芯能量密度的提升。软包电芯的单体能量密度比圆柱和方形更高，但对模组设计要求较高，安全性不易把控。

目前，行业内圆柱、软包和方形电芯成组效率的对比见表 4-5。

表 4-5　圆柱、软包和方形电芯成组效率的对比

	模组成组效率	系统成组效率
圆柱	约87%	约65%
软包	约85%	约60%
方形	约89%	约70%

2.轻量化设计方法

轻量化属于 Pack 设计中的一个环节，提高成组效率主要靠轻量化设计，在电芯材料体系不变的情况下，提升系统能量密度的主要方法有以下几种。

（1）把电芯做大

电芯变大后，电芯壳体等结构件在电芯中的相应重量占比减轻，电池系统中电芯数量减少，同时焊接配件的数量也相应减少，从而提高成组效率。但大电芯的安全问题需要考虑，壳体起到把活性物质安全收束的作用，越大的电芯越难保证其安全性。

（2）提高空间利用率

不同体系和尺寸的电芯，跟箱体有一个匹配度的问题。可以通过改进模组、热管理系统设计、配件和线束的排布实现空间的最大利用率，尽量减少层级，缩小电芯间距，以达到更高成组效率的目标。

（3）新材料的使用

参见表 4-4，除了模组以外，系统重量占比最大的就是下箱体和上盖，因此下箱体和上盖的轻量化设计是提升系统成组效率的主要因素。据测算，如果将动力电池钣金壳体换为全铝壳体，重量可减轻 30% 左右；此外，碳纤维材料密度小、重量轻，抗拉强度在 3400MPa 以上，且耐腐蚀、耐高温，在吸收冲击力上也有很大的优势，是实现汽车轻量化的上佳材料。但碳纤维电池箱体价格高于普通材料，目前在军品中应用较多，在民品中普及尚需时日。

此外，汇流排（并联电路中的总线，一般用铜板做成）由铜替换成铝，紧固件由钣金材料替换为高强钢和铝，也能减轻动力电池重量。

4.3　动力电池系统的仿真分析

4.3.1　仿真分析的作用与意义

动力电池系统安装在车辆上，需要满足汽车运营条件下的苛刻力学环境的要求。制作样品进行实验，得到结果以后再进行调整修改，再次打样——这种传统做法周期长，成本高。此外，即使出现了结构失效，由于影响因素比较多，并不能非常准确地得出结论：有可能这次的试验失效在这里，加强以后再试，旁边的结构又出现新的问题。在工程系统越来越复杂的今天，一两次单纯依靠经验的测试调整，已经无法真正解决产品问题。

电池箱体现有的制造工艺包括钣金拼焊、冲压加拼焊、压铸、搅拌摩擦焊接。目前商用车用电池箱体采用钣金拼焊工艺比较多，其次是压铸箱体、搅拌摩擦焊接箱体、SMC 等复合材料箱体；乘用车多采用冲压成型加拼焊的工艺，不过随着对电池系统比能量要求的提高，铝合金搅拌摩擦焊接工艺也将采用得越来越多。箱体制造工艺的选择受制于尺寸大小、终端应用、轻量化、成本等的影响，一个项目选择何种制造工艺，需要综合评估后选定。不管是使用何种工艺，都可以通过仿真分析来发现设计存在的问题，从而指导箱体和工装夹具的设计。

仿真分析是通过计算机建模和计算，对产品设计进行验证的手段。仿真分析既可在产品开发早期验证产品设计的合理性，及时发现设计存在的问题和缺陷，避免后续的设计更改成本和周期；也可在产品开发后期，作为辅助分析手段，降低对测试工作的依赖，减少测试工作量。电池系统仿真分析技术主要分为电化学仿真（参见 3.2.2 小节多孔电极理论部分内容）、热流体仿真（参见 4.5 节热管理部分内容）和结构仿真（本节）三类。

仿真结果的精确度，决定了仿真手段可以达到的效果，这要求产品力学模型、热学模型的建立，工作边界条件和约束条件等，这些条件都要比较准确才能更接近真实情况，获得比较理想的仿真结果。

4.3.2 计算机辅助工程（CAE）与有限元分析（FEA）

工程设计中的 CAE（Computer Aided Engineering，计算机辅助工程），指用计算机辅助求解分析复杂工程和产品的结构力学性能，以及优化结构性能等。CAE 软件的主体是 FEA（Finite Element Analysis，有限元分析）软件。一般工程设计 CAE 分析流程如图 4-7 所示。

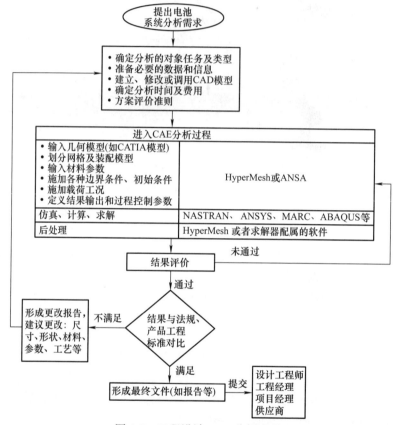

图 4-7　工程设计 CAE 分析流程

根据经验，一个具体的 CAE 分析过程的各阶段所用的时间为：60%~75% 用于模型的建立和数据输入，15%~30% 用于分析结果的判读和评定，而真正的仿真分析和求解计算时间只占 10% 左右。

有限元分析的基本思路是把连续结构离散化，用有限个容易分析的单元表示复杂对象，单元之间通过有限个节点相互连接。由于单元数量是有限的，节点数量也是有限的，因此称为有限元分析。

有限元分析利用数学近似的方法对真实物理系统（几何和载荷工况）进行模拟，用简单而又相互作用的有限数量单元，去逼近无限未知量的真实系统。其把对连续体整体的分析转化成对离散化单元的应力、位移、压力和温度等的分析过程。单元分析的结果，经过后处理，将数据平滑化，重新结合到一起，反映一个有机整体的特性信息。因为实际问题被较简单的问题所代替，所以这个解不是准确解，而是近似解。由于大多数实际问题难以得到准确解，而有限元分析不仅计算精度高，而且能适应各种复杂形状，因而成为行之有效的工程分析手段。一个 CAE 软件，它的单元种类越多，材料类型越多，就越能够在更详尽的细节上模拟真实工程状态，得到更加准确的结构。图 4-8 为某电池包有限元模型图。

图 4-8　某电池包有限元模型图

为了采用最接近真实设计的结构进行仿真，CAE 软件与常见的 CAD 软件（CATIA 等）有数模导入接口。同时，CAE 结果也需要 CAD 技术生成图形输出，例如位移图、应力、温度、压力分布的等值线图形，表示应力、温度、压力分布的彩色明暗图，以及随着机械载荷和温度载荷变化生成位移、应力、温度、压力分布的动态显示图。

要进行有限元分析，首先要建立仿真模型，建立仿真模型需要的工作主要有：分析电池箱体材料组成，确定材料密度、强度极限等参数；对电池箱体进行数模处理和网格划分，一般需要按照质量要求划分网格（有限元），尽可能划分为正方体单元；定义各部件之间的焊接、螺栓连接、模组与箱体的接触、箱体和车体的连接等。

4.3.3　系统结构的 CAE 分析

电池包结构的 CAE 分析一般有静态分析、动态分析、模态分析、疲劳分析等。

1. 静态分析

静态分析是确定电池包结构在静态载荷作用下的应力分布及最大应力出现的位置，其中涉及静力学的相关专业内容。静态载荷指的是载荷缓慢地由零增加某一定值后不再随时间变化，保持不变或变动很不显著。力学分析下常涉及的力学特性是强度和刚度，表现形式采用应力、应变进行量化。箱体结构跨度较大，容易产生形变；箱体承重若较大，箱体本身需要具备足够的强度。同时考虑到汽车减重降低能耗的趋势，设计箱体时既要满足力学要求，也要满足汽车环保及成本需求。设计者通常通过云图得出箱体应力、应变分布图，确定应力、应变关键位置，找到箱体结构容易产生破坏的地方，从而进行结构修正避免箱体失效。

2. 动态分析

电池结构动态分析是用来确定惯性和阻尼起着重要作用时结构或构件动力学特性的技术。包括：振动特性、随时间变化载荷的效应、周期（振动）或随机载荷的效应。

动态分析主要分析电池箱体在各种工况下工作的动态性能，即分析系统在动态载荷（载荷随时间变化而变化）状态下的不同状态参数，如碰撞冲击仿真等。汽车在不平整路面行驶时产生的惯性冲击力作用于箱体内壁，同时碰撞冲击将会使电池系统承受瞬间巨大的冲击载荷，可能受到挤压、穿刺等损坏，动态分析可得出电池箱体受到碰撞冲击时的可能机械形变。

3. 模态分析

模态分析是动力分析中最基本的分析。模态是指机械结构的固有振动特性，每一个模态（或每阶模态）具有特定的固有频率和模态振型。当外部激励作用于物体且频率接近其固有频率时，将发生共振使物体受到破坏，比如建筑物要避开地震的振动频率、桥梁要避开风力和车辆行驶时的共振频率。

箱体的材料或结构如果不同，其固有频率也会不同。如果外界施加的激励（力、速度、加速度等）产生的频率与箱体结构固有频率重合，箱体很容易产生共振而遭到破坏。因此需要对箱体结构进行改进，以规避或者最大限度地减少此频率范围上的激励对结构造成的冲击与破坏。

4. 疲劳分析

材料、零件和构件承受一定的应力，经过足够多的循环次数，在某点或某些点产生裂纹或完全断裂形成局部的、永久的结构变化的过程，称为疲劳。疲劳破坏是个累积损伤的过程。有时应力虽然没有超过材料的强度极限，甚至比弹性极限还低的情况下也可能发生疲劳破坏。

载荷的加载形式会改变材料的疲劳特性，材料的疲劳极限随载荷形式的不同有下述变化趋势：弯曲载荷＞拉伸载荷＞扭曲载荷。一般来说，在同样的应力水平作用下，拉伸载荷作用时的寿命比弯曲时短；或者说，同样寿命下，拉伸循环时的疲劳强度比弯曲时低。而存在应力集中、表面缺陷、残余应力的部位都易产生疲劳源。

由于路面不平整且多样化、车辆行驶速度也多样化，故车辆行驶过程中所承受的载荷具有振动激励源多样性、随机性及频次多的特点。目前针对动力电池系统随机振动条件下的结构疲劳分析，主要使用频域分析方法，即通过采集典型行驶工况对应的路谱信息，得到时间历程的样本函数，并将其转化成和概率有关的函数，如功率谱密度（Power Spectrum Density，PSD）函数。随机振动疲劳寿命的估算方法如图 4-9 所示。

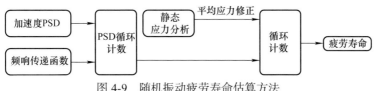

图 4-9 随机振动疲劳寿命估算方法

材料或构件到发生疲劳破坏时所经历的应力循环次数称为材料或构件的疲劳寿命，具体可以表示为材料的 S-N 曲线（应力 - 寿命曲线），S-N 曲线是计算材料疲劳寿命的重要依据。

此外，长期在路面上颠簸，容易导致电池固定松动，造成一些机械性的伤害和连接件的松动导致的问题，这属于仿真振动测试的范畴。

4.4 电气系统的结构与设计

4.4.1 电动汽车的电气系统结构

说到动力电池的电气系统，需要从电动汽车的电气系统需求讲起。电动汽车上的电气系统分为高压电气系统和低压电气系统两部分。

高压电气系统主要功能是根据车辆行驶的功率需求，完成从动力电池到驱动电动机的能量变换与传输过程。在传统的燃油车中，电动助力转向系统、制动系统等主要由低压电气系统供电；而电动汽车为了节约能源，对于制动气泵电动机、电动助力转向系统和电动空调等功率较大的子系统一般采用高压供电。因为在一定功率的电量传输中，电压越高，其电流就越小。当导线的电阻一定，提高传输电压，就可以降低传输中电流。电流小了，电能的损耗就也减小了，所以用高电压来传输电能，可以减少电能传输过程中电能的损耗。

电动汽车上的低压电气系统一般沿用原先传统燃油车蓄电池的 12V 或 24V 直流电源，一方面为灯光、仪表和雨刷等常规低压电器供电；另一方面为整车控制器、电机控制系统 IC（Integrated Circuit，集成电路）、电池管理系统 IC 以及高压电气设备的控制器 IC 和冷却电动水泵等辅助部件供电。

高压动力电池系统通过车载充电机进行充电，车载充电机由电网供电，将交流电经整流滤波变成直流电为动力电池补充电能。低压电气系统则由串联后的高压动力电池通过 DC-DC 变换器为其充电。

电动汽车电气系统简要架构如图 4-10 所示。

其中电子控制单元（Electronic Control Unit，ECU）又称行车电脑、车载电脑，属于汽车专用微机控制器。

一般来讲，图 4-10 所示的系统架构中包括 DC-DC 变换器在内都主要由整车厂来完成，动力电池企业需要提供的主要是动力电池包、高压箱、BMS 与高低压线束四部分。

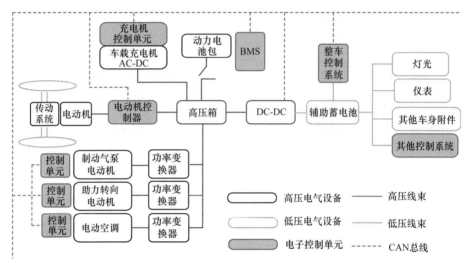

图 4-10　电动汽车电气系统简要架构

4.4.2　电气系统的主要组成部件

1. 高压线束与低压线束

电动汽车上的线束分为高压线束和低压线束两部分。高压线束可以看作电池包的"大动脉血管"，将动力电池系统（"心脏"）的动力不断输送到各个需要的部件中；低压线束则可以看作电池包的"神经网络"，实时传输检测信号和控制信号，包括采压采温线、BMS 信号线和 CAN（Controller Area Network，控制器局域网）总线等，实时传输检测信号和控制信号，其中 CAN 总线负责为整车控制器与汽车其他控制单元进行信息通信，CAN 总线采用带屏蔽层的双绞线。

2. 汇流排

汇流排又称母线排，是高压线束的一种，在电路中起接受电能和分配电能的作用，有时会兼具连接固定的功能，其通过增加接触与过电流截面积，达到了减少耗能、降低温升的效果，其实物如图 4-11 所示。汇流排的选择首先需要满足过电流要求，材质一般是铜、铝或镍，这些材质的过电流能力可以通过查找相关国标得出。具体而言，动力电池系统中常用的汇流排包括软铜排、硬铜排、软铝排、硬铝排几种，见表 4-6。

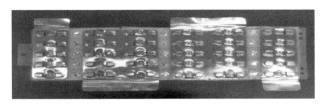

图 4-11 汇流排实物图

表 4-6 动力电池系统中常用的汇流排种类

	软铜排	硬铜排	软铝排	硬铝排
优点	过电流能力较好 对公差要求低	过电流能力较好	重量轻 对公差要求低	重量轻、成本低
缺点	成本较高 重量较重	对公差要求高 成本较高 重量较重	过电流能力较差 成本较高	对公差要求高 过电流能力差

一般来讲，电芯之间的汇流排都是用下列方式连接：

1）方形电芯模组内部电芯之间大多使用铝排或者铜排，采用激光焊接或者锁螺栓固定的连接方式；

2）圆柱电芯模组内部电芯间大多使用镍片 + 铜排或者铝丝 + 铝排，采用电阻或者超声焊接的连接方式；

3）软包电芯模组内部电芯间一般使用铜排或者铜铝复合排，采用锁螺栓或者激光焊接的连接方式。

电芯之间的串并联可靠性连接、单体电芯之间导电连接的连接距离应当尽可能短且连接内阻小。在设计汇流排的形状时，在满足电流密度和电压分布的范围内，应当尽量往薄而宽的形状设计，这样既可以降低对焊接设备的要求，也可以增加散热面积，还可以适当降低对汇流排的平面度要求。电池在充放电时会有热量产生进而导致温度升高，在设计汇流排时，需要考虑到这部分的影响。如果汇流排的温升大于电池在过同样电流下的温升，那么汇流排的截面积需要增加；反之，出于成本和轻量化等多方面因素的考虑，则可以减少汇流排的截面积。

3. 熔断器

在电动汽车生产装配、售后维护或使用过程中，因车上高压电气设备多且使用环境复杂，高压电气设备可能出现故障，导致动力电池发生外短路。一旦动力电池组短路，就会形成几千安的电流，在瞬间产生巨大的能量释放，会带来起火、爆炸的危险，严重危及人员和车辆安全。熔断器通常被称为保险丝，如图 4-12 所示，高压设计中选用高压熔断器防止电池短路及过载，以保

图 4-12 熔断器实物图

证车载用电设备和人员安全。熔断器被有意设计成电路中最薄弱的环节，在正常工作下，熔断器不会熔断；当电路中发生短路或严重过载时，熔断器中的熔丝或熔片会立即熔断，以保护电路及电气设备。

4. 继电器与接触器

继电器是一种电控制器件，其用感知到的输入信号去控制电流自动调节、安全保护、转换电路运作，是电路中的"自动开关"，如图 4-13 所示。继电器一般都有能反映一定输入变量（如电流、电压、功率、阻抗、频率、温度、压力、速度、光等）的感应机构（输入部分），有能对被控电路实现"通""断"控制的执行机构（输出部分）。继电器通断的电路电流通常较小，一般用在控制电路里。

图 4-13　继电器实物图

接触器是一种用来接通或断开带负载的交直流主电路或大容量控制电路的自动化切换器，其控制容量大，适用于频繁操作和远距离控制。继电器和接触器都是电磁式开关电器，但前者属于工作在控制电路中的开关电器，而后者属于工作在主电路中的开关电器。继电器和接触器的触点一旦发生粘接（电弧熔焊），就会导致大电流长期通电，造成电路损坏，是一种比较严重的故障，造成此故障的原因可能包括负荷过大、触头容量过小、操作频率过高、电源电压太低导致磁系统吸力不足、触头初压力过小、火花过大、安装不妥等。

5. 预充电阻

由于整车中电机等电气部件都带有电容，直接连通高压主电路可能会产生高压大电流冲击，为了避免上电瞬间短路产生的较大电流损坏功率器件，高压电气系统需具有预充电功能。

预充电阻实物图如图 4-14 所示，负责在预充电过程中在充、放电回路串联，对

图 4-14　预充电阻实物图

预充电电流的大小进行限制。加入预充过程后，动力电池系统连接高压电气时主继电器先断开，预充继电器和预充电阻构成的预充回路先接通。如果在预期时间内输出电压没有发现异常，则预充过程完成，闭合主继电器对电气进行供电，同时断开已经发挥完保护作用的预充继电器；否则预充电失败，动力电池系统会报预充电故障信号给整车控制器，同时执行相应的故障处理措施。通常电动汽车要求预充电时间不超过 1000ms，并且在短时间内的频繁通断电不能出现预充电阻过热损坏的现象；预充电过程中，应能对整车高压电路的绝缘、短路状态进行判断和失效保护。

6. 电流传感器

电流传感器是一种电流检测装置，当 BMS 在运行过程中监测到高压电路电流超出规定的范围和持续时间时，BMS 将此异常信息发送给整车控制系统，并要求整车降功率运行。如果高压电路电流在规定的时间内仍未下降至规定范围内，BMS 将通过控制继电器切断整个高压电路，保证整个动力电源电路不会因长时间过电流导致起火、爆炸事件发生。图 4-15 所示为电动汽车上常用的 LEM DHAB 系列电流传感器。

图 4-15 LEM DHAB 系列电流传感器

7. 高压互锁开关

为能实时监测动力电池系统高压母线连接器（如图 4-16 所示）的连接可靠，在高压母线连接器上增加了一组高压互锁开关，如图 4-17 所示，通过 BMS 来动态检测高压连接器的可靠程度。当检测到高压电路的连接没有达到预期的完整性要求时，BMS 将直接间接指令禁止相关动力源输出，直到该故障排除为止。否则会因高压系统接触不良导致接触电阻变大，造成动力回路输出功率下降，甚至发生连接器烧结等危害。

图 4-16 高压母线连接器

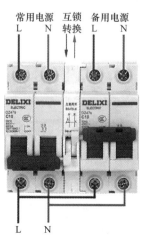

图 4-17 高压互锁开关

8. 连接器

电池箱体对外的电连接端口大都采用连接器的形式，低压连接也是大多采用线对线或者线对板的连接器相连。连接器也称接插件、插头或插座，需要根据使用情况在电池系统中根据不同客户需求及不同位置来选择不同类型的连接器，但是无论如何，都需要选择符合汽车规范的连接器，高低压连接器都必须在复杂的车用环境下保持可靠性。箱体外部的高、低压连接器，需选择 IP67 或 IP68 等级以防尘和防水；高压连接器正负极必须防呆，不可混插的位置间也必须防呆；高压连接器过流能力和耐压等级都必须留有余量；带高压互锁等。

接线端子简称端子，如图 4-18 所示，也属于连接器的范畴。接线端子其实就是一段封在绝缘塑料里面的金属片，两端都有孔可以插入导线，有螺钉用于紧固或者松开，适合大量的导线互连。

图 4-18　接线端子示例

9. PCB 与 FPC 板

PCB（Printed Circuit Board，印制电路板）是电子元器件电气连接的提供者，由于是电子印刷术制作，故被俗称为"印刷"电路板。FPC（Flexible Printed Circuit，柔性印制电路）板是用柔性的绝缘基材制成的印制电路板，又称柔性 PCB，是 PCB 的一种，简称软板。相对于硬性 PCB，FPC 板可以自由弯曲、卷绕、折叠，可依照空间布局要求任意安排，并在三维空间任意移动和伸缩，从而达到元器件装配和导线连接的一体化。利用 FPC 板可大大缩小电子产品的体积，适应电子产品向高密度、小型化、高可靠方向发展的需要。

10. 高压箱

高 压 箱（Power Distribution Unit，

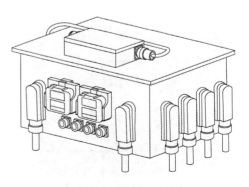

图 4-19　高压箱示意图

PDU，又称高压配电箱），如图 4-19 所示，在电动汽车的电气系统结构中起到了枢纽作用，其对内集成高低压元器件，对外集成各种电流输入输出的功能接口。高压箱内部集成的元器件包括：高压控制接触器、各支路熔断器、绝缘监测模块、BMS主控模块、总压检测模块、传感器、预充电阻、铜排、高低压线束等。高压箱外部集成的功能接口包括动力电池包、电动机、快充、慢充、DC-DC、AC、信号等接口。

　　商用车与乘用车高压箱的使用环境和应用场景有所区别，设计要求也有所区别：商用车上的动力电池系统一般都由多个电箱和一个高压箱组成，高压箱独立于电箱之外，需要比较好的机械强度和防护性能，所以一般采用钣金类或者铝压铸类高压箱；乘用车一般只有一个或者两个电箱，高压箱安装在电箱的内部，相对于外安装的高压箱，机械强度和防护性能要求较低，但接触防护要求较高，一般使用塑胶注塑类的高压箱。当然，也有直接散装在电池箱内部的"高压箱"，这种设计需要注意隔离，使电气件集中在一个相对较独立的位置。

4.4.3　高压电气系统设计防护

　　电气设计主要指高低压线束、连接器、汇流排、端子、继电器、熔断器等电器件的设计与选型，需要考虑的因素主要有载流能力、过载 / 短路保护、接触防护、绝缘防护、余能泄放保护、电磁干扰防护、高低压线束隔离等。

1. 载流能力

　　高压配电主要通过接触器、高压线、汇流排、高压接插件等相互连接，将动力电池系统的电能输送到车辆高压系统。因此高压系统中的各电气部件首先应基于电气负载特性来进行选型设计，负载特性主要包括稳态电流强度、电压要求以及瞬态条件下的电流强度及波形（脉冲时间、频率）等，基于高压线束所连接的电气部件负载特性计算载流量，确定电缆的截面积。高压电气系统中的所有零部件都必须满足典型使用工况的动力负载要求，并且能满足一定的过电流能力，不允许出现过热导致高压部件绝缘层融化、烧蚀或者冒烟的情况。在 125℃下，常见铜芯电缆截面积与载流量的匹配参见表 4-7。

表 4-7　铜芯电缆截面积与载流量的匹配

序号	最大容许电流 /A	温度 /（℃）	截面积 /mm²
第 1 档	40	125	6
第 2 档	150	125	35
第 3 档	250	125	50
第 4 档	350	125	70

　　高压线承载的电流较大，线束的直径随之变粗，这会影响布线走向及电磁干扰屏蔽。高压线束要在车内的较小空间布置，必须有良好的柔软性；高压线束处于车上的高振动环境，必须有良好的耐磨性；必须有对高压线的机械防护和固定。

2. 过载／短路保护

为确保整车电气设备能够安全可靠运行，高压电气系统设计应选择合适的直流高压，所有动力电池做到分组串联，并配熔断器，可在发生意外短路时断开电池组之间的连接。可根据熔断器工作环境温度、尺寸限制、负载电流和短路电流特性、电压特性、连接方式等选择合适的类型，直流高压熔断器的选型需要考虑如下因素，以实现该断的时候断、不该断的时候不断、断的时候必须安全的效果。

1）额定电压（即断开后所能承受的最大电压值）需大于动力电池系统的最高工作电压；

2）电流分断能力要大于保护电路中预期的短路电流，即在规定电压下且流经熔断器的电流相当大或短路时，要求熔断器能安全切断电路且不带来任何破坏；

3）应根据额定电流合理地控制过电流时间，防止整个动力系统因为长时间过载而发生过热起火事件；

4）工作温度。

此外，过载／短路保护措施还有：线束布置需要尽量靠近电池包以便在发生高压故障时能及时切断高压回路；为了防止高压系统容性负载产生的瞬态冲击，须设有高压预充电电路；在高压电路中布置高压互锁电路，以确保电池包外的所有高压电路的连续性；设置手动切断高压电路装置，用于维修或者紧急情况下的手动切断操作。

3. 接触防护

动力电池系统为非安全电压的直流电系统，所造成的电击危害为人体直流触电。直流触电发生的必要条件是带电物体的正负极必须与人体构成放电回路，直流触电的发生概率和危害都小于交流触电，交流触电只要人体接触某一相线，即可在相线、人体和大地之间构成放电回路。线束设计时，一般采用包裹式绝缘设计：把所有带电体使用绝缘材料包裹或者遮挡起来，以达到 IPXXB 的要求，即手指不能直接接触到带电体。

导致动力电池系统发生触电的可能原因包括：

1）外壳或高压端口的接触防护失效，人体同时接触到两个裸露的电极，构成放电回路；

2）正负极与壳体的绝缘都失效，动力电池系统的外壳不同部位带电且电位不等（电位差大于 60V），人体同时接触到这两个带电部位，构成放电回路。

第一种情况的发生概率和危害要高于第二种情况，如安装、拆卸、维护、充电时均有可能发生；第二种情况一般可以通过等电位的方式来做附加防护。

整个箱体采用电木和环氧板进行高压电绝缘。一旦有正或负母线与车身相连，采用漏电保护器报警，这就避免了电机壳体漏电成为高压正极，站在车上的人触摸负极造成电击伤。

在 GB 18384—2020《电动汽车安全要求》中明确规定了人员触电防护的要求，包括高压标记要求、直接接触防护要求、间接接触防护要求、防水要求。

4. 绝缘防护

动力电池系统应通过绝缘的方法来防止与高压电气系统中外露可导电部件的间接接触，所有电气部件的设计、安装应避免相互摩擦，防止发生绝缘失效。尤其是高压线缆的布置需要考虑安全间隙，并进行必要的固定和绝缘防护，应避免在行车过程中与可导电部件发生摩擦。绝缘防护主要包括等电位联结、电气间隙和爬电距离要求。

等电位联结：电池箱体必须与车辆的地（车身作为电平台）实现等电位连接，连接阻抗应不超过 0.1Ω。电池包上的所有可接触的导电金属部件都必须与电池箱体是等电位连接的。

电气间隙：在两个导电零部件之间测得的最短空间距离。即在保证电气性能稳定和安全的情况下，通过空气能实现绝缘的最短距离。电气间隙过小就有可能因为瞬时冲击电压过大导致拉弧产生电火花带来危害。

爬电距离：两个电位不同的带电部分之间沿绝缘材料表面的最短距离。因结构设计的需要，当高压带电部件无法通过电气间隙来隔离时，就需要通过爬电距离的设计将带电部件与不带电的可导电部件进行隔离。

5. 余能泄放保护

通常要求整车高压电气系统具有主动能量泄放电路。由于整车端高压电气系统中存在大量的容性负载，断开高压主电路之后仍存在较高的电压和残余电能。为避免可能带来的危害，在高压主电路切断后应采用余能泄放的方法，保证动力电池系统端电压不超过 60V 直流电压。

6. 电磁干扰防护

只要电流流过非线性器件或频率发生变化，就会产生电磁谐波，就有可能造成干扰，因此动力电池系统的设计也要考虑电磁干扰问题。电动汽车上的电磁干扰分为车载干扰源、自然干扰源、人为干扰源三种；其中 AC-DC 变换器或 DC-DC 变换器等高频电流变化的电气部件，就是较为严重的车载干扰源。一般要求所有电气设备具有好的抗电磁干扰能力，同时要对外辐射小。

这就要求电气高压线束设计时，主电路动力线缆与信号尽量采用隔离或分开布线，并将 BMS、高压箱等电气设备各自集成在绝缘封闭壳体内，高压线束、高压接插件选型要求接地和屏蔽隔离，这样就可以将高电压的带电部件与外部环境隔绝，同时相互之间的电磁干扰也得到了较好的屏蔽。

7. 高低压线束隔离

箱体内部模组间、模组和电气部件间的高压连接一般使用铜排相连（因为导线需要压接，会增加失效点和接触内阻），少量使用导线相连（快插连接器形式）。高压线束与低压线束需要严格分开布置，实行高压在低处、低压在高处的布线形式。

高压线束尽量与车身非变形结构相连接并用线夹固定，布线时要充分考虑弯曲半径，避免弯曲电缆脱离连接端；低压通信线束则通过在电池模块顶部的线槽，与各个系统产生电连接关系。高低压线束在布置时，高低压线束应分开走线、尽量不要并行、尽量避免相互接触。如果受空间或者其他因素影响，高低压线束有接触时，尽量交叉并且在接触部位进行二次绝缘保护，且还需要使用扎带或者线卡固定线束，不要让线束发生移动。低压线束间隔 100~150mm 增加一个固定点，高压线束间隔 150~200mm 增加一个固定点。最后，所布线束在视觉上还要简洁美观，方便维护。

4.4.4 低压信号采集与传输

低压线束可以看作电池包的"神经网络"，实时传输检测信号和控制信号，包括采压采温线和 CAN 总线等，实时传输检测信号和控制信号。

1. 温度采样

由于电芯正负极要直接焊接在汇流排上以减少电路电阻，温度传感器很难直接接触电芯本体。而温度采样点的排布位置需要真实反映电芯的温度变化，所以温度传感器往往布置在汇流排上，这样可以尽可能直接接触电芯、且导热性能较好；安装时温度传感器要完全贴合安装部位，减少由于热阻较大引起的采样不准。设计时可通过一些辅助手段（如热仿真）来确定电池包内部温度场的分布，根据温度场分布合理布置采样区域。

2. 电压采样

电压采样需要与电芯正负极直接相连，采集电芯正负极两端的电压，连接位置的阻抗过大，会影响电压的采集精度，进而影响到后面的 SOC 估算、充放电保护阈值等，甚至引起安全事故。因此，电压采样线的连接，往往选择焊接等阻抗较小且比较安全可靠的连接方式。在电压采样线束布置时，也需要考虑连接位置防呆、设置走线槽、隔离分开走线、避开高温区域、线束的固定间隔距离等方面的因素。

由于电压采样线束与电芯极柱相连，相当于正负极的分支，而且电压采样线束也比较多，一旦采样线束绝缘层破损，很容易发生短路。所以，采样线束既要满足电性能方面的要求，比如过电流能力要求、绝缘耐压要求；还需要满足一定的其他方面的性能要求，比如耐磨、抗撕裂、耐高温、防火、抗老化等。

模组的温度采样和电压采样都需要输出对外的端口，常规的做法是将这种采样使用一个多针脚的连接器对外输出。选择连接器时需要考虑绝缘耐压、防火、耐盐雾、插拔次数、电压降、键位防呆、拉拔力、抗老化、耐高低温等方面的因素。

3. 电流采样

电压是最直接的被测量，电流信号需要转化为电压信号，以方便芯片将模拟信号转化为数字信号，可以利用霍尔传感器来实现这一功能。霍尔传感器是根据霍尔效应制作的一种磁场传感器，霍尔效应是指运动的带电粒子在磁场中受洛仑兹力作用引起的偏转，霍尔电压随磁场强度的变化而变化，磁场越强，电压越高；磁场越弱，电压越低。霍尔电压值很小，通常只有几毫伏，但经集成电路中的放大器放大，就能使该电压放大到足以输出较强的信号，从而得到可以被数字化的电压信号，并依此得出反映电流强弱的信号。

4.4.5　电动汽车电子环游记

1. 锂电池放电过程的电子环游记

（1）电子在电芯内部游记

当外部负载电路接通时，由于正负极之间电势差的作用，锂离子电池开始放电，电池负极活性物质中的锂开始失去电子变成锂离子，由于电解液和隔膜具有离子导通性和电子绝缘性的特点，所以锂离子能够通过电解液和隔膜到达负极，而电子只能在从活性物质脱离之后另辟蹊径。

导电剂可以显著提高电子的电导率，加速电子的移动速率，因此电子在脱离活性物质之后会进入导电剂。而对于涂覆隔膜其表面会覆有导电涂层，能够收集活性物质之间以及活性物质与集流体之间的微电流，于是电子在遇到涂覆隔膜时会从导电石墨进入到集流体。负极的集流体主要是铜箔，电子经过集流体到达负极极耳，若干个负极极耳把电流汇总后，电子经过负极连接片（铜片）到达电池负极端子。

（2）模组和电池包中的电子游记

电子从负极端子通过后就"走"出了单体电芯，进入汇流排的模组结构中，汇流排将并联电路中的所有电池负极端子电流汇总在一起。此后，电子会流经负高压线（总负），接着进入到高压箱中。其中高压箱里面的正高压线和负高压线之间也是完全绝缘的，不能发生接触，否则会造成正负高压线间的接触短路。电子在进入高压箱后会进行一次转换，转换完成之后可能有电压压差的变化。

（3）整车电气系统中的电子游记

电子从高压箱出来后会进一步流入电动机，电子在进入电动机后由于磁场的存在，电子需要做切割磁感线的运动，切割磁感线的过程中电子会受到安培力的作用。在电机的绕组线圈中间有一磁铁，由于电子围绕线圈做功会产生磁场，这个磁力要么会导致线圈转动，要么导致磁铁转动；因线圈被固定住，当然最后只能是磁铁转动，并由此带动汽车车轮转动。线圈转动所受到的转矩和安培力做功受到的转矩是完全相等的。

（4）电子回流电池游记

电子在电动机内沿线圈做功完成后，会进入正高压线（总正，区别于进入电机时的总负）。经正高压线后会进入正极端的汇流排，然后分流进入各自的正极端子，接着电子会游向正极连接片（铝片）。进入正极连接片后电子又会进一步分流奔向电芯的每一个正极极耳中，经正极极耳流向正极的集流体（铝箔）。然后再分别进入正极的导电涂层和导电剂，最后进入正极的活性物质中，在正极活性物质中与带正电的锂离子结合。这就是放电过程中电子运动的全过程如图 4-20 所示。

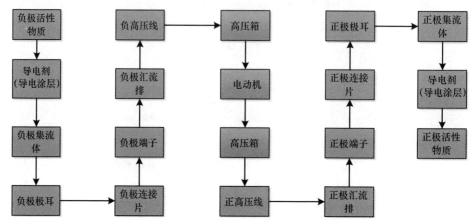

图 4-20　放电过程中电子运动路线图

2. 电子运动的动力机理分析

（1）电子外电路绕行的原因

电子从负极活性物质出发，经过重重"阻挠"和千"缠"万"绕"之后，才能进入对应的正极活性物质，那么电子为什么要这么千辛万苦地从外电路奔波到正极活性物质中，而不像锂离子那样直接从电解液中游动穿越隔膜到达正极呢？这主要是因为隔膜和电解液的电子绝缘性，它们只允许锂离子通过电解液和隔膜。

电池的放电过程也就是电子在外电路中的运动过程。在这一过程中电子会做很多的功，而电子做功就会为整车提供源源不断的动能。放电过程结束后，电池的做功过程也会停止。所以下一步就是要为电池充电，为后面的做功过程储存能量。

（2）放电过程中电芯的串并联

当若干个电芯并联在一起时，并联电路上从每个电芯负极转移出去的电子，最后都会通过模组上的汇流排汇集在一起。对于串联电路，由于每个电芯内部只允许锂离子穿行，而不允许电子在电芯内部穿行；而相邻串联电芯之间的正负极可以通过汇流排或导线使电子通行，相邻串联电芯之间由于没有电解液这种介质作为"游泳池"，串联电芯之间锂离子无法通过。

因此当电芯串联在一起的时候，最后一块电芯释放出来的电子需要"千辛万苦"通过负载电路进入第一块正极电芯的活性物质，与第一块电芯从负极游动到正极活性物质的锂离子发生反应；第一块电芯负极出来的电子进入第二块电芯的正极活性物质，与第二块电芯从负极游动到正极活性物质的锂离子发生反应；同理第二块电芯负极中的电子，在放电后会与第三块电芯的锂离子相结合，以此类推。

多个锂离子电芯串联后，虽然做功的电子数量（电流）不变，但是其做功所出发和到达的电势差（电压）有很大的变化。所以，在电荷运动数量相同的情况下，因电势差增大导致做功增加，串联电路的总电压为每个单体电池的电压之和。这就是一个串并联电池模组当中所有电子的运动轨迹。

3. 锂离子电池充电过程的电子环游记

锂离子电池放电的过程就是将储存在电池中的化学能通过电子的运动变为电动机动能的过程。而电池的充电过程则与电池放电过程恰恰相反，是将电能转化为储存在正负极活性物质中的化学能。充电主要是利用电池与电网间的电势差完成，即充电过程中电子的运动方向发生了反转（电子的运动方向与电流相反，总是朝着电势高的方向运动），此时电子在外加电势的作用下开始由正极奔向负极。

在外加电势的作用下，电池正极活性物质的锂开始失去电子变成锂离子，失去的电子开始从正极活性物质中游离出来。同理，由于隔膜和电解液具有离子导通性和电子绝缘性的特点，锂离子会直接通过电解液和隔膜迁移到负极，而电子只能通过外电路游动。电子从正极活性物质脱离后，会首先进入正极导电剂或者导电涂层，接着进入正极的集流体，之后分别到达正极极耳、正极连接片和正极端子。之后电芯单体正极端子中的电流会统一进入模组的正极汇流排，接着进入正高压线（总正），到达高压箱，经高压箱到达 AC-DC 变换器，直流电转变成交流电，即电流的阵型发生了变化，由"齐头并排的阅兵阵型"转变成了"正弦型的行军队形"。队形转换完成后，经充电桩进入了广阔的电网当中，如图 4-21 所示。

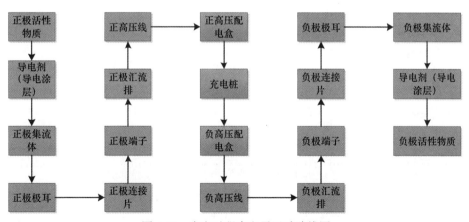

图 4-21　充电过程中电子运动路线图

在外加电势的作用下，电网中也会有"千军万马"的电子奔赴电池负极而来，直到全部从电池正极游动到负极的锂离子与电子重新结合为活性物质中的锂，负极不能再容纳更多电子为止。这些电子从电网通过充电桩，排着正弦队形，然后在 AC-DC 变换器转化为齐头并排队形的直流电。之后分别再进入高压箱、负高压线（总负）和负极汇流排。电子经过负极汇流排再分流进入负极端子、负极连接片、负极极耳、负极集流体，在经过负极导电剂后，电子终于进入负极活性物质，与从正极迁移过来的锂离子相结合，形成活性物质中的锂。

本小节主要讲述了电子如何在电池的活性物质、电动汽车电气回路间的游动关系，重在追求对原理的简化阐述与表现效果，由于篇幅限制，存在个别内容表述不完整的地方，比如仅考虑电动机、未考虑漏电等特殊情况。

4.5 热管理系统的结构与设计

4.5.1 热管理的作用与设计目标

热管理系统的设计，需要在有限的电池包空间和轻量化限制内，控制电芯的最高工作温度，均衡不同电芯的温度差。因此需要考虑低温加热、高温散热、内部热均衡、非运行状态的保温措施等方面的设计。

1. 电芯温度控制

在环境温度较高或大倍率充放电的情况下，必须采取相应的散热措施，同时对充放电功率进行限制，控制温升水平，否则电池会因过热而导致性能衰退、寿命缩短，甚至出现热失控的危险状态。低温下电池负极石墨的锂离子嵌入能力下降（低温析锂），虽然在小电流充放电过程中，由于电池内阻的作用能产生一定的热量，而电池放电所产生的热量不足以使电池保持比较高的温度，因此需要对动力电池进行预加热，才能维持电池的性能。

对电芯温度的控制，主要是从保证电芯循环寿命要求出发的，即将电芯的最高温度控制在特定的温度之下，才能保证电池系统的循环寿命要求。对于电芯而言，最佳的工作温度范围在 20~30℃，要把工作温度控制在这么严格的范围内，电池包的热管理系统将会变得非常复杂，所以通常会把工作温度范围放宽到 10~40℃，这样可以在电池包的性能、寿命和成本之间达到一个比较好的平衡状态。

2. 电芯间温差控制

电池箱体内部温度长时间的不均匀分布也会造成各电池模块、单体性能的不均衡，尤其是分布在高温区域的电池老化速率会明显快于低温部分，电池在充电、放电和静置等过程中的电化学反应和自放电反应速率都会受到电池温度的影响。当电池系统中的电芯间出现温度不均衡时，电池的电化学反应和自放电反应的速率也会出现不均衡，这种不均衡会导致电芯间的循环寿命、容量和内阻出现差异。随着时间的积累，不同电池之间的物性差异将越加明显，从而使得电池之间的一致性变差，甚至发生提前失效，缩短了整个动力电池系统的寿命。

电池箱体内电池模组的温度差异与电池组布置有很大关系，一般情况下，中间位置的电池容易积累热量，边缘的电池散热条件要好些。因此，应根据寿命一致性要求和 BMS 控制的要求确定电芯间允许的最大温差。一般情况下，电池系统在特定环境温度下特定工况运行时，把电池包内部温差要控制在 5~8℃以内，从而保证电池系统的一致性要求。

3. 空间限制

在热管理系统设计过程中，应选择合适的焊接成型工艺，同时液冷系统的设计与模组、箱体结构、高低压线束的设计进行互相配合。

以特斯拉 Model S 汽车为例，为了尽可能提高电池的能量密度，特斯拉将 3100 mA·h 容量的 18650 型锂离子电池，整齐排列组合形成一个个小的"电池盒"单元，再将这些单元进一步拼接构成一整块的动力电池组，最终总计 8142 颗 18650 型锂离子电池组合成的电池组拥有超过 85kW·h 的总容量，从而保证了 Model S 超过 400km 的续驶能力。但是钴酸锂电池热稳定性差，再加上将集成电池板平铺于车辆的底盘位置，这样就对电池的散热与安全性提出了更高的要求，为此特斯拉不得不设计出了复杂的电池保护程序以及独特的液冷散热系统来保证这套电池组的正常运作。这一方面不仅加大了整车质量，对车辆的续航里程有一定的影响，当然最明显的则是增加了车辆的制造成本。

对于冷却设计而言，可以考虑的散热方式有自然冷却、强制风冷、液冷、直冷等几种方式。空气冷却是最经济的方法；液体冷却除了需要盛放冷却介质的空间，还需箱体有额外的循环系统；冷媒直冷的方法较为昂贵。不同冷却方式的效果对比见表 4-8。

表 4-8　四种冷却方式的冷却效果对比

冷却方式	冷却原理	对流换热系数 /[W/（M²·K）]	表面热流密度 （与环境温差 10℃）/（W/cm²）	系统复杂性	成本
自然冷却	空气自然对流	5~25	0.005~0.025	低	低
强制风冷	空气自然对流	25~100	0.025~0.15	一般	较低
液冷	液体强制对流	500~15000	0.5~15	高	较高
直冷	相变冷却（对流）	2500~25000	2.5~25	高	较高

我们需要根据外部环境温度、电池寿命来推导电芯的工作温度限值和温差限值，需要根据系统运行工况、电芯发热功率、电器件发热功率等来计算系统的换热系数，再综合考虑技术复杂度、电池包内部的安装空间、散热速率以及成本等因素，选择最合理的冷却设计（包括冷却方式和冷却回路等），冷却设计的一般流程如图 4-22 所示。

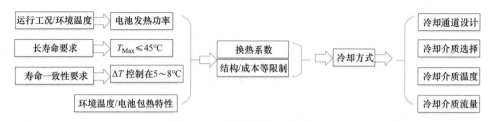

图 4-22　冷却设计的一般流程

4.5.2　自然冷却系统设计

　　风冷是以低温空气为介质，利用热的对流，降低电池温度的一种散热方式，分为自然冷却和强制风冷（利用风机等）。自然冷却是利用空气的自然对流换热，将电池包、模组或电池单体的热量传递到周围空气中，从而在一定程度上降低电池单体的温度。由于空气的导热系数较低，且自然对流的流动也较弱，因此自然冷却的散热效率一般比较低。此外当电池系统周围不存在其他热源时，温差也可以控制在较小的范围内。自然冷却方式虽然冷却效率较低，但这种方式的成本较低、所占的空间较小、电池单体间的温差较小（无外部热源时），且系统成组效率高。在电池系统运行工况缓和、成本控制较高以及留给热管理系统的空间十分有限的情况下，自然冷却方式是一种可取的选择，如图 4-23 所示。

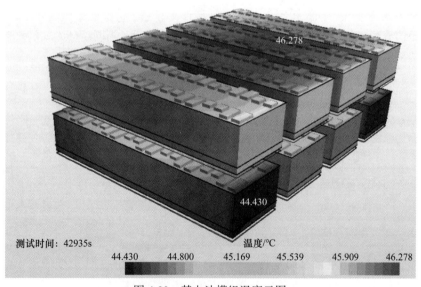

图 4-23　某电池模组温度云图

　　虽然自然冷却属于利用空气自然对流的一种被动冷却方式，但仍然需要进行设计。设计的思路一般是先将电池单体的热量从模组内部传导到模组外部，然后再将这些热量传导到箱体外部,而这其中尤其是以模组的热设计最为重要。接下来将分别对方形模组、软包模组和圆柱模组的自然冷却设计进行探讨。

1. 方形模组

根据方形电芯的成组特点,一般在电芯与模组金属底板之间增加可以压缩的导热胶层,从而在电芯与模组金属底板之间建立一条传热效率较高的导热路径,并将电芯产生的热量传递到金属底板上,然后将热量传递到模组外部。

2. 软包模组

软包电芯的特点是厚度相对较小,宽度和长度比较大,因此会利用电芯的大面(即电芯宽度方向和长度方向形成的面)进行热设计。在两个软包电芯之间安装导热的金属板,并将电芯产生的热量传递到金属板,然后通过金属板将热量传递到模组外部。

3. 圆柱模组

在成组过程中,圆柱电芯的正极和负极往往会与汇流排焊接,因此可以用于热设计的只有电芯的圆柱面。一般情况下,在成组过程中将电芯之间的间距保持在一定的值,并采用错排的方式进一步增加电芯的间距,如图 4-24 所示,同时将模组的塑料外框镂空。这样,电芯产生的热量通过圆柱面传递到内部空气中,然后通过对流传递到模组外部。

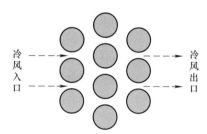

图 4-24 圆柱电芯间隙冷却示意图

4.5.3 强制风冷系统设计

强制风冷是通过风扇将空气引入箱体内部,空气在风扇的作用下,以一定的流速掠过模组或者电芯的外表面,并将电芯产生的热量散入到环境空气中。强制风冷系统设计主要包括风道设计、风扇选型、冷却空气温度选择和测试验证等内容。

1. 风道设计

对于强制风冷系统设计来说,风道的设计是十分关键的。良好的风道设计不仅可以提高散热的均匀性,而且还可以降低系统的流动压降。从散热界面看,强制风冷系统的风道可以分为电芯间隙风冷和电芯底部风冷。电芯间隙风冷是冷风以一定速率流过电芯间隙并将电芯产生的热量传递到周围环境中,参见图 4-24 所示的圆柱电芯间隙冷却示意图;图 4-25 所示为电芯底部风冷原理图,电芯产生的热量先通过导热的方式传递到电芯底部的冷却风道上，然后通过空气的强制对流换热将热量传递到周围环境中。

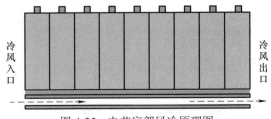

图 4-25　电芯底部风冷原理图

上述两种风道各有特点：对于电芯间隙风冷来说，风道的设计过程相对来说比较简单，但系统的流动阻力往往比较大；对于电芯底部风冷来说，风道比较规则，因此系统的流动阻力比较小，并且可以在风道中设计散热翅片以强化换热。

根据空气的流动形式可以分为串行方式和并行方式。串行方式的优点是结构简单，缺点是散热均匀性差，且系统流动阻力比较大；相对于串行方式，并行方式的散热均匀性更好一些，且流动阻力比较小，但并行方式的结构较为复杂，占据的空间也更大。图 4-26a 所示为电芯间隙冷却情况下串行方式的原理图，在这种方式下，冷风逐一掠过电芯并将电芯的热量带走，同时冷风每掠过一个电芯自身的温度就会升高，因此这种方式会使电芯间的温差增大，此外系统的流动阻力也比较大；图 4-26b 所示为电芯间隙冷却情况下的并行方式的原理图，在这种冷却方式下，冷风并行掠过电芯并将电芯的热量带走，因此电芯间的温差得到了控制，且系统的流动阻力比较小。

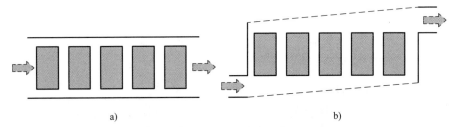

a)　　　　　　　　　　　　　　b)

图 4-26　串行方式和并行方式原理图

第一代丰田普锐斯和本田 Insight 混合动力汽车都采取了串行通风方式。丰田新普锐斯采用的是并行通风结构。

2. 风扇选型

在强制风冷系统设计过程中，除了设计冷却风道之外，选择合适的风扇也非常重要。对于风扇的选型，最重要的是所选用的风扇必须能够提供足够的升力以保证系统有的足够的冷却空气流量。此外，还需要考虑风扇的尺寸、重量、噪音、功耗和成本等因素。

3. 冷却空气温度选择

用于冷却电池系统的空气，可以是从环境中引入的，也可以是经过车载空调冷却而后引入的。空调制冷方式是把电池热管理系统与整车空调系统耦合在一起，环境中的空气经过整车空调系统冷却之后进入乘客舱，随后通入电池系统对电池包进行冷却，最后通过风扇将其排入环境空气，如图 4-27 所示。

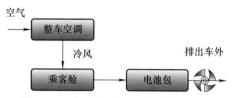

图 4-27 电池包空调风冷工作原理图

风扇与空调这两种冷却方式的差别很明显：第一种方式的成本和能耗较低，但散热效率也较低；第二种方式的散热效率相对来说较高，但增加了成本和能耗。就目前的风冷应用来说，第一种方式主要用于储能，第二种方式更多地用在纯电动乘用车和纯电动客车。

总的来说，强制风冷的冷却均匀性也比较差。从结构设计的角度来看，强制风冷需要设计风道，增加风扇，系统的复杂程度也比较高，而且加入风扇使电池系统的密封性很难兼顾。

4. 测试验证

风冷系统设计完成之后，需要进行一系列的测试。这些测试可以归纳为功能性测试、可靠性测试和安全性测试。功能性测试主要是验证电芯的温升和风道内部的流速等参数是否与设计相符；可靠性测试主要是验证风道、风扇和风扇控制模块在电池系统寿命周期内是否能够可靠地运行；安全性测试主要是验证风冷系统零部件失效时是否引起安全风险。

4.5.4 液冷系统设计

液冷技术是通过液体对流换热，将电池产生的热量带走，降低电池温度。液体介质的换热系数高、热容量大、冷却速度快，对降低最高温度、提升电池组温度场一致性的效果显著，同时，热管理系统的体积也相对较小。液冷系统形式较为灵活：可将电芯或模组沉浸在液体中，也可在电池模组间设置冷却通道，或在电池底部采用冷却板（液冷板）。电池与液体直接接触时，液体必须保证绝缘，避免短路；同时，液冷系统对气密性、机械强度、耐振动性要求也较高。液冷是目前多个品牌电动乘用车的优选方案，典型产品如宝马 i3、特斯拉、通用 Volt、华晨宝马之诺、吉利帝豪 EV 等。液冷系统的设计内容也较多，本小节只介绍传热路径、冷却策略、机械结构三个最重要的方面。

1. 传热路径设计

一般情况下，液冷系统的传热过程可以归纳成三条传热路径：第一条是热量从电芯内部传递到电芯外表面；第二条是热量从电芯外表面传递到液冷板冷却表面；第三条是热量从液冷板冷却表面传递到电池系统外部。

2. 冷却策略设计

在实际的运行过程中，外部液冷系统的空调和电子泵并不是常开的，它们的开启和关闭一般是根据电芯的实际温度来确定的：当电芯的温度高于一定温度时，为了将电芯的温度控制在设计目标之内，需要开启空调和电子泵；当电芯的温度低于一定温度时，此时电芯的温度一般会是下行的趋势，出于节省能耗的考虑，会关闭空调和电子泵。

由于热惯性的存在，一般情况下空调和电子泵开启时电芯的温度低于液冷系统的设计目标，而空调和电子泵关闭时电芯的温度低于空调和电子泵开启时电芯的温度。当电芯温度高于什么温度时开启空调和电子泵，低于什么温度时关闭空调和电子泵，即为液冷系统的冷却策略。冷却策略的设计一般是先通过仿真分析来确定，然后通过实验进行验证。

3. 机械结构设计

传热路径设计和冷却策略设计属于软件层面的设计，它们得以实现的硬件基础是机械结构设计。图 4-28 所示为某项目液冷冷却机械结构。接下来将从液冷板安装、管路连接和管路固定这三个方面来介绍液冷系统的机械结构设计。

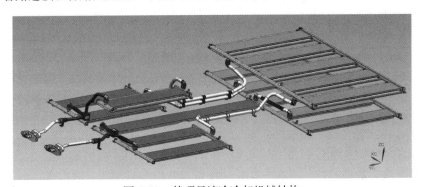

图 4-28　某项目液冷冷却机械结构

（1）液冷板安装

在液冷设计中，需要对冷却界面（即液冷板与模组/电芯接触面）的接触热阻进行控制，需要在液冷板与模组或者液冷板与电芯之间施加一个合适的预紧力，从而保证二者接触良好。

对于具备承重能力的液冷板来说，提供预紧力比较简单，通常的做法是将模组直接安装在液冷板上，通过模组的重量和螺栓预紧来提供这样的一个预紧力。

对于不具备承重能力的液冷板来说，一般不能通过模组重量和螺栓预紧这种方式来提供预紧力。对于这种类型的液冷板，常用的安装方式是夹持安装。夹持安装主要是利用两个模组 / 电芯夹持住液冷板以保持液冷板的固定，夹持安装方式使液冷板的两个表面均得以利用，从而提高了液冷板的利用效率，并且没有增加额外的支撑构件。

（2）管路连接

整个液冷系统是由液冷板之间的串并联组合而成，通过管路连接来实现的。液冷系统中常用的管路有硬管（一般是铝管）和软管两种。一般情况下硬管（铝管）的厚度大于 1mm，冷却液在铝管处泄漏的风险不大，但铝管怕冷却液腐蚀且存在折弯限制；软管一般是尼龙管，不存在折弯限制，但软管本身容易老化、连接可靠性较差。液冷系统穿出电池箱体与外部冷系统连接时，需要保证箱体的密封性能，一般会采用法兰进行连接。

（3）管路固定

液冷系统的硬管和软管需要固定在电池箱体上。常见的固定方式有焊接式和卡紧式两种：焊接式的固定方式先在硬管上焊接铝块，然后铝块通过螺栓锁紧在箱体上，这种方式只能固定金属硬管；卡紧式的固定方式是将硬管或者软管卡紧在金属卡圈中，然后将金属卡圈通过螺栓锁在箱体上。

4.5.5 直冷系统设计

直冷（制冷剂直接冷却）系统是利用制冷剂（R134a 等）蒸发潜热的原理，在整车或电池系统中建立空调系统，将空调系统的蒸发器安装在电池系统中，制冷剂在蒸发器中蒸发并快速高效地将电池系统的热量带走，从而完成对电池系统的冷却作业。

从本质上来说，直冷系统与液冷系统是相似的，都是通过冷却工质在系统中的循环将电池系统的热量散入环境空气中。两个系统最主要的区别在于冷却工质的性质，虽然说这两种工质的吸热动力均是温差，但液冷系统的冷却工质在吸热的过程中不发生相变，而直冷系统冷却工质的吸热则主要是依靠相变。基于上述分析，直冷系统的设计可以液冷系统作为参考，但与直冷工质相关的设计需要重新开展。

直冷系统冷却效率比液冷高 3~4 倍，能更满足快速充电对温升控制的需求，结构上也更为紧凑，同时避免了乙二醇溶液在电池箱体内部泄露的风险。目前直冷的冷却方式基本用在电动乘用车上，最典型的如宝马 i3（i3 有液冷、直冷两种冷却方案）。整体来看，直冷系统未来可能会被推广开来。

4.5.6 CFD 流体仿真分析

CFD（Computational Fluid Dynamics，计算流体动力学）是流体力学的一个分支，从基本物理定理出发，应用各种离散化的数学方法，对流体力学的各类问题进

行数值实验、计算机模拟和分析研究，在很大程度上替代了耗资巨大的流体动力学
实验设备，利用计算机快速的计算能力得到流体控制方程的近似解。CFD 软件通常
指商业化的 CFD 仿真程序，具有良好的人机交互界面。目前比较主流的 CFD 软件
有 CFX、Fluent、Phoenics、Star-CD、comsol、star-ccm+、flow-3D 和 AUTODESK
CFD（前身为 CFdesign）等。其中 CFX，Fluent，star-CD，comsol 等为通用求解器，
能够解决各类流体问题。图 4-29 所示为 CFD 软件应用示意图，图 4-30 所示为流体
仿真分析模型。

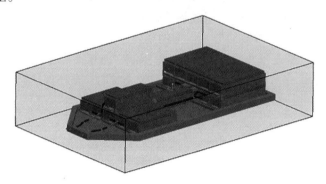

图 4-29　CFD 软件应用示意图

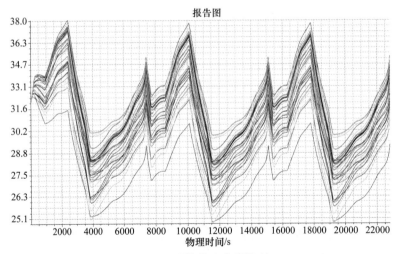

图 4-30　流体仿真分析模型

（仿真条件：阶梯充电 +5min 静置 + 恒功率放电，循环 3 次）

　　风冷系统设计过程中，CFD 软件可以模拟风道内空气热场和流场分布、箱体内
部热场、流场分布和电芯内部的温度分布；还可以通过对冷却风道进行流场分布的
仿真，提取出冷却风道的阻力特征曲线，然后将阻力特征曲线与风冷风扇的压力 -
流量曲线（即 *P-Q* 曲线）进行对比。

液冷系统设计过程中，CFD 软件预先可以验证传热路径设计、液冷回路设计、液冷板设计、冷却液入口温度设定、冷却液流量设定以及冷却策略设计等参数是否合理。将初步设计的冷却策略输入到 CFD 仿真模型中，经过数值计算可以获得整个热场和流场随时间变化的曲线；接着从仿真结果中提取出电池的最大温升、电池间的最大温差和能耗等数据。

最后将 CFD 仿真分析结果与设计目标进行比较，如果满足设计目标，则进行测试验证；如果不满足，则需要根据仿真结果调整冷却策略，然后将新的冷却策略输入到 CFD 模型中去，直至测试验证满足设计要求。通过 CFD 仿真分析进行设计评估、零部件选型和优化设计，然后再测试进行验证，可以大幅节省设计成本和周期。

4.5.7　加热与保温系统设计

加热系统的功能是快速地将电池系统中电芯单体的温度加热到特定的温度，并保证加热过程中电芯单体的温度一致性。因此，与之对应的两个功能需求参数分别是电芯单体的温升速率和电芯单体间的温差，一般要求电芯单体的温升速率在 0.15~0.8℃/min 范围内，电芯单体间的温差控制在 10~15℃范围内。加热设计流程如图 4-31 所示。

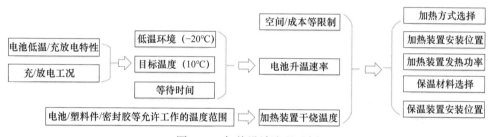

图 4-31　加热设计流程示例

1. 加热系统的安全设计

加热系统的管控主要从两个方面出发。

一是尽量保证加热回路的控制不出现失效。可以在加热回路中串入保险丝，当电流超过额定电流一定值之后切断加热回路；采用双继电器模式，从而减少继电器粘连的风险。

二是设计合理的干烧温度，这样即使加热回路控制失效，加热系统的温度达到干烧温度之后并不再上升，以确保安全。干烧温度是指加热系统在额定工况下持续运行，其本身温度或电芯温度的最大值，前者称为加热系统干烧温度（本身温度最大值），后者称为电芯干烧温度（电芯温度最大值）。必须严格控制干烧温度，以确保加热回路控制失效时电芯不出现热失控和失效。一般情况下电芯的温度不允许超过 65℃，加热系统的干烧温度控制在 85℃以下。

2. 加热方式的选择

加热方式的选择主要是根据电芯升温速率、空间限制、安全性要求和成本来确定的，常见的加热方式有三种：加热膜加热、PTC（Positive Temperature Coefficient，正温度系数）热敏电阻[⊖]加热和液热，如图 4-32 所示。

a）加热膜　　　　　　　b）PTC　　　　　　c）液热

图 4-32　常见锂离子电池外加热方案

（1）加热膜

加热膜示例图如图 4-33 所示，一般由电阻丝、绝缘包覆层、引出导线和接插件组成。加热膜属于电阻加热方式，一般是将电阻丝（金属加热丝）封装于绝缘层内，电阻丝通电之后发热可对电池系统进行加热。电阻丝一般为镍铬合金和铁铬铝合金，这是加热膜的主要功率部件。镍铬合金和铁铬铝合金可能大家不熟悉，其实这两种合金也经常在家用电炉上使用。加热膜是一种纯电阻性加热器，其大小形状可任意制作，在结构上占用空间极小，电压与功率也可任意设计，可方便粘贴在电池包表面，通过传导给电芯加热。加热膜常见的安装位置有模组侧边、模组底部、电池间间隙三种，电池间间隙由于加热膜用量过大和安装方式过于复杂而被其他位置替代。加热膜特点如下：热效率高，结构简单，成本较低，可靠性高，使用寿命达到 10 年以上，因薄且有导热性，无工作状态时散热不受影响。

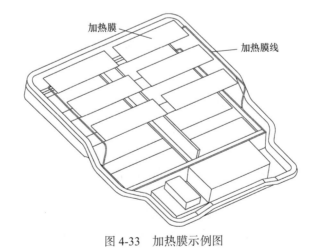

图 4-33　加热膜示例图

⊖ 为表示方便，PTC 热敏电阻经常被直接简写与简称为 PTC。

（2）PTC 加热

采用 PTC 加热也是电阻加热的一种，不过它的电阻会随自身温度的升高而增大。PTC 加热器正是利用材料的这种特性，当加热器温度升高时，其内阻增大引起加热功率减小，自身温度下降；当加热温度下降时，其内阻减小引起加热功率增大，自身温度升高，由此将自身的温度控制在设定值，从而保障加热的安全性。PTC 加热应用在空调器、热风幕机、去湿机、干燥机、干衣机、暖风机、浴霸、汽车等需要提供暖风的设备上，技术相对成熟。

（3）液热

液热指的是集成在电池系统内部的液冷系统在冬天用于加热的状态，通过在外循环冷却回路中并入一个加热回路，以实现对电池系统的加热。PTC 水加热器一般不放在电池内，而是放在整车回路里。冷却液通过 PTC 水加热器，温度升高后流入电池包对电池进行加热。该方式加热、冷却两类功能合为一体，且电池间温差较低，特斯拉就是采用液热方式对电池进行加热。这种加热形式在实现较高温升速率的同时，将干烧温度控制在一个较低的水平，且大部分零件液冷液热系统共用。

三种加热方式的主要特性对比见表 4-9。

表 4-9　三种加热方式的主要特性对比

项目	加热膜	PTC 加热	液热
加热特点	恒功率加热	自控温加热	对流 / 导热加热
空间限制（厚度）	0.3~2mm	5~8mm	集成在液冷中
加热设备干烧温度 /（℃）	60~130	60~80	25~60
电芯升温速率 /（℃ /min）	0.15~0.3	0.15~0.3	0.3~0.8
均匀性（电池温差）/（℃）	8~15	8~15	5~10

3. 保温方案设计

车辆在北方冬季严寒天气中停放较长时间后，电池箱体内温度会快速下降，影响车辆的再次充电和起动，在对动力电池系统加热过程中，如果电池箱散热太快也会影响加热速度；同样，车辆在南方夏季高温天气下长时间高温热辐射，热量会进入到电池箱内部，导致电池箱体内部温度过高。

而电芯的热量最终都是通过电池箱体传递到环境空气中的，因此需要对箱体进行保温设计以达到隔热的效果，减少外部夏季高温或者冬季低温环境对电池箱内部电池的影响。保温系统通常是配合冷却系统和加热系统完成工作，优良的保温系统不仅可以增强冷却和加热的效率，而且还可以降低能耗。

作为最终与环境空气换热的载体，目前箱体的保温设计相对来说较为简单，一般会在箱体上包裹一层保温材料，保温材料可以安装在箱体内部也可以安装在箱体外部，安装位置的选择主要是从安装便利性出发考虑。选择保温材料时一般关注的是两个参数：材料的导热系数和反射率。导热系数的重要性毋庸置疑，热辐射的反射率也同样重要，一般保温材料选择银白色的材料以增强反射率。

4.6　电池管理系统（BMS）的结构与设计

电池管理系统（Battery Management System，BMS）是电动汽车动力电池系统的重要组成部分。电池设计主要是指 BMS 的设计。BMS 检测电池组中各单体电芯的状态来确定整个电池系统的状态，然后根据检测值与允许值的比较关系控制供电回路的通断，同时将采集的关键数据上报给整车控制器，并接收控制器的指令，与车辆上的其他系统协调工作，保证电池系统在安全的电压、电流、温度范围内运行。

整体的设计指标包括电池组总电压和总电流检测、单体电压检测和温度检测，SOC（荷电状态）、SOH（健康状态）等估算精度、电池组电压、电流和温度的检测精度、均衡管理、CAN 通信、故障诊断、数据记忆功能、工作温度范围、在线监测与调试功能、系统安全等级等。

4.6.1　BMS 的主要功能

BMS 作为电池包系统的控制核心，需要完成电池参数检测、电池状态估计、充放电管理、电池信息管理、电池安全保护措施、电池均衡控制等功能。如图 4-34 所示。

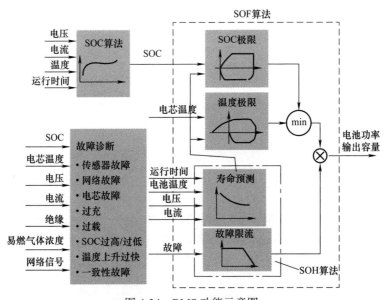

图 4-34　BMS 功能示意图

1. 电池参数检测

电池参数检测包括总电压检测、总电流检测、单体电池电压检测（防止出现过充、过放甚至反极现象）、温度检测（最好每串电池、关键电缆接头等均有温度传感器）、烟雾探测（监测电解液泄漏等）、绝缘检测（监测漏电）、碰撞检测等。这是 BMS 最基本的功能，也是其他各项功能的前提和基础。

2. 电池状态估计

BMS 负责估计的电池状态包括电池温度、SOC（荷电状态）或 DOD（放电深度）、SOH（健康状态）、SOS（故障及安全状态）、SOF（功能状态）及 SOE（可用能量状态）。各种状态估计之间的关系如图 4-35 所示。电池温度估计是其他状态估计的基础，SOC 受到 SOH 的影响，SOF 是由 SOC、SOH、SOS 以及电池温度共同确定的，SOE 则与 SOC、SOH、电池温度、未来工况有关。

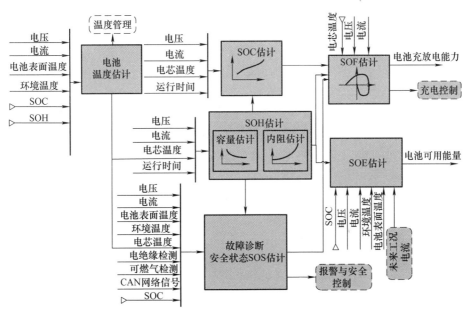

图 4-35　电池各种状态估计之间的关系

（1）SOH 估计

SOH（State of Health，健康状态）是指电池当前的性能与正常设计指标的偏离程度，包括"电池的失效"与"电池的劣化"两个部分。一般来讲，能量型电池的性能衰减用容量衰减表征，功率型电池性能衰减用电阻变化表征。SOH 对评判动力电池系统何时需更换、是否可降级使用、降级之后的利用价值评估等方面有着重大的参考意义。

（2）SOC 估计

燃油汽车的驾驶员需要留意车内的油量，而对于电动汽车需要知道电池还有多少电量，这就是 SOC（State of Charge，荷电状态）的功能。

$$SOC = \frac{剩余容量}{当前总容量} \times 100\%$$

一般要求 SOC 的估算精度误差不大于 8%，能在过电压运行、欠电压运行、高低温运行情况下满足状态参数测量精度的要求。DOD（Depth of Discharge，电池放电深度）和 SOC 的关系为：DOD+SOC=1。SOC 估算方法很多，其中常用的有：开路电压法、电流积分法（安时计量法）、卡尔曼滤波融合算法等。开路电压法通过实验得出 OCV-SOC 查找表，然后根据测量的 OCV（Open Circuit Voltage，开路电压）来估算 SOC。

电流积分法（安时计量法）是目前应用较为普遍、相对简单可靠的 SOC 估算方法，其本质是在电池进行充电或放电时，通过累积充进或放出的电量来估算电池的 SOC，同时根据放电率和电池温度对估算出的 SOC 进行一定的补偿。但电流积分法需要对流入或流出电池的电流进行精确采集，才能使估算误差尽可能小，且该方法只是以电池的外部特征作为 SOC 估算依据，在一定程度上忽视了电池自放电率、老化程度和充放电倍率对电池 SOC 的影响，长期使用也会导致测量误差不断累积扩大，因此需要引入相关修正系数对累积误差进行纠正。

（3）SOS 估计

SOS（State of Safe，故障及安全状态）诊断是保证电池安全的必要技术之一。电池故障是指电池组、高压电回路、热管理等各个子系统的传感器故障、执行器故障（如接触器、风扇、泵、加热器等），以及网络故障、各种控制器软硬件故障等。电池组本身故障是指过电压（过充）、欠电压（过放）、过电流、超高温、内短路故障、接头松动、电解液泄漏、绝缘降低、SOC 过低 / 高等。

（4）SOF 估计

SOF（State of Function，功能状态）估计是估计电池的最大可用功率。电池的最大可用功率受到电流、电压、SOC、温度等参数的限制，还与电池的老化程度、故障状态等有关。在不同温度、不同衰减程度下进行电池测试，可以建立最大充放电功率与温度、SOC、SOH 的关系，得到最大充放电功率 MAP 图。可由 SOC、温度等已知变量，查 MAP 图得到电池的最大充放电功率，实现 SOF 估计。

（5）SOE 估计

SOE（State of Energy，能量状态）指电池剩余能量，可以使用百分比（%）表示，也可以使用能量的单位焦耳（J）表示，但在电动汽车上，很多时候使用 kW·h 作为单位，也就是人们经常所说的"还剩下多少度电"。

3. 电池信息管理

（1）电池信息的显示

BMS 通常通过仪表把电池状态信息显示出来，告知驾驶人或汽车维修人员。

由于汽车上的电池数量较多，因此不需要将每个电池的信息都进行显示，通常只需要把整个电池组的总电压、总电流、最高电池电压、最低电池电压、最高电池温度、最低电池温度等信息反映在仪表上。

电池剩余电量信息好比传统汽车上的油量表，反映电池剩余电量的百分比，为了使驾驶员获得更为直观的感受，通常也会把剩余行驶里程的估算值显示在仪表上。

当电池组存在安全问题或即将发生安全问题时，需要及时通过仪表通知驾驶员，往往还配合声音告警等多种其他手段来引起驾驶员的及时注意。

（2）电池历史信息存储

电池历史信息存储功能用于存储关键数据，如 SOC、SOH、SOF、SOE、累积充放电安时数、故障码和一致性等。进行电池历史信息存储具有以下几个方面的意义：

1）数据缓冲，提高分析估算的精度。例如由于存在干扰，实时监测到的电压、电流的数值存在错误，利用历史数据，有助于对可能存在错误的数据进行滤波，以得到更精确的数据。

2）有助于电池状态分析，特别是能根据一段时间电池的历史数据，对电池的老化状态等进行评估。

3）有助于故障分析与排除。电池历史信息存储功能类似于飞机上的黑匣子，当电动汽车发生故障以后，可以通过对历史数据的分析发现故障原因，利于故障排除。

（3）与整车的信息传输功能

BMS 需要通过通信接口与整车控制器、电机控制器、能量管理系统、车载显示系统等进行通信。同时，BMS 在车辆上拆卸不方便，需要在不拆壳的情况下进行在线标定、监控、自动代码生成和在线程序下载（程序更新而不拆卸产品）等。一般采用 CAN 总线实现相互间的信息通信，通信内容包括：动力电池系统总电压、母线电流、单体电芯电压、温度、绝缘电阻值、动力电池组当前工作状态、按故障类型及定义的故障码等。

4.6.2　充放电与安全防护管理

BMS 能在高 SOC、低 SOC、高温度、低温度等条件下对电池的充放电过程进行保护。针对电池当前 SOC 与电芯温度，根据电芯性能要求对充放电能力进行估计，从而得到电流限值并发送给整车控制器或者充电机，由整车控制器或充电机执行限制电流。通常 BMS 需控制的继电器有：负极主继电器、正极放电继电器、预充继电器、加热继电器、快充继电器、慢充继电器。

1. 充电控制管理

直流充电桩一般会提供人机交互界面进行刷卡和相应操作，在显示屏上能够显示电量、费用、充电时间等数据。这就需要电动汽车与充电桩直接的一个共同通信协议。GB/T 27930—2015《电动汽车非车载传导式充电机与电池管理系统之间的通信协议》和 GB/T 20234.3—2015《电动汽车传导充电用连接装置 第 3 部分：直流充电接口》分别对直流充电桩与电动汽车的通信方式及接口进行了规范，二者之间通过 CAN 协议进行通信，因此每一个直流充电插头都必须包含 CAN 接口，一桩多充的充电桩则会有多个 CAN 接口。

BMS 中具有一个充电管理模块，能检测到充电枪插枪信号并被信号唤醒。它能够根据电池的特性、温度高低以及充电机的功率等级，控制充电机对充电电压、充电电流等参数进行实时的优化控制，根据需求实现快充和慢充。电池的实际充电电流应在允许的充电电流和充电机的设计最大输出电流之间取较小值。

BMS 给出动力电池可接受的最大回馈电压和可接受回馈电流的 SOC 范围，根据当前温度给出动力电池能接受的最大回馈电流值，对能量回收过程进行管理。

当 BMS 检测到下列情况时，会拒绝联通充电继电器：交直流充电同时连接、单体过电压报警、总压过电压报警、充电过电流报警、电池高温报警、绝缘检测报警、BMS 硬件故障、充电 CAN 通信故障、急停开关断开、熔断器或维修开关故障、电池箱开盖事件、高压互锁检测故障。

当 BMS 检测到下列情况时，会断开充电继电器：充电过电流报警、BMS 内部通信故障、充电 CAN 通信故障、温升过快报警、温度过低报警。

2. 放电控制管理

在动力电池组 SOC 小于 10% 的情况下，适当限制电池组的最大放电电流，尽管会对汽车的最高速度产生影响，但有利于延长车辆的续驶里程，也有利于延长动力电池组的寿命。

当 BMS 检测到下列情况时，会断开充电继电器：充电连接确认信号有效、单体过放报警、总压过放报警、电池高温报警、电池低温报警、绝缘检测报警、温升过快故障、BMS 内部通信或硬件故障、急停开关断开、检测到电池箱开盖事件、上高压故障（无法完成高压预充过程）、高压互锁检测故障。

BMS 根据当前电池组温度和 SOC，给出动力电池可接受的最大回馈电压和可接受回馈电流值，对能量回收过程进行管理，防止对电池组造成伤害。

3. 高压互锁检测

BMS 对与电池系统直接相连的高压接插件连接可靠性进行检测，能分别对主电路、充电电路和维修开关的互锁状态进行单独检测。在非充电模式下，如果上电后检测到主高压互锁失效，能通过 CAN 总线发布高压互锁失效信息停止闭合主继电器；在充电模式下，如果在充电过程中，检测到充电回路高压互锁电路失效，能通过 CAN 总线发布高压互锁失效信息，并切断充电电路的继电器。

4. 碰撞信号检测

当检测到有效的碰撞信号后，例如由安全气囊发出的或来自 CAN 总线的碰撞信号，BMS 应具备断开高压继电器切断高压输出的能力。

5. 热管理保护

根据电池组内温度分布信息及充放电需求，决定主动加热／散热的强度，使得电池尽可能工作在最适合的温度，充分发挥电池的性能，并提供高温／低温保护。

4.6.3 动力电池均衡管理

动力锂离子电池一般都要几串、几十串甚至几百串以上，即使经过严格的检测程序，使每组电源的电压、电阻、容量一致，但使用一段时间以后，电池内阻、电压、容量等参数产生波动，形成不一致的状态，就会产生这样或那样的差异。这种差异体现为电池组充满电或放完电时串联电芯之间的电压不相同。这种情况下导致电池组充电的过程中，电压过高的电芯提早触发电池组过充电保护，而在放电过程中电压过低的电芯导致电池组过放电保护，从而使电池组的整体容量明显下降，整个电池组体现出来的容量为电池组中性能最差的电芯容量。在串联电池组中，虽然通过单体电芯的电流相同，但是由于其容量不同，电池的放电深度也会不同，容量大的总会浅充浅放，而容量小的总会过充过放，这就造成容量大的衰减缓慢、寿命延长；容量小的衰减加快，寿命缩短，两者之间的差异会越来越大，使得成组电池在利用率、使用寿命、安全性等方面的性能远不及单体电芯。电芯性能的不一致，都是在生产过程中形成，在使用过程中加深，如图 4-36 所示。

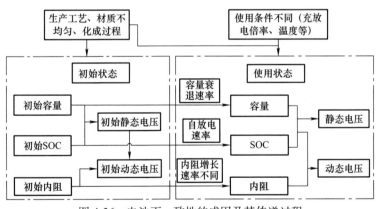

图 4-36 电池不一致性的成因及其传递过程

引起电池间一致性变差的原因是多个方面的，包括电池的生产制造工艺，电池的存放时间长短，电池组充放电期间的的温度差异，充放电电流大小等。目前解决方法主要是提高电池的生产制造工艺控制水平，从生产关尽可能保证电池的一致性，使用同一批次电池进行配组。这种方法有一定效果，但无法根治，电池组使用一段时间后一致性差的问题还会出现，电池组发生不一致问题后，如果不能及时处理，问题会愈加严重，甚至会发生危险。

均衡的目的是缩小这种差异，保持电池的一致性。BMS 的均衡方式主要有两种：被动均衡和主动均衡。

被动均衡也称为有损均衡，主要通过电阻耗能的方法，在每一个单体电芯中并联一个电阻分流，从而将容量大的电池中多余的能量消耗掉，从而实现整组电池的均衡。如果把电池组比作木桶，串接的电池就是组成木桶的板，电量低的电池是短板，电量高的就是长板，被动均衡做的工作就是"截长不补短"。电量高的电池中的能量变成热耗散掉，电能使用效率低。不仅如此，因为将电能转变成热量耗散，带来了两难的问题，如果均衡电流大，热量就多，最后如何散热成为问题；如果均衡电流小，那么在大容量电池组中、电量差别大的情况下所起到的电量平衡作用效率很低，要达到平衡需要很长时间。权衡利弊，现在被动均衡的电流一般都在 100mA 级别。被动均衡简单可靠，成本较低，但同时电池效率也比较低。

主动均衡又称无损均衡，主要通过能量转移的方法，将单体能量高的转移到单体能量低的，或用整组能量补充到单体能量最低电池，在实施过程中需要一个储能环节，让能量通过这个环节进行重新分配。主动均衡是把高能量电池中的能量转移到低能量电池中，相当于对木板"截长补短"。主动均衡带来的好处显而易见：效率高；能量被转移，损耗只是变压器线圈损耗，占比小；均衡电流可以达到几安甚至 10A 级别，均衡见效快；可有效延长电池使用寿命，降低使用成本。虽然有这些好处，但主动均衡也带来了新的问题：首先是结构复杂，尤其是变压器方案，几十串甚至上百串电池需要的开关矩阵如何设计，驱动要怎么控制，这都是令人头痛的问题，且成本较高，可靠性较低。

4.6.4 BMS 的软硬件设计

1. BMS 的硬件模块划分

BMS 的硬件电路通常可被分为 BMU（Battery Monitoring Unit，电池监测单元）和 CCU（Central Control Unit，中央处理单元）两个功能模块，有时候会有 HVU（High Voltage Unit，高压单元）模块。

BMU 即电池监测单元，也习惯被称为数据采集单元、从板、从控模块，BMU 负责采集电池的电流、电压和温度等数据，然后采集到的数据发送给 CCU、对电池执行具体的均衡控制等，如图 4-37 所示。

CCU 即中央处理单元，也习惯被称为电池控制单元、主板、主控模块。CCU 负责对数据进行分析和处理，并发出对应的程序控制和变更指令，具体包括：对整个电池系统的总电压、总电流进行监测；对 SOC、SOH 等状态进行估算；进行均衡决策，制订均衡策略；控制预充电电路、各个继电器；与整车控制器、电机控制器进行通信；与充电机进行通信而控制电池组的充电过程。CCU 发出程序控制和变更指令后，对应的控制部件（熔断装置、继电器）等做出处理措施，对电池系统或电池进行调控，同时将实时数据发送到整车上的显示单元模块。

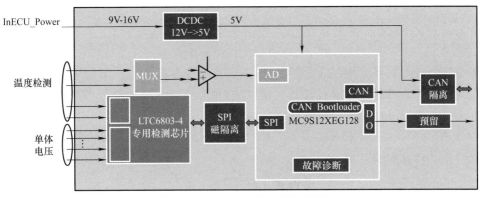

图 4-37 BMU 电路板方案示意图

根据 BMU 与 CCU 的拓扑关系,BMS 又可分为主从式(星形)BMS 与一体式 BMS 两种。相对而言,一体式 BMS 成本较低,占用电池系统箱的空间较少,维护起来也比较简单。但一体式 BMS 只适用于电池数量不多的应用场合,如果电池数量多则 BMS 所能提供的接口数量不能满足电池数量的要求。另外,一体式 BMS 往往因为采集线过多、过长而形成潜在的安全隐患。

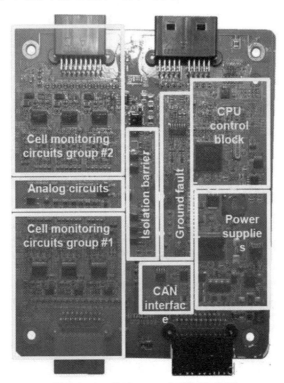

图 4-38 一体式 BMS 电路板实物图

对于体积较小的乘用车电池包，可以将 BMU 和 CCU 被设计在同一块电路板上（一体式 BMS），甚至将 BMS 功能集成到车辆的主控制器中。一体式 BMS 电路板实物图如图 4-38 所示。但商用车往往由几个甚至十几个标准电池箱体（标准箱）组成，如果将所有标准箱的线束直接汇总到主板 CCU，则会导致线束长且复杂、装配困难且成本高的问题，所以一般每个标准箱配一个从板 BMU，所有信号采集与指令线束先汇总到从板 BMU，由从板 BMU 通过 CAN 总线发送信号给主板 CCU，这样就构成了主从式 BMS。主从式 BMS 的主板与从板连接关系如图 4-39 所示。

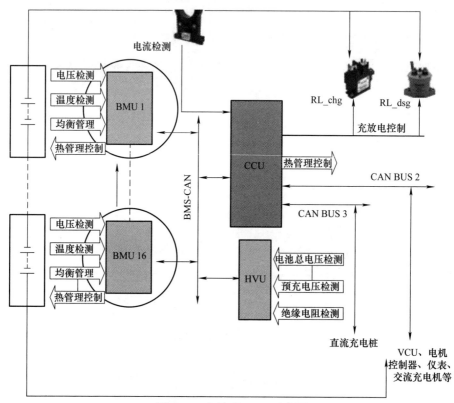

图 4-39　主从式 BMS 示意图

HVU 即高压强电单元，也称为绝缘监测模块，如图 4-40 所示，主要负责：电池组绝缘检测、电池组总压检测、电机控制器预充电压检测等功能。要求 BMS 能实时测量高压动力母线正负极，充电机正负极（充电时）和车底盘之间的绝缘电阻状态，并在工作状态下能对整车高压电系统（直流母线）的绝缘电阻进行周期性测试，测试值必须能够通过 CAN 总线发送到整车网络；要求在高压上电后能实现对绝缘电阻的检测；在进行绝缘检测时不能降低整车的绝缘性能。在车辆行驶模式、慢充模式、快充模式下都能够执行绝缘检测。

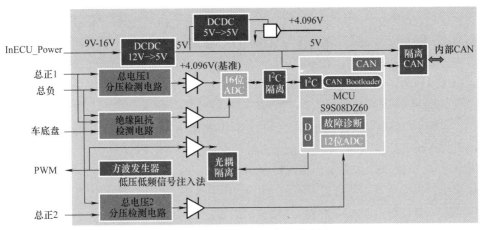

图 4-40　HVU 电路板方案示意图

目前市场上主流 IC 通常都是面向 12 串设计的，因此不管一体式还是主从式，所有 BMU 采集通道都是 12 的倍数，即每个 BMU 可以监控 24 串，36 串、48 串或者 60 串的电池。工程师可根据动力电池系统中电池模块的数量来进行搭配选择不同 BMU，例如一个 96 串的 BMS，可以使用一个 CCU 搭配 2 个 48 串的 BMU 来进行管理，也可以是一个 CCU 搭配 4 个 24 串 BMU 的从模块的配置，这取决于电池系统的构成方式。这就可能存在"串数浪费"现象，比如一个 90 串的电池系统在选配 BMS 时，就无法避免浪费了 6 个采集通道。

2. BMS 的防电磁干扰设计

电动汽车中包括动力电池及其管理系统、电机及其控制系统、电力变换系统、整车通信控制系统、车灯仪表系统以及其他车载电子设备等，同时存在着高压大功率的变换装置，高低压控制信号线等。强电高压设备、大功率变换装置、电弧产生的电火花、雷电，都能产生电磁波，从而成为电磁干扰源，因此车内电磁环境非常复杂。

在数字信号电路中，电磁干扰会使电路出现误码的概率增大，或使之出错；在模拟信号中，电磁干扰将增大噪声并将导致电路和系统运行功能下降。而 BMS 是个模数混合系统，如果抗干扰处理不好，可能会引起诸多不良后果，如采集数据不稳定、系统通信不正常、系统软件运行错误等，严重时可能导致意外事故。因此，要求 BMS 具有好的抗电磁干扰能力，同时要求 BMS 对外辐射小。

电磁兼容性（Electro Magnetic Compatibility，EMC）测试，是指设备或系统在其电磁环境中符合要求运行并不对其环境中的任何设备产生无法忍受的电磁干扰的能力（例如无线话筒就最怕电磁波信号干扰，也要通过 EMC 测试）。EMC 测试是 BMS 设计中对技术含量和经验要求较高的部分。

目前主要的电磁干扰屏蔽措施有：为 BMS 设计一个金属外壳，以提高其抗干扰性能，因为金属外壳并将金属外壳接地对屏蔽电磁干扰非常有效；PCB 在布线过程中尽量将模拟电路与数字电路分开，降低它们之间的相互影响；尽量减少回路环的面积，降低感应噪声；电源线尽量加粗，以减小电压降和降低耦合噪声；在布置元器件时尽量使走线最短并减少 90° 拐角走线，减小导线阻抗和分布电容电感；尽量根据电路的功能进行布局，从而防止不同区域的射频电流相互耦合干扰。

3. BMS 软件开发技术

目前 BMS 开发设计属于嵌入式开发，一般使用 C 语言作为程序的开发语言。嵌入式系统一般指非 PC 系统，是面向特定应用的嵌入式 CPU，与通用型的最大不同就是嵌入式 CPU 大多工作在为特定用户群设计的系统中，通常都具有低功耗、体积小、集成度高等特点，能够把通用 CPU 中许多由板卡完成的任务集成在芯片内部，从而有利于嵌入式系统设计趋于小型化，增强移动能力及网络的耦合性。嵌入式系统包括硬件和软件两部分。硬件包括微处理器、存储器及外设器件和 I/O 端口、图形控制器等。

软件部分包括操作系统软件（要求实时和多任务操作）和应用程序编程，应用程序控制着系统的运作和行为，而操作系统控制着应用程序编程与硬件的交互作用，有时设计人员把这两种软件组合在一起。为提高执行速度和系统可靠性，嵌入式系统中的软件一般都固化在存储器芯片或单片机本身中，而不是如同 PC 般存储于电脑硬盘中。设计完成以后用户通常也是不能对嵌入式系统的程序功能进行修改，必须有一套开发工具和环境才能进行开发。

如图 4-41 所示，BMS 软件共分为四层，分别为 MCU 层和 ECU 层、服务层和应用层。其中应用层的数据分析与控制模块使用 Simulink（MATLAB 中的一种可视化仿真工具）搭建，其他使用 C 语言进行实现，MCU 层，ECU 层、服务层使用 C 代码进行实现。主要更改的模块有参数管理模块（标定数据）、数据分析与控制模块（主要控制策略）和电池状态估计模块（SOC 估算数据）。

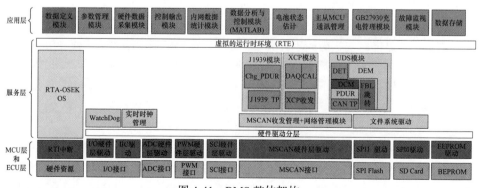

图 4-41 BMS 整体架构

4. ISO 26262 标准

汽车上电子 / 电气系统（E/E）数量不断地增加，一些高端豪华轿车上有多达 70 多个电子控制单元，其中安全气囊系统、制动系统、底盘控制系统、发动机控制系统以及线控系统等都是安全相关系统。当系统出现故障的时候，系统必须转入安全状态或者转换到降级模式，避免系统功能失效而导致人员伤亡。失效可能是由于规范错误（比如安全需求不完整）、人为原因的错误（比如软件 bug）、环境的影响（比如电磁干扰）等原因引起的。

为了实现汽车上电子 / 电气系统的功能安全设计，国际标准 ISO 26262《汽车安全完整性》（*Automotive Safety Integrity Level*）道路车辆功能安全标准于 2011 年发布⊖，该标准的基础是适用于任何行业的电子 / 电气 / 可编程电子系统的功能安全标准 IEC 61508⊖，主要定位在汽车行业中特定的电气器件、电子设备、可编程电子器件等专门用于汽车领域的部件。ISO 26262 为汽车安全提供了一个生命周期（管理、开发、生产、经营、服务、报废）理念，涵盖功能性安全方面的整体开发过程（包括需求规划、设计、实施、集成、验证、确认和配置）。BMS 软件和硬件开发过程应参照 ISO26262 中的工作和管理流程。

ISO 26262 标准根据三个因子——严重度、暴露率和可控性，来评估危害事件的风险级别——ASIL 等级（Automotive Safety Integrity Level，汽车安全完整性等级），共分为从 A 到 D 的四个安全需求等级，其中 D 级为最高等级，需要最苛刻的安全需求。伴随着 ASIL 等级的增加，针对系统硬件和软件开发流程的要求也随之增强，硬件的诊断覆盖率越高，为实现安全付出的代价越高（例如需要增加冗余设计等）。

4.6.5　BMS 的测试与验证

BMS 是个功能特别复杂的电子设备。在 BMS 设计阶段，需要对原型的功能进行验证；在安装上整车系统时，需要对 BMS 在整车上的功能与兼容性进行测试；在生产阶段，需要对产品的功能进行测试；如果设备出现故障，需要进行检修。这些阶段都需要有对应的 BMS 验证与测试，验证内容主要有

1）BMS 作为一个多功能电气部件，需要对 BMS 的基本功能进行验证，包括通信功能、电池保护功能、SOC 估算等功能的验证；

2）BMS 作为一个电池系统的测量工具，需要对其测量精度进行验证，包括电压、电流、温度等的测量精度都要进行检验；

3）BMS 作为一个整车零部件，需要对其在整车上的电气兼容性进行验证，验证的主要项目包括绝缘耐压性能、气候环境负荷、耐振动性能、耐冲击性能、电磁

⊖　目前的版本为 ISO 26262:2018 *Road Vehicles—Functional Safety*。
⊖　等同于 GB/T 20438，目前版本为 2017。

兼容性能、浪涌抗扰度、辐射抗扰度、磁场抗扰度、传导骚扰、辐射骚扰等。

同时，BMS 在测试的时候，应该分为不带电池测试、带电池测试两种情况分别对待。

1. 不带电池测试

不带电池测试的情况下，就需要用到电池模拟器。电池模拟器是专门在电动汽车测试实验中，用于模拟动力电池的设备。相比较于去使用一个真实的电池进行测试，通过电池模拟器特性去测试电池有以下优势：

（1）减少测试时间

电池模拟器可以缩短测试设置和电池准备时间。在只使用电池的情况下，需要将大量的电池均预设为各种 SOC，以满足不同荷电状态的测试需求，耗时较大。

（2）重复度好

通常情况下，通过给电池完全放电、然后再充电，将电池设定到期望的荷电状态，会导致电池出现额外的循环使用，并加速电池老化，而不断循环使用电池可能导致不一致的测试结果；而且把电池手动调整到所需的 SOC 时，很难保证确切的荷电状态。因此，使用老化电池进行测试可能会产生不准确的结果。由于电池的不稳定性，会造成测试结果的偶然性。电池模拟器消除了电池老化相关的不确定因素，能够确定电池的荷电状态，与使用真正的电池进行的测试相比，模拟器可以提供可重复的测试结果。

（3）测试环境安全

锂离子电池含有较高的能量密度，在正常操作条件下电池可以安全使用。但测试过程中，被测电池可能会失效或进入到一个意想不到的状态，这可能产生引发火灾、爆炸、化学品泄漏等风险，而电池模拟器则可以极限条件下测试 BMS 的各种功能反应是否正常。

不带电池测试属于硬件在环（Hardware in the Loop，HIL）测试的一部分。硬件在环测试建立起虚拟实时车辆，通过 I/O 接口与被测的 ECU 连接，对被测 ECU 进行全方面的、系统的测试，可用来验证 ECU 功能。从安全性、可行性和合理的成本上考虑，硬件在环测试减少了实车路试的次数，缩短开发时间和降低成本的同时提高 ECU 的软件质量，降低汽车厂的风险。在新能源汽车领域中，硬件在环测试对于三大核心电控系统、BMS、电机控制器是非常重要的，已经成为 ECU 开发流程中非常重要的一环。利用硬件在环测试影响硬件在环测试有两个关键因素：一个是车辆或部件仿真模型的建立；另一个是控制器输入输出信号的模拟。

2. 带电池测试

虽然电池模拟器可以提供更加精准、安全、省时的测试环境，但动力电池系统也需要进行带电池的测试。BMS 是电池组的管理者，对电池的工作状态进行监控，又依赖电池提供工作电源。如果验证 BMS 时是不带电池的，并不表明带上电池的时候 BMS 能有相同的表现。如大电流注入测试、抗干扰测试等，在带电池与不带电池的情况下，测试结果是不一样的。如果带上了电池测试，那么测试对象就是整个动力电池系统而不是独立的 BMS。很多 BMS 销售的时候，都标称 "SOC 估算误差小于 3%"，但往往是针对某一型号的电芯在特定的条件下测试的误差小于 3%。

习　题

4-1　热管理系统的冷却方式包括（　　　　）。（多选题）

A. 自然冷却　　　　B. 强制风冷　　　　C. 液冷　　　　　D. 直冷

4-2　现需设计一款续航里程不低于 300km 的纯电动汽车，该车选用的电机和电机控制器额定工作电压为 350V，要求动力电池系统总能量需达到 55kWh（可用能量约 46kW·h）。若分别采用以下电芯容量：157A·h、79A·h、52A·h、39A·h、3.1A·h、2.8A·h，电芯并联方案分别是？系统容量各是多少？

第 5 章

动力电池生产工艺

动力锂离子电池主要由正极、负极、电解液和隔膜四部分组成，目前市场上动力锂离子电池的种类主要为磷酸铁锂电池和三元锂电池，虽然这两种电池的材料组分和工艺参数差异较大，但生产工艺流程类似。本章将对动力锂离子电池的生产工艺流程和主要工序所使用的设备进行简单的介绍，以期读者能够对动力锂离子电池的生产过程有个清晰的了解和认识。

锂离子电池的生产工艺比较复杂，主要包括三大部分：

1）电池极片的制作，主要包括：合浆、涂布、辊压分切、激光切极耳四个工序，又名前段；

2）电池电芯的制作，主要包括：卷绕、组装、激光焊接、烘烤四个工序，又名中段；

3）分容检测阶段，主要包括：注液封口、清洗、化成、分容等工序，又名后段。

一般将三大部分简称为一工段、二工段和三工段，工艺流程如图 5-1 所示。其中一工段所需设备主要包括合浆机、涂布机、辊压分切机和激光切极耳成型机等；二工段所需设备主要包括卷绕机、组装线设备、激光焊接机和烘箱等；三工段所需设备主要包括注液机、清洗机、化成分容检测设备、过程仓储物流自动化设备等。

因为水分会和电解液中的六氟磷酸锂反应生成氢氟酸，从而引起电池受力变形，引起电池鼓胀、漏液等危险（参见 3.3.1 小节），因此在电芯车间非常重视露点控制（本章会经常提到露点控制）。露点是指在一定温度下，开始从空气中分离出第一批液滴的温度。露点温度越小于周围环境的温度，结露的可能性就越小，也就意味着空气越干燥。人们常常通过测定露点，来确定空气的绝对湿度和相对湿度。

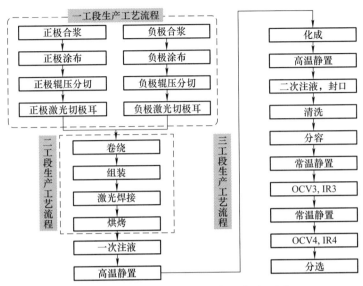

图 5-1　锂离子电池主要生产工艺流程图

5.1　电芯一工段工艺流程

极片制造关系电池核心性能，工艺流程一般为：活性物质、导电剂和黏结剂等混合制备成浆料，然后涂敷在铜或铝集流体两面，经干燥后去除溶剂形成极片，极片颗粒涂层经过压实致密化，再裁切或分条。一工段主要是制作锂电池正负极片，包括合浆、涂布、辊压分切和激光切极耳四道工序。

视频：一工段工艺流程

5.1.1　合浆工序

合浆工序制备的浆料是整个电池极片制备过程中最关键的因素。电池浆料是由活性物质、导电剂、黏结剂通过搅拌均匀分散于溶剂中形成，属于典型的高黏稠的固液两相悬浮体系。

1. 合浆工序的主要步骤

（1）自动配料系统

黏结剂和溶剂通过计量系统按照一定配比输送到打胶罐进行打胶，打胶完成后的胶液输送到储罐中备用。同时将正极或负极粉料（包括活性物质、导电剂等）通过计量系统按照设定配比自动地、连续地在线输入到混合机（螺旋混合或搅拌混合）中。

（2）混合过程

将混合均匀的粉料、胶液及溶剂按照一定配比添加到合浆机／混浆机中制备浆料。主要实现对物料的连续混合、研磨、分散、脱泡等功能。

（3）高速分散

将混合均匀的浆料经过除磁系统输送到高速分散均质机中。利用高速分散机内动、静刀组高速运转产生的离心力将物料抛向四周。团聚物、大颗粒团在受到撞击力、剪切力、摩擦力等综合作用力下被瞬间打散，实现超细分散的目的。同时，高速分散均质机中的滤网可以将残留的团聚物进行过滤处理，保证浆料颗粒的均匀性。

（4）二次分散

从高速分散均质机出来的浆料进入中转搅拌釜缓存，经过中转搅拌釜搅拌后，使物料混合更均匀，降低物料黏度，并抽真空除泡。利用黏度检测仪检测合格后的浆料即为涂布前的合格浆料。

（5）传送至涂布机

中转搅拌釜分散混合后的合格的浆料通过泵输送，经过磁性过滤器除铁，自动刮刀过滤器去除杂质后，输送至涂布机头的浆料储罐内，合浆步骤完成，合浆工序主要流程如图5-2所示。

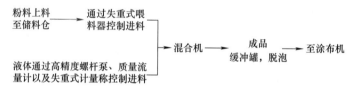

图5-2 合浆工序主要流程

电池浆料要求分散均匀，如果浆料分散不均，有严重的团聚现象，电池的电化学性能将受到影响：

1）若导电剂分布不均匀，电极在充放电过程中，各处电导率不同会发生不同的电化学反应，负极处可能产生较复杂的SEI膜，可逆容量减小，并伴有局部的过充过放现象或导致析锂，形成安全隐患；

2）若黏结剂分布不均，颗粒之间、颗粒与集流体之间黏结力出现过大或过小的情况，过大部位出现部分团聚导致结块以及挂带现象，过小部位电极内阻大甚至会掉料，最终影响整个电池容量的一致性。合浆工序主要设备如图5-3所示。

打胶机：预制胶液　　缓冲罐：缓冲、脱泡　　合浆机：溶剂和溶质充分混合

图5-3 合浆工序主要设备

2.合浆常见问题

1）负极浆料有飘蓝：说明 SBR（水性黏结剂）在负极浆料中不稳定，这种不稳定来于 SBR 本身和石墨、导电剂、CMC 的亲和性，石墨等碳材料是疏水材料。飘蓝现象会带出接下来的问题。

2）负极粘辊：排除其他外部因素，飘蓝上浮带来的直接影响就是涂布后造成 SBR 的浓度分布差，料与箔材的粘接性能变差，辊压时就容易粘辊。

3.合浆工序涉及的关键词

1）打胶：溶剂和黏结剂以固定比例添加到打胶罐中并进行真空搅拌。

2）固含量：浆料在规定条件下烘干后剩余部分占总量的质量百分数，即活性物质、导电剂、黏结剂等固体物质在浆料整体质量中的占比。

3）浆料黏度：浆料在流动时，在其分子间产生内摩擦的性质，称为浆料黏性，黏性的大小用黏度表示，黏度的大小取决于液体的性质与温度，温度升高，黏度会迅速减小。

4）浆料细度：浆料的分散程度的量度。

综上，合浆工序关键控制点有：粉料水分、配比、黏度、固含量、搅拌速度、时间、温度和真空度等。

5.1.2　涂布工序

涂布是继合浆完成后的下一道工序，该工序主要目的是将检测合格的浆料均匀地涂覆在正/负极集流体上。涂布简单来说就是浆料经过高速分散机分散后输入涂布机模头，按照设计的极片面密度和厚度要求将浆料间歇或连续式均匀地涂覆在箔材上，经过烘箱进行烘干，然后将烘干后的极片按照一定的张力进行收卷。

1.涂布技术

涂布方式有转移式和挤压式两种，转移式涂布是涂辊转动带动浆料，通过调整刮刀间隙来调整浆料转移量，并利用背辊或涂辊的转动将浆料转移至基材上，其优点是对浆料黏度要求不高、容易调整涂布参数、不堵料，但涂布的精度较差，无法保障极片的一致性，且浆料在辊间是暴露于空气中，可能会对浆料的性质有一定的影响。而挤压式涂布是一定流量的浆料从挤压头上料口进入模头内部型腔，并形成稳定的压力，浆料最后在模头狭缝（调节背辊和模间的距离）出口挤出，涂覆在箔材上，经过干燥后，形成质地均一的涂层，其优点是涂膜后极片非常均匀且精度高、涂层边缘平整度高、操作系统密闭、不受异物影响，适合量产，但对设备维护保养要求高，对浆料黏度范围要求高，变换规格就需要更换新的垫片。

目前锂离子动力电池行业普遍采用狭缝挤压式涂布技术制造电池极片，狭缝挤压式涂布示意图如图 5-4 所示。

下面以挤压式涂布机为例简要介绍涂布工序，涂布机主要由放卷单元、涂布单元、烘箱单元、牵引单元、收卷单元、电气控制单元等部分组成。涂布工序主要步骤：利用放卷单元对基材（铝箔或铜箔）进行恒张力放卷，通过纠偏装置对基材进行纠偏并稳定基材的张力；同时将涂布机头转罐中的浆料经过除磁、过滤系统处理后输送到涂布机模头。涂布机头采用精密螺杆泵定量输送浆料，根据涂布工艺参数均匀涂覆在基材的第一面，利用多节烘箱对涂覆活性材料进行干燥、纠偏并稳定张力。涂布机尾对基材的第二面进行挤压涂覆，利用电动机驱动过辊导向从涂布机尾部转向进入二楼平台烘箱单元继续干燥、纠偏并稳定张力；在收卷之前对涂布尺寸、对齐度、瑕疵进行检测，不合格部分贴上标识；然后经过收卷机构对烘烤干燥后的极片进行恒张力收卷。

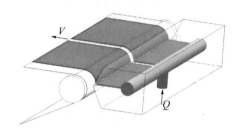

图 5-4　狭缝挤压式涂布示意图

2. NMP 溶剂回收

在涂布烘烤过程中正极主要是将 NMP 溶剂进行回收处理。NMP 为无色透明液体，沸点为 203℃，能与溶于水，溶于乙醚、丙酮及各种有机溶剂，其黏度低，化学稳定性和热稳定性好，极性高，挥发性低，稍有氨味。但是 NMP 是一种对人体生育能力有害的物质，为了减少 NMP 对工作人员的潜在影响，据此，世界各国对工作环境中 NMP 的最低溶度值有严格限定，而且当 NMP 达到一定浓度时易发生爆炸。

NMP 回收系统利用热回收装置（利用涂布机的排气余热来预热进入涂布机的空气）起到良好的节能效果，且可以利用 NMP 和水的沸点有 100℃的温差以及 NMP 和水可以任意比互溶的特性实现回收 NMP。

在涂布过程中需要特别注意烘烤温度的适宜性。通常采用分段干燥，中间段温度偏高，两边温度偏低，烘烤温度一般为 80~150℃。对于不同克容量的材料，根据黏结剂的不同，烘烤的温度有所不同。如果涂布烘烤温度过低或烘干时间不足，会使溶剂残留，黏结剂部分溶解，造成部分活性物质剥离，导致电池容量低、内阻不稳定、循环性能差及尺寸异常；如果温度过高可能造成黏结剂炭化，活性物质脱落形成电池内短路，导致电池自放电大甚至安全问题。

3. 关键工艺控制点

极片涂布对锂电池具有重要的意义。在涂布过程中，对浆料涂覆前后的极片进行抽样检测，如果极片前、中、后三段位置正 / 负极浆料涂层厚度及面密度不一致，则容易引起电池容量过低、过高，更易在电池循环过程中形成析锂，影响电池寿命。若涂覆过程中有颗粒、杂物、粉尘等混入极片中，混入的异物会导致刮带引起电池内部微短路，严重时可导致电池起火爆炸。

挤压模头是锂电池涂布机的关键部件，直接决定涂布极片的质量和均匀性。影响涂布厚度均匀性的因素主要有挤压模头型腔出口速度的均匀性、基材的平面度、干燥温度曲线、风速、浆料的均匀性以及表面张力、涂布速度等，其中挤压模头出口速度的均匀性是主要因素之一。电池极片中心的厚度要和边缘处的厚度尽量保持一致，这是电池浆料涂布工艺的难点。间隙涂布有拖尾现象，连续涂布有边缘效应。

　　1）在间隙涂布过程中，涂层边缘经常会出现拖尾现象，通常会将拖尾的边缘裁切掉，以保证单位面积内的活性物质的量保持一致。如果在涂层的其他位置出现拖尾现象，不能裁切，在该位置的活性物质减少，会导致局部电压过大。

　　2）在连续涂布过程中，可能会出现涂层边缘虽然齐平，但是边缘处的局部厚度过高或过低，这会导致在压实过程中压力分布不均，电池极片的孔隙度和单位面积的容量就会不均一。

　　综上所述，涂布工艺要保障涂布极片的厚度、质量、尺寸符合要求，需要定时检验浆料粘度的变化、料斗液面高度的变化、涂布速度的变化，极片干燥温度的控制及做好涂布环境的 6S[⊖] 工作，保证涂布过程中无杂质混入。

4. 涂布工序涉及的关键词

　　1）面密度：单位面积内涂覆物质的质量。

　　2）涂布宽度：涂布过程中浆料覆盖宽度。

　　综上，涂布工序关键控制点有：基材面密度、涂布极片面密度、涂覆尺寸、涂布速度、正反面料区对齐度、烘箱温度、NMP 含量、风速、环境露点和洁净度等。

5.1.3　辊压分切工序

1. 辊压分切的目的与意义

　　极片在涂布、干燥完成后，活性物质与集流体的剥离强度很低，此时需要对其进行辊压，增强活性物质与箔材的粘接强度，以防在电解液浸泡或电池使用过程中剥落，同时也可以适当纠正因涂布面密度波动导致极片厚薄不一致的问题。将正负极极片辊压压实后分切为符合设计的小卷。

　　极片表面涂层材料的压实密度与电池的电化学性能有很重要的关系，合理的压实密度可有效增加电池的电化学性能，降低电极的接触电阻和交流阻抗，增加参与电化学反应的活性材料面积，从而显著提高极片涂层材料的电化学性能（参见 3.2.2 小节相关内容）。锂电池极片表面的电极材料是一种孔隙结构，轧制过程中正负极片上电极材料被压实，密度发生变化。极片轧制是一个孔隙结构被填充、涂层颗粒逐渐密实的过程。极片辊压的目的有以下几点：

　　⊖　即 "6S 管理"，6S 指由 5 个日文单词 SEIRI（整理）、SEITON（整顿）、SEISO（清扫）、SEIKETSU（清洁）、SHITSUKE（素养）和 1 个英文单词 SAFETY（安全）所体现的适用于办公场所、生产现场、车间、仓储和厂房区域等的工作环境管理程序。

1）保证极片表面光滑和平整，防止涂层表面的毛刺刺穿隔膜引发电池内短路；

2）对极片涂层材料进行压实，降低极片的体积，以提高电池的能量密度；

3）使活性物质、导电剂颗粒接触更加紧密，提高电子电导率；

4）增强涂层材料与集流体的结合强度，减少电池极片在循环过程中掉粉情况的发生，提高电池的循环寿命和安全性能。

2. 辊压分切的机械过程

工业生产上，锂离子电池极片一般采用对辊机连续辊压压实，通过调节压辊的间隙调节压力，从而调节极片被压实的厚度和密度。在此过程中，两面涂敷颗粒涂层的极片被送入两辊的间隙中，在轧辊线载荷作用下涂层被压实，从辊缝出来后，极片会发生弹性回弹导致厚度增加。因此，辊缝大小和轧制载荷是两个重要的参数，一般地，辊缝要小于要求的极片最终厚度，或通过足够的轧制载荷能使涂层被压实。另外，辊压速度的大小直接决定载荷作用在极片上的保持时间，也会影响极片的回弹，最终影响极片的涂层密度和孔隙率。

由于正负极材料本身性质差异，正负极极片辊压过程微观结构变化也不相同。正极颗粒材料硬度大，不容易产生变形，而石墨负极硬度小，压实过程会发生塑性变形，中等程度的压实会减轻石墨的塑性变形量，锂离子嵌入和脱出阻力更小，电池循环稳定性更好，但过度压实可能导致颗粒破碎。

辊压分切工序主要步骤如图5-5所示，首先将涂布完成的极片固定于放卷机构，然后将极片正确穿过双辊间隙，并连接收卷系统。开启辊压模式后，电动机带动上下辊同时转动，收卷机构拉动极片稳步穿过辊压间隙，最终被压到所需压实密度。辊压工序完成后通过分切机，分切成满足工艺需求的极片，并回收成整齐的卷料。辊压分切工序主要使用辊压机和分切机或辊压分切一体机，主要包括自动切换式双工位放卷单元、进料单元、辊轮单元、碾压单元、出料单元、自动测厚仪、分切单元、自动切换式双工位收卷单元（自动接片）等。

图 5-5　辊压分切工序主要步骤

3. 辊压分切中常见问题

（1）辊压后极片厚度不一致

辊压后极片厚度不一致，则极片上的活性物质密度不一致，从而造成锂离子和电子在极片中传输、传导速率会有所不同。当电流密度不同时，极易引起锂离子的析出形成锂枝晶，对电芯性能不利。此外，由于极片厚度不同，活性物质与集流体之间的接触电阻也是不同的，极片越厚内阻越大，电池极化也就越严重，影响电芯容量。

（2）极片部分位置出现过压

若涂布时部分位置厚度过厚，辊压后则可能出现过压的现象。极片过压会导致活性物质颗粒出现破碎，活性物质颗粒间接触紧密。这使得在电芯充放电过程中，虽然电子导电性增强，但是离子移动通道减小或堵塞，不利于容量发挥，放电过程中极化增大，电压下降，容量减小。同时，极片过压会影响电解液的浸润效果，对电芯的性能也有很大的影响。

（3）波浪边

极片涂布之后，除活性物质外还有部分铜铝箔外露。极片经过辊压之后，外露的铜铝箔边缘会出现较密集的波浪纹路。产生波浪边的原因：铜箔和铝箔都是利用铜铝块经过挤压压片制成的，具有很好的金属加工性和延展性。当极片在辊压的过程中，活性物质之间相互挤压，并对铜箔、铝箔施加一定的压力，则会产生一定的延展。在辊压时，没有活性物质涂覆的部分没有发生延展，而有活性物质的极片在辊压力作用下产生延展，延展不一在外观上形成箔带边缘的波浪形皱褶，平行的波浪痕迹与箔带运动方向垂直。

4. 辊压分切工序涉及的关键词

1）锂枝晶：指采用液态电解质的锂电池在充电时，锂离子还原时形成的树枝状金属锂单质。"枝晶锂"生长到一定程度便会刺破隔膜，造成电池内部短路，严重威胁电池安全。

2）剥离强度：指粘贴在一起的材料，从接触面进行单位宽度剥离时所需要的最大力。剥离时角度有 90° 或 180°，它反映材料的粘结强度，单位为 N/m。

延伸率（δ）：材料在拉伸断裂后，总伸长与原始标距长度的百分比。工程上常将 $\delta \geqslant 5\%$ 的材料称为塑性材料，$\delta \leqslant 5\%$ 的材料称为脆性材料。

综上，辊压分切工序关键控制点有：辊压后极片厚度、压延率、辊压压力、速度、剥离强度、毛刺、波浪边和分切尺寸等。

5.1.4　激光切极耳工序

激光切极耳主要是对极片两侧进行极耳成型加工，通过激光连续切割使极片边沿轮廓成型，且尺寸符合设计规格。然后通过分切机构，对极片进行分切工艺处理。激光切割具有生产效率高、工艺稳定性好的特点，已经在工业上应用于锂离子电池极片的裁切，其基本原理是利用高功率密度激光束照射被切割的电池极片，使极片很快被加热至很高的温度，迅速熔化、汽化、烧蚀或达到燃点而形成孔洞，随着光束在极片上移动，孔洞连续形成宽度很窄的切缝，完成对极片的切割。激光切极耳成型机主要包括放卷模块、纠偏模块、激光切割模块、防极耳翻折模块、除尘模块、分切机构、坏品标识机构、收卷模块、张力控制模块、CCD（Charge Coupled Device，电荷耦合器件）组件、废边收集模块、设备操作屏等部分组成，同时设备自带安全防护功能。

除尘机构为边吹边吸的结构，可确保激光切割产生的粉尘及时清除干净。极耳压痕组件将极耳进行压痕处理后再激光切割极耳，防止极耳翻折。同时设有废边收集装置，激光产生的废边可通过负压吸到粉碎机构进行粉碎，然后到压缩机构进行压缩装桶，不影响连续切割。整个激光切割流程在全封闭结构中进行，可有效防止粉尘飞散。分切机构对正极片或负极片从中间一分为二，分切后对极片尺寸进行检测。极片经过毛刷除尘后，在贴胶机构将检测出的不良极片贴上黄色胶带进行标识。采用伺服电动机配合悬臂式气胀轴实现收卷。

收卷处加极片压轮，防止极片起鼓，同时配有收卷防极耳翻折装置和推料机构。分切前后极片边缘不能有裂纹、褶皱与裙边，极片两侧边缘冲切的极耳不能受损伤。将激光切极耳成型、分切完成的料卷放在暂存机构备用。

激光切极耳这道工序的关键就是对极片的毛刺和粉尘浓度的控制。工序过程中极片产生的毛刺以及引入的杂质都会引起电池短路。在激光切中产生的毛刺，在后续的电芯装配、注电解液、甚至是在电池使用过程中存在安全隐患。因此锂离子电池生产过程中的一工段工艺设备，如合浆机、涂布机、辊压分切机、激光切极耳成型机是电池制造的核心机器，关乎整条生产线的质量。

激光切工序涉及的关键词：

1）毛刺：极片在分切及切极耳过程中金属箔材边缘产生刺状物或熔珠，表面出现余屑及极细小的显微金属颗粒称为毛刺，毛刺越多，其质量标准越低。

2）粉尘浓度：单位体积空气中含有粉尘的质量或颗粒数。

3）CCD检测：CCD图像传感器由一种高感光度的半导体材料制成，能将光线转变成电荷，并通过模/数转换器芯片转换成数字信号，数字信号在经过压缩以后由照相机内部的闪速存储器或内置硬盘保存，因而可以轻而易举地把数据传输给计算机，并借助于计算机的处理手段，根据需要和想像来修改图像。当CCD表面受到光线照射时，每个感光单位会将电荷反映在组件上，所有的感光单位所产生的信号加在一起，就构成了一幅完整的画面。

综上，激光切工序关键控制点有：毛刺、粉尘浓度、极耳位置和极耳尺寸精度等。

5.2 电芯二工段工艺流程

视频：二工段
工艺流程

动力锂离子电池制造过程中，二工段工艺主要是完成电池的成型，主要工序包括卷绕、组装、激光焊接和烘烤，卷绕质量决定电芯容量。

前文讲过，目前动力锂离子电池的电芯制造工艺主要有卷绕和叠片两种，圆柱和方形电池主要采用卷绕工艺生产，软包电池则主要采用叠片工艺。方形与软包的区别在于外壳分别采用硬铝壳和铝塑膜两种。由于卷绕工艺可以通过转速实现电芯的高速生产，而叠片技术所能提高的速度有限，因而目前国内动力锂离子电池主要采用卷绕工艺制备卷芯。

5.2.1　卷绕工序

1.卷绕工序的组成

卷绕机根据电芯工艺的要求，把正负极极片通过放卷、纠偏、张力控制、根据标记孔位置进行裁断贴胶；隔膜通过放卷、纠偏、张力控制后，和正负极片有序导入到卷绕工位卷绕成卷芯。在卷绕的过程中通过张力和纠偏控制系统，对物料张力和边缘对齐度进行控制，卷绕完成的卷芯经过短路和称重检测合格后输送到下个工序。正负极极片放卷过程相似。

2.卷绕工序特别注意事项

（1）卷绕来料控制要点

1）极片尺寸：正极过短，将直接导致电芯容量低；负极过短，卷绕收尾时，负极包不住正极，将会导致电池析锂，性能下降；过长，负极收尾落在终止胶带以外，导致卷芯超厚。

2）极片外观：负极脱碳、金属外露，导致负极活性材料不足，电池出现析锂，性能下降；正极破损、断裂，导致电芯容量低。

3）隔膜外观：隔膜应平整、清洁、无破损。

（2）卷绕的操作要点

1）检查卷针：卷针应清洁，无毛刺，不晃动。卷针直接与最里层的隔膜接触，如果有污物将直接粘到隔膜上，如有毛刺将刺穿隔膜（轻微引起自放电大，严重将引起电池燃烧事故）。

2）隔膜对位：上层隔膜比下层隔膜长，保证内外层隔膜收尾都大于负极 5mm（内外圈周长差异造成），防止正负极短路。

3）正负极片的入片：正负极片须放在隔膜中间；控制入片精度，防止正负极错位（横向）产生坏品。

4）卷绕过程控制：负极包正极，隔膜包负极，隔膜上下边缘超出负极至少0.5mm，防止正负极错位（横向）产生 X 射线检测出的坏品，防止隔膜错位造成电芯纺锤形。

（3）卷绕收尾检查

1）检查隔膜超出负极 ≥ 5mm，负极包住正极 ≥ 2mm。

2）检查隔膜是否翻折（要可以清楚地看到四个角）。

3）检查收尾箔材是否打皱、打折。

4）检查极耳是否对齐，中心距是否合格。

5）检查收尾胶带是否起皱、破损及胶带内是否有异物。

卷绕收尾检查的意义：隔膜翻折、过短导致正负极短路；负极包不住正极，导致析锂；负极收尾超出胶带导致正负极直接短路，引发电池燃烧事故。

3. 卷绕工序涉及的关键词

AGV（Automated Guided Vehicle，自动导向小车）：指装备有电磁或光学等自动导引装置，能够沿规定的导引路径行驶，具有安全保护以及各种移载功能的运输车，工业应用中不需驾驶员的搬运车，以可充电之蓄电池为其动力来源。一般可通过电脑来控制其行进路线以及行为，或利用电磁轨道（electromagnetic path-following system）来设立其行进路线，电磁轨道黏贴于地板上，无人搬运车则依靠电磁轨道所带来的讯息进行移动与动作。

FFU：Fan Filter Unit，风机过滤机组；

AAF：American Air Filter，美国空气过滤。

综上，卷绕工序关键控制点有：张力、卷绕对齐度、极片入料精度、极耳位置、极耳对齐度、极耳中心距、终止胶带位置及长度等。

5.2.2 组装工序

组装就是将卷芯装配成电芯的过程，其流程目前主要有两种方式，如图 5-6 所示。

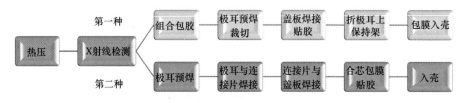

图 5-6 组装工序流程

其中第二种称为蝴蝶焊式组装，与第一种组装方式相比，主要是将折极耳和上止动架的工位取消，同时变更包膜和包胶方式，从而很大程度上提高设备生产效率，提高 A 品率。蝴蝶焊组装方式工艺流程内容简介如下。

1. 热压

热压机会对卷芯施加强压力，进行热压，从而使卷芯定型，卷芯定型以后才能进行其他组装工序。卷芯中使用的隔膜材料不同，所需要的操作条件也不同，因此热压工序需要根据卷芯材料的类型设置热压的时间、温度和压力等。

热压工序流程：机械手从上料位置抓取卷芯放至热压夹具内自动定位并进行热压，热压完后流入短路测试工位进行短路测试，测试完成进行电芯称重、全尺寸检测，并完成上述 NG 品[⊖]的自动剔除动作，最后卷芯下料至外部流水线上。

热压工序关键控制点：热压时间、控温精度、压力精度和压板平行度等。

2. X 射线检测

X 射线检测机主要通过 X 射线发生器发出 X 射线，穿透卷芯内部，由图像增强器接收 X 射线并成像和拍照。通过电脑相关软件对图像进行处理并自动分析判断

⊖ 即不良品。

NG 品和 OK 品，自动剔除 NG 品。采用对角检测模式，通过增大电流增强 X 射线检测中物料成像效果，实现裸电芯的卷绕正负极片和隔膜对齐度检测。目前主要分为在线检测和离线抽检两种方式。

X 射线检测工序关键控制点：良品误判率、NG 品误判率。

3. 极耳预焊

为了防止在后续焊接、入壳等组装过程中极耳发生弯折，需要进行极耳预焊。极耳预焊机主要是用于实现动力电池的极耳超声波预焊和卷芯配对。

焊接过程常见的几个概念：

1）虚焊：焊接处只有少量面积的焊点，焊接强度不够，易造成接触不良，时通时断。

2）过焊：指焊接过程中接触时间过长，导致焊接处撕裂，电路不通。

3）点焊：将焊件压紧在两个柱状电极之间，通电加热，使焊件在接触处熔化形成熔核，然后断电，并在压力下凝固结晶，形成组织致密的焊点。

4）超声焊：利用超声波发生器产生的能量，通过换能器在超高频的磁场感应下，迅速伸缩产生弹性振动，使劈刀相应振动，同时在劈刀上施加一定的压力，于是劈刀在这两种力的共同作用下，带动铝（Al）丝在被焊区的金属化层如（Al 膜）表面迅速摩擦，使 Al 丝和 Al 膜表面产生塑性变形，这种形变也破坏了 Al 层界面的氧化层，使两个纯净的金属表面紧密接触达到原子间的结合，从而形成焊接。

5）激光焊：通过聚焦的激光束作为能源轰击焊件所产生的热量进行焊接，是一种高效精密的焊接方法。

6）摩擦焊：在压力作用下，是在恒定或递增压力以及转矩的作用下，利用焊接接触端面之间的相对运动在摩擦面及其附近区域产生摩擦热和塑形变形热，使及其附近区域温度上升到接近但一般低于熔点的温度区间，材料的变形抗力降低、塑性提高、界面的氧化膜破碎，在顶锻压力的作用下，伴随材料产生塑性变形及流动，通过界面的分子扩散和再结晶而实现焊接的固态焊接方法。

7）蝴蝶焊：因为卷芯与盖板焊接结构类似蝴蝶状所以称为蝴蝶焊，具体过程如图 5-7 所示。

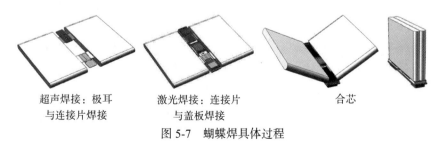

超声焊接：极耳　　　激光焊接：连接片　　　　　合芯
与连接片焊接　　　　与盖板焊接

图 5-7　蝴蝶焊具体过程

极耳预焊工序关键控制点：极耳预焊完整性、极耳预裁切尺寸、虚焊、过焊、焊印位置精度、焊接拉力等。

极耳预焊工序关键控制点：极耳预焊完整性、极耳预裁切尺寸、虚焊、过焊、焊印位置精度、焊接拉力等。

4. 极耳与连接片超声焊接

极耳与连接片超声焊接机主要用于实现动力电池的连接片、垫片与极耳焊接以及焊后焊印贴胶。通过 CCD 判断有无贴胶以及贴胶的位置，并进行 NG 剔除。

超声焊接工序关键控制点：焊点尺寸、极耳长度、贴胶要求、焊接强度、虚焊、连接片定位精度和焊印位置精度等。

5. 连接片与盖板焊接

盖板激光焊接机主要用于实现动力电池盖板扫码、除尘，盖板与绝缘膜装配，连接片与盖板激光焊接并进行焊后质量检测、下止动架扣合并进行高度检测、自动 NG 剔除等功能。焊接过程中对电芯进行防护，防止异物污染电芯。

盖板激光焊接工序关键控制点：盖板定位精度、焊接有效面积、焊机参数。

6. 合芯包膜贴胶

合芯包膜贴胶工序关键控制点：电芯对齐度、包膜率、漏胶率、胶带宽度和贴胶位置等。

7. 入壳

入壳机主要用于完成电芯的自动入壳，包括：壳体运转夹具、电芯运转托盘、自动上下料机械手、自动入壳、自动合盖与台阶检测、自动短路测试及 NG 品自动剔除等机构。

入壳焊接工序关键控制点：卷芯损伤率、电芯定位精度、入壳压力测试精度。

组装的主要目的是将卷芯组合成电芯，电芯完成后需要经过盖板及壳体激光焊接和烘烤工序。根据不同工艺要求，激光焊和烘烤顺序会有不同，各有利弊。先烘烤后激光焊盖板，可能在烘烤过程中混入异物影响电池性能；先激光焊盖板后烘烤，可能导致烘烤时间延长。我们以先激光焊再烘烤的工艺流程介绍。

5.2.3 激光焊接工序

激光焊接机通过激光的高能量将盖板与壳体热熔在一起，实现电池壳体完全密封并达到一定的耐压力和熔深。

方形电池的焊接方式主要分为侧焊和立焊，其中侧焊的优点是对电芯内部的影响较小，飞溅物不会轻易进入壳盖内侧。由于焊接后可能会导致凸起，对后续工艺的装配会有影响，因此侧焊工艺对激光器的稳定性、材料的洁净度等要求极高，而立焊工艺由于焊接在一个面上，对焊接设备集成要求比较低。根据不同工艺需求选取不同的焊接方式。

激光焊工序关键控制点：激光焊中的焊接优率、激光打码时的可读率、氦检仪的漏检率、误判率。

5.2.4 烘烤工序

锂离子电池内部要严格控制水分含量，水分对锂离子电池的性能影响很大，包括电压、自放电等指标。水分含量过高会导致产品报废，严重甚至引起爆炸。因此，在锂离子电池的多个生产工序中要对正负极片和电池进行多次真空烘烤，尽量可能除去其中的水分。

烘烤加工过程及其目的是在高温、低压条件下，通过干燥炉或干燥隧道，将正负极片及隔膜内部水分汽化并抽出。

锂离子电池的烘烤工艺原理及首要进程如下。

烘烤方式按加热方式有热风循环式烘烤和接触式烘烤两种：热风循环式烘烤是经过加热单元将气体加热，再经过循环系统对电池进行加热；接触式烘烤是加热单元直接对电池进行烘烤加热，相对于热风循环式烘烤具有温度均匀性好、烘烤周期短等优点。

所谓真空干燥，就是将待干燥的物料置于一个封闭空间中，用真空设备将封闭空间内的气压降至一个标准大气压下，与此同时不断地对物料进行加热，这样物料内的水分子由于压力差和浓度差的作用逐渐扩散到物料的表面，在物料表面获得足够的动能以后，慢慢克服分子间吸引力的束缚，逃逸到低气压的真空室中，然后通过真空泵排到大气中。

真空干燥主要经历以下三个过程。

首先是传热过程，物料通过热源吸收热量而升温，将内部的水分汽化；其次是物料内部水分液态传质过程，物料内部的水分以液态的形式向表面移动，然后在表面完成汽化；最后是物料表面水分的气态传质过程，在物料表面汽化的水蒸气逐渐逃逸到真空室内部，并通过真空室流向外界。

要完结以上的传热传质进程，温度、浓度及压力为关键控制要素。

温度：热源温度要显着大于物料的温度，满足自身温度升高以及水分汽化所需的能量，温度越高，干燥越快。

浓度：指的是物料内部水分的浓度，物料内部浓度要高于物料外表浓度，在毛细管力及浓度差的作用下，向外表迁移，最终使水分的浓度不断下降。

压力：物料外表的蒸汽压力要高于干燥箱内的蒸汽压力，这是真空干燥的核心理论。

5.3 电芯三工段工艺流程

三工段生产的主要工艺流程分为注液、清洗、化成、分容四道工序。化成和分容作为后段工艺中最主要环节，主要是对成型的电池进行激活和检测。化成工艺的主要作用在于将注液封装后的电芯充电进行活化，分容工艺则是在电池活化后测试电池容量及其他电性能参数并进行分级。

视频：三工段工艺流程

5.3.1 注液工序

电解液作为动力锂离子电池必不可少的组成部分，是保证动力锂离子电池正常工作的"血液"。注液是一道非常重要的工序，主要是将电解液加入烘烤后的电芯内部，为锂离子传输提供载体，注液量会直接影响电池的品质。在注液以及后续的化成过程中，电解液的溶剂和添加剂会与负极发生化学和电化学反应，在负极表面形成一层 SEI 膜，SEI 膜的电学、力学和热学性能对电池的整体性能有着重要的影响。

水作为电解液中的一种轻量组分，对锂离子电池的 SEI 膜的形成和电池性能有着非常大的影响，满充状态的负极与锂金属性质相近，水直接与金属锂发生反应，因此在锂离子电池的制作过程中必须严格控制环境的湿度、正负极材料以及电解液的含水量。

自动注液机采用负压自吸式自动注液方式，即将电芯内部吸成负压，用管路将电芯与电解液连接，使电芯内部与电解液之间形成压差，利用该压差使电解液自动吸入到电芯内部，完成自动注液。注液采用自动化（PLC）控制，可以定位电芯与注液模块，精确控制注液量，自动控制工作台的升降、阀门的开关、负压真空度的高低、注液量的多少等，这样就降低了劳动强度、提高了生产效率。

锂离子电池自动注液机注液工作原理是将电芯倒置在注液板的定位模块中，气压驱动上箱体移动，上压板同步移动使电芯与注液板压紧密封，电芯内部通过注液孔与注液箱形成同一密封空间，并对注液箱抽真空，待电芯内部形成负压后，打开注液阀，电解液由于气压差作用自动从中转箱流入注液箱，关闭注液阀。随后通过真空站调控减小负压值，使电解液由吸管自动注入电芯内，依靠负压原理完成批量注液。

由于一次注液完成的电芯在化成过程中会产生气体，气体会带出电解液，俗称喷液现象，同时在反应过程中消耗一部分电解液，造成电解液容量减少，导致电池容量偏低，所以需要二次注液对电芯进行补液，部分工艺可能需要三次注液，以保证电解液能够充分润湿正负极材料，同时满足电池正常工作。

1. 一次注液

第一次注液约注总注液量的 80%。

一次注液工序关键控制点有：注液精度、称重精度、误判率、负压保持能力、注液量和环境露点。

2. 高温静置、老化

高温静置主要是对注液后的电芯进行静置，为了保证电池注液后电解液充分浸润和后续的化成效果，一般采用 40~60℃ 的温度对其进行高温静置老化，此时的老化是指一种化成前状态的稳定处理，另外在电池首次充电（即化成）后，为了使电池内部的 SEI 膜致密且稳定，也会加一个常温或高温的短时间放置，这个过程也会叫做老化。电池的老化分为开口和封口两种情况，对于常温老化而言，如果相对湿度可以控制在 2% 以下，老化后再封口比较好；对于高温老化而言封口后老化比较好。电池在老化过程中会发生电化学反应产生气体，封口后气体无法排除会导致电池变形，老化能够使正负极活性物质中的某些活跃成分通过一定反应失活，使得电池整体性能表现更为稳定。为了缩短电池生产周期常采用高温老化，但是高温老化需要注意控制时间和温度，因为高温老化会比常温老化对活性物质产生更多的劣化作用，控制得好，活跃成分完全反应，电池特性表现稳定；控制不好，反应过度，电学性能下降、容量降低、内阻增高，甚至发生漏液等状况，综合考虑目前我们主要采用开口老化。

老化工序关键控制点有：静置房露点、温度和老化时间。

5.3.2 化成工序

1. 化成工序对 SEI 膜生成的意义

注液完成后一定要让电芯静置，让电解液可以充分浸润极片，然后再进行化成。在化成这道工序中，会第一次对锂离子电池进行小电流充电，将其内部正负极活性物质激活，在负极表面形成一层 SEI 膜，SEI 膜的厚度为 100~120 nm，无机成分主要有 Li_2CO_3、LiF、Li_2O 和 LiOH，有机成分主要有 $ROCO_2Li$、ROLi 和（$ROCO_2Li$)$_2$。SEI 膜只允许锂离子通过，不溶于有机溶剂，故而可以防止电解液侵蚀电极，使负极电极在电解液中可以稳定地存在，从而大大提高了电池的循环性能和使用寿命。通常工艺中会采用 $0.05C$~$0.1C$ 小电流充电方式对电池进行预充，这种方法有助于形成稳定的 SEI 膜。

SEI 膜的形成受诸多因素的影响，如化成电流的大小：当化成电流较大时，电化学反应速度加快，SEI 膜的生长速度增加，但这种条件下形成的 SEI 膜较疏松，一致性不好且不稳定；当化成电流较小时，形成的 SEI 膜较致密、稳定。同样，温度也会对 SEI 膜的形成产生影响：当电芯处于适宜温度环境时，形成的 SEI 膜较致密；而高温化成时，SEI 膜的生长速度较快，形成的 SEI 膜较疏松，不稳定。此外，当电芯以开口方式化成时，虽然便于化成时产生的气体的排出，但此时电芯的注液口始终处于常压开放状态，如果环境控制不严格，可能使电池中的水分过高或者杂质混入，会导致形成的 SEI 膜不稳定。所以化成过程中要有效的控制温度、电流和环境湿度等参数。

化成过程中形成的 SEI 膜并不是稳定不变的，SEI 膜会在循环过程中缓慢的增厚，SEI 膜增厚不仅会导致电池内阻增大，而且增厚的过程要消耗锂离子和电解液，进一步造成不可逆容量损失。此外，当电池使用不当，如过充、过放或者温度过高时，SEI 膜会分解，新鲜负极表面与电解液发生剧烈的化学反应，放出大量的热，导致电池热失控引发起火爆炸。SEI 膜的好坏会直接影响到电池的循环寿命、稳定性、自放电性和安全性等性能。电池只有经过化成后才能体现其真实性能，如果电芯不经过化成就不能正常的进行充放电。

由于电池在充电过程中发生电化学反应，反应过程中会产生多种气体：在2.5V以下产生的气体主要是 H_2、CO_2 和 HF；在 2.5~3.0V，由于 EC 还原分解，主要产生 C_2H_4；在 3.0~3.5V，由于 DMC 和 EMC 的分解，主要产生 CH_4、C_2H_6 等烷烃，在此电压区间电池的产气量是最大的；在 3.5V 以上，由于 SEI 膜已经基本形成得较为质密，所以电解液不会再分解产生气体。

在化成过程中，电池将形成 SEI 膜。而这个 SEI 膜将影响了电池成品的内阻、容量、循环寿命、自放电水平、最大放电电流等多项参数。并且 SEI 膜的形成是一种不可逆的状态，因此负压化成工艺的优势不仅仅是为了保证吸出电池化成过程中产生的气体，以避免电芯鼓胀变形、极耳紧密性变差等物理因素，还决定了 SEI 膜形成的致密性、均匀性和一致性。因此良好的负压系统是锂电池生产过程中十分重要的。

负压化成操作流程一般为：负压吸嘴与注液口闭合密封→抽真空至指定真空度→化成→数据处理→化成结束后破真空→负压吸嘴与注液口分离→堆垛机将托盘移至下一工序→关闭真空源。

（1）负压系统概述

负压探针为点对点式，采用电磁阀、接头、其他部件需全部耐电解液腐蚀；与电池接触的材料均采用绝缘材料，防止电池极柱短接。

（2）负压系统功能

高真空、低真空、微正压 3 个功能集成作为一个整体称为呼吸式负压单元。每个夹具采用一套这样负压单元的装置。

化成工序关键控制点有：电压测试精度、泄漏率、设备的电流测试精度、负压保持能力和化成时间等。

2. 化成后的二次注液、封口

注液工序常见问题：

1）漏注电解液：电芯无法正常完成化成工序，体现出来时100%都会是死电芯，零电压；

2）少注电解液：电解液不够电芯完全吸收，会导致化成不好，此时死电芯的比率较大，还会体现容量不合格，内阻较大，循环差等；

3）多注电解液：电解液未被完全吸收，会导致在抽真空过程中将多余的电解液抽出来，污染电芯和设备。

二次注液工序关键控制点有：注液量、注液精度、环境露点、称重精度和漏气率等。

5.3.3　清洗工序

清洗工序主要流程：前一工序设备物流拉线自动把电池通过输送带送来，机械手自动抓取电池，放入清洗机的移载输送带，如图 5-8 所示。对电池表面进行自动泡洗和刷洗、风刀除水，使其表面无附着的电解液，以保证电池表面干燥、洁净。机械手抓取电池转移到出料输送带流出。

清洗工序关键控制点有：壳体洁净度、注液孔洁净度、淋洗时间、清洗水 pH 值和风温等。

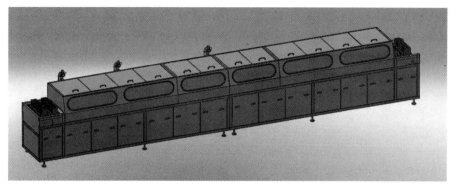

图 5-8　清洗机

5.3.4　分容工序

分容可以简单地理解为容量分选和性能筛选分级。主要通过使用电池充放电设备（分容自动化设备）对每一只成品电池进行充放电测试和定容，即在设备上按工艺设定的充放电工步进行充满电、放空电（满电截止电压、空电截止电压）。通过放完电所用的时间乘以放电电流就是电池的容量。只有电池的测试容量大于或等于设计容量，电池才是合格的。而当测试容量小于设计容量时，则电池不合格。这个通过容量测试筛选出合格电池的过程叫分容。分容时若是容量测试不准确，会导致电池组的容量一致性较差。

清洗后的电池经过扫码后装盘由堆垛机转运上柜。分容柜压合压床进行分容，数据处理后压床弹开，堆垛机接取托盘下柜入库并静置一段时间，测量电池的 OCV3 ⊖，测出的 OCV3 若是不合格，就需要二次装盘上柜，若是合格则需要继续静置 7 天测量电池自放电后的 OCV4。最后通过 OCV4 的测试结果完成对电池等级的筛选，若 OCV4 的测试合格则判断为 A 品电池，若是不合格则判断为 C 品电池。品级的评判一般为公司内部标准，根据电压、内阻、负短、壳压、容量、外观来决定，不同型号的电芯对应的评判标准不同，比如铁锂平台电压一般为 3.2~3.6V；三元平台一般为 3.6V 以上。A 品表示满足装车要求，B 品则不可装车但可作单体销售，C 品则表示不可做单体销售。

自放电较高的电芯是不合格的，且自放电速率的不一致性也会导致电芯容量

⊖　对于电池的开路电压（OCV），在该阶段存在 4 种：半自动线化成后的开路电压为 OCV1，分容后为 OCV2，静置 1 天后为 OCV3，静置 7 天后为 OCV4。

的不一致性。所以，电芯在出货之前一定要对 K 值进行测试，即通过精确计算其电压降速率来判断电芯是否存在微短路情况。K 值是用于描述电芯自放电速率的物理量，其计算方法为两次测试的开路电压差除以两次电压测试的时间间隔，公式为 $K=(OCV4-OCV3)/\Delta t$，只要测试 K 值之前电芯是在充电的，那理论上就不会出现负 K 值（也就是电压上升的情况）。实际遇到的负 K 值，大多数是由测试温度变化引起的：电芯温度越低，电压就会越低。K 值也和电芯的 A 品率有关，K 值稍大的电芯只能进入 B 品及以下的电芯计算范围。

在分容过程中需要注意以下几点：

1）必须严格控制车间温度，温度不同，电池的放电容量也会有所差异。

2）电池极柱与测试顶针需要接触良好，若接触不好、异常未及时处理，会使电流电压不稳定，影响采集数据的准确性，造成分容不准、电压不准甚至爆炸等安全隐患。

3）在分容柜中装载电池时不能出现混批、乱批现象，否则容易造成电池包配组异常。

4）在测量 OCV4 之前，电池的静置时间需要足够长，让正负极、隔膜、电解液等充分进行化学反应达到平衡，否则无法准确地判别电池的自放电情况，会导致异常电池无法准确筛选。

分容工序关键控制点：电池容量、电压采集精度、内阻采集精度、温度和电池厚度。

OCV3 和 OCV4 的测试主要是通过 OCV 测试机（如图 5-9 所示）完成，OCV 测试机主要具备以下几项功能：

图 5-9　OCV 测试机

1）能自动完成托盘中每只单体电池开路电压、内阻和壳体电压的测试；

2）能自动保存测试数据并自动将测试数据上传至数据库；

3）根据测试结果及测试判断条件自动辨别 NG 品电池；

4）能根据测试结果自动计算 K 值，并将 NG 品电池信息及其他 OK 信息上传至调度系统；

5）通过调度系统与制造执行系统（MES）进行数据交互，能实现设备和上下游系统的集成和生产能力的匹配，以满足生产线生产工艺要求。

5.4　动力电池系统生产工艺流程

动力电池系统生产工艺流程习惯被称为 Pack 生产工艺流程，是指将众多单体电芯通过串、并联的方式连接起来形成的电池包（Pack），其中综合了动力和热管理等电池硬件系统。Pack 是动力电池系统生产、设计应用的关键，是连接上游电芯生产和下游整车的应用核心环节。Pack 的设计需求通常由电芯厂或汽车厂提出，并由电池厂、汽车厂或者第三方 Pack 厂完成。

视频：Pack 生产工艺流程

动力锂离子电池的 Pack 产线相对简单，其核心工序主要包括上料、支架粘贴、电焊、检测等工艺，核心设备为激光焊接机以及各类粘贴检测设备。

Pack 生产工艺分为电芯处理、模组组装、电池包组装三个部分。因为电芯的设计相对标准化，且复用度高，因此电芯处理可以做到高度自动化，模组组装自动化程度相对降低，电池包组装自动化程度最低。对于量产规模达不到一定程度的电池包产品，做自动化生产的代价是非常高昂的，设备折旧成本相对较高。因此，对于 Pack 生产工艺，也很难达到如同电芯生产工艺那样具有标准化的工序流程，往往因不同电池包结构设计而对应调整生产工艺，下面仅讲述一些常见的 Pack 生产工艺流程。

1. 电芯处理

由于每只电芯都是一个独立发生电化学反应的封闭个体，外观、结构、重量都一样的电芯，其电化学性能也往往因为活性物质内部孔隙率、电解液浸润度的不同多少有点差别。随时间积累电芯内部的不可逆反应也在积累，并且每只电芯由于内阻不同导致温升不同（电芯电化学反应条件也随之不同），这些会进一步导致单体电芯间的差异增大。合理的设计和工艺标准、原材料控制、设备的水平、过程监控、环境控制是保证制造电芯一致性的关键。

电芯串联在一起时，通过每只电芯的电流是一样的，但由于每只电芯内阻、电压等特性的不同，串联在一起的电芯综合性能会形成"木桶效应"，即如果其中任何一只电芯性能不良，整个电池组的性能将下降，造成电池组整体寿命严重缩短。

所以要选择性能非常接近的电芯搭配到一起组成电池组来使用，以达到更长的成组寿命，这个选择的过程就是电芯配组。即使相同批次的电芯，也需要经过筛选，把参数相对集中的电芯放在一个电池组/电池包里。电芯配组就是要保证每组电池中单只电芯的容量、容量衰减速率（自放电率）、内阻、电压等特性的一致性，此外还需要对电芯的外观进行检查，比如检查电芯有无磕碰及划伤、绝缘膜破损及起翘、防爆阀、注液孔异常、正负极端面污渍等不良品。

电芯处理部分主要工序包括：测 OCV/ 筛选自放电大电芯、外观检测、上线扫码、划分档位、电芯成组、复扫调整。需要根据电芯分布的不同确定配组工艺，电芯的单体信息是由独立的充放电配组一体机通过测试得出，因每只电芯单独进行控制，充电时不会欠充和过充，放电过程中不会过放电，便于观察充放电过程中的问题，更有利于数据的记录和分析，但是设备投资比较高。此外，还可以利用数字电压表手工测量电压或外配的电池巡检仪进行配组。

2. 模组组装

因为可先利用并联的方式提高电池容量，然后再利用串联的方式提高电池电压。所以对于模组来说，最重要的功能就是把电芯串并联在一起。

（1）电芯入下支架

电芯入下支架是指把电芯插入下支架的电芯定位孔中。难点在于电芯与下支架孔之间的配合公差。若孔太大，方便电芯插入，却对电芯固定不利，可能影响模组机械强度；若孔太小，电芯插入动作实现困难，严重的可能导致无法插入，影响生产效率。故电芯及支架的公差设计尤为重要。另需注意在模组成型时，串联间及单体与总正负间的绝缘防护设计，涉及安全性能，此点尤为重要。

（2）电芯极性判断

电芯极性判断是指检查电芯的极性排布是否符合工艺要求，属于安全检查。模组电芯装配时需确保电芯极性正确分布，在形成阵列后，必须对电芯极性进行有效检查核实；如若此项缺失可能会发生极性错误，在焊接汇流排时模组就会产生短路，导致产品毁坏，严重的可能导致人员受伤。

（3）上支架合盖

上支架合盖是指把上支架安装至预装模组上，把电芯固定在支架内。此动作目的是将电芯单体紧固在一定空间范围内，与入下支架同理，其设计需遵循一定规律，紧固件及功能块设计应尽量合理且符合整体设计要求，才能指导生产产出符合标准的模块产品。

（4）极柱面高度检测

极柱面高度检测是指检测相邻电芯极柱端面高度差及电芯端面与支架表面的间距，目的是检查电芯间的高度及极柱端面与支架的配合程度，用于判断电芯是否固定到位，为是否满足焊接条件做提前预判。

（5）清洗

等离子清洗是一种干法清洗，主要是依靠等离子中活性离子的"活化作用"达到去除物体表面污渍的目的。这种方式可以有效地去除电芯极柱端面的污物、粉尘等，为焊接提前做准备，提高焊接一次合格率，减少焊接的不良品。

（6）汇流排安装及焊接

汇流排安装是指把汇流排安装固定到模组上，而后完成汇流排与电芯的焊接，将电芯按设计要求完成串并联动作。实现此焊接的一般工艺有：电阻焊、激光焊、超声波焊和摩擦焊等。在电阻焊接过程中，设备一般对焊接的参数都有监控，假如监测到参数异常，设备都会自动报警；焊接完成后还会通过视觉或人工检查外观和破坏性抽检金相及拉力的方式，再次检查和确认焊接效果，确保没有虚焊、偏焊、漏焊、炸点等缺陷。

设计时需要考虑汇流排与电芯的位置精度，特别是定位基准的问题，目的是使保证汇流排位置与电芯极柱面的相对位置，便于焊接。在进行上下支架设计时，要考虑对汇流排的隔离；假如不好做隔离设计，在工序设计时需要考虑增加防短路工装的使用，可以避免在异常情况下发生短路。

（7）打胶

胶水在模组应用上，一般有两种用途：一种用途是固定电芯，主要强调胶水的粘接力、抗剪强度、耐老化和寿命等性能指标；另一种用途是把电芯和模组的热量通过导热胶传递出去，主要强调胶水的导热系数、耐老化、电气绝缘性和阻燃性等性能指标。由于胶水的用途不同，胶水的性能和配方也不同，实现打胶工艺的方法和设备就不同。在双组份层面，一般 A 胶是主性能胶，B 胶是助 A 胶固化的，简单来说，A、B 胶独立存在，在使用时需要设备把 A、B 胶先混合在一起，然后再涂到指定的工件上。

（8）模组码

对模组进行编码追溯是模组制作的必要流程，模组码涵盖了其间所用电芯及物料的所有信息，对于产品信息追溯来说，此项必不可少。

3. 电池包组装

电池包组装主要以螺栓紧固为主，模组、箱体结构件、充放电接插件、安全阀、MSD 开关、BMS、高压电缆等往往都需要采用螺栓紧固。采用螺栓紧固方式具有装配方便、拆卸方便、效率高、成本低的优点。

在国内 Pack 行业里，螺栓紧固采用扭矩控制法的比较多。扭矩（也称为扭力）就是为了拧紧螺栓或螺母必须施加外力，扭矩 $T = F \times L$，单位为 N·m。通过外加扭矩旋转螺栓或螺母使螺杆受力伸长，并且通过螺纹相互咬合产生预紧力。预紧力可以提高螺栓连接的可靠性、防松能力及螺栓的抗疲劳强度，并且能增强螺纹连接体的紧密性和刚度。螺纹紧固件的连接如果没有预紧力或预紧力不够，起不到真正的连接作用，一般称之为欠拧；但预紧力不能超过螺栓的最大许用扭矩，超过该值会对螺栓产生破坏。通常 90% 的扭矩能量被摩擦力消耗，只有 10% 能量转化为预紧力。

由于 Pack 部件中的预紧力不仅关系到 Pack 部件连接的牢固程度，接插件的螺栓松动还会导致 Pack 电气部件的内阻变大，有时候扭力未打紧，会导致未打紧处过热甚至融化。因此 Pack 总装过程对紧固程度和均匀性有严格的要求，一般用电动扭矩枪（如图 5-10 所示）对拧紧过程进行精细控制，当达到某个特定的扭力时才认为紧固合格，这个规定的紧固力值叫做标准扭力。

图 5-10　电动扭矩枪示例

在箱体组装过程中，由于有大量的高压线束，所以使用的金属工具必须进行绝缘处理，防止发生意外；并且操作人员不得佩戴各种金属首饰、纽扣、手表等，以防止带电物体的正负极与人体构成放电回路。箱体组装后需要进行电性能测试和 EOL（End of Line，下线）测试。

1）电性能测试：电性能测试是指对组装好的电池组进行充放电实验的工序。通过电性能测试，可以清晰看到电池组内各个模块充放电过程中的动态电压值、电压差值、温度值以及充放电容量值，是检验电池组是否符合产品功能要求的必要手段。

2）EOL 测试：EOL 测试包括功能测试（通信，上下电控制等）、安全测试、（耐压等级、绝缘阻抗、等电位、绝缘检测精度、高压互锁等）、气密性测试（IP 防护验证）等，主要是为了验证电池包的生产装配是否可以达到产品技术要求。

电池包在经过组装、测试的环节后，再贴上相应种类标签即可进行成品下线，入库前应做好防护及包装。

5.5　动力电池的生产管控措施

5.5.1　生产的洁净度管控

1. 水分的控制

锂离子电池内部是一个较为复杂的化学体系，这些化学系统的反应过程及结果都与水分密切相关。而水分的失控或粗化控制会导致电池中的水分超标存在，不但导致电解液锂盐分解，而且对正负极材料的成膜和稳定性产生恶劣影响，导致锂离子电池的电化学特性如容量、内阻、产品特性都会产生明显的恶化。

材料中的水分含量是电芯中水分的主要来源之一，而且环境湿度越大，电池材料越容易吸收空气中水分。电池中的正负极活性物质通常是微米或纳米级颗粒，更易吸收空气中水分潮解。正极材料 pH 值一般都偏大，特别是含镍量高的三元材料，其比表面积偏大，材料表面极易吸收水分并反应。电解液溶剂容易与极性水分子作用；隔膜纸是一种多孔性塑料薄膜，其吸水性也很大。由于水分一般不会与隔膜发生化学反应，通过烘烤也可以基本消除，因此，隔膜一般很少进行严格水分控制。

车间中的水分来源：

1）空气中的水分，一般用相对湿度来衡量。在不同温度和天气，有很大差别，在夏季的雨天可以达到 90%，冬季的雪天则 30%。

2）人体产生的水分。

3）物料所带的水分，如包装材料纸箱、纸巾和碎布之类清洁辅料含水量很高。

4）设备设施渗水。

由于锂离子电池内部要严格控制水分含量，水分对锂离子电池的性能影响很大，包括电压、内阻、自放电等指标。水分含量过高会导致产品报废、品质下降，甚至产品爆炸。因此在电芯的多个生产工序中分别要对正负极片、电芯和电池进行多次真空烘烤，并控制环境露点，以尽可能去除其中的水分。

1）相对湿度 ≤ 30% 车间（如搅拌、涂布机头、机尾等）；

2）相对湿度 ≤ 20% 车间（如辊压、制片、烘烤等）；

3）相对湿度 ≤ 10% 车间（如叠片、卷绕、组装等）；

4）露点温度 ≤ −45℃ 车间（如电芯烘烤、注液、封口等）；

5）即使按照以上湿度梯度控制，也需要控制工序的停留时间。

生产过程中一般通过烘烤极片或电池，除去其中的水分，锂离子电池专用烘箱在常压下加热一段时间后将电池或极片中的水分转化为水蒸气，水分蒸发后抽真空可以将水蒸气抽出；然后再充入氮气，保持干燥环境。实际的烘烤过程中根据不同的工艺以上三个步骤先后各不相同，一般要经过多次循环。烘烤的温度要适宜，如果烘烤温度过高，时间过长，会引起极片变脆、与集流体分离，隔膜收缩、闭孔等问题；如果烘烤温度过低，时间太短，真空度不达标，会导致极片水分过高，引起电芯容量降低、电芯鼓胀、内阻增高、循环变差等。

2. 粉尘、金属异物的控制

在生产车间，有着各种各样的粉尘、颗粒。诸如极片搬运产生的粉料灰尘，机器和夹具磨损的金属颗粒，盖板和铝壳组装时刮擦的金属屑，激光焊喷溅的金属屑，工人工鞋带进来的土尘等。此外，在产品制造过程中也极易产生粉尘，因为正负极片本身就是由一些细小颗粒，通过黏结剂粘合在一起而粘附在铜铝箔片的，而加工过程中的振动、摩擦会使其脱落。还有在焊接过程中，难免会产生一些金属颗粒的飞溅。人自身携带的粉尘来自衣服静电吸引来的粉尘，还有发屑死皮等。这些粉尘、碎屑通常粘附在极片、隔膜或者盖板上，进而在生产过程中进入电池内部，给电池造成自放电、容量衰减甚至起火爆炸。因此，对于不可避免的颗粒脱落，要及时处理干净，充分保证产品不受摩擦，避免产品暴露在粉尘中。

金属异物会导致析锂刺穿隔膜，并引发自放电与热失控风险，因此生产中需要对粉尘与金属异物进行严格控制。防止金属异物混入的方法有：

1）电极浆料用电磁除铁设备去除铁等金属杂质。

2）极片分切或模切工序用毛刷等扫除切割毛刺，极耳或涂层边缘贴胶带保护，对容易产生金属屑的工序（焊接）用集尘器吸附异物。

3）操作人员在进入干燥室或洁净室前应该洗手，并在烘干器上吹干，换上洁净工作服，把头发裹起来，如有风淋室，一定要通过风淋室进入洁净室；不得在洁净区域外穿洁净工作服；非工作人员及休息时间工作人员不得在干净室、洁净室内逗留确保室内最少人数。

4）通过 K 值检查出内部有异物导致自放电的不合格品。

5）生产现场的 6S 和清扫活动也是现场异物管理非常重要的手段。

5.5.2　生产的信息化管控

1. PLM（Product Lifecycle Management，产品生命周期管理）

PLM 是支持产品全生命周期信息的创建、管理、分发和应用的一系列应用解决方案，它能够集成与产品相关的人力资源、流程、应用系统和信息。PLM 包含了 PDM（产品数据管理）、项目管理、产品结构管理、工作流和过程管理、用户管理、文档管理以及变更管理的全部内容，并作为协同工作平台和工具。PLM 从产品规划到设计制造都可以实现完整的产品设计周期的可视化管理，追溯产品设计质量，确保产品演化的所有步骤都有据可依，有源可溯。在电池生产中，PLM 主要用于针对研发环节的项目阀点管控。通过每个阀点项目的进程来决策该项目是否具备量产条件。

2. ERP（Enterprise Resource Planning，企业资源计划）

ERP 是一种主要面向制造行业进行物质资源、资金资源和信息资源集成一体化管理的企业信息管理系统。ERP 是一个以管理会计为核心可以提供跨地区、跨部门、甚至跨公司整合实时信息的企业管理软件。针对物资资源管理（物流）、人力资源管理（人流）、财务资源管理（财流）、信息资源管理（信息流）集成一体化的企业管理软件。ERP 包含物料编码、物料供应商、数量和物料状态等生产相关信息，类似于库存的电子台账，针对公司所有的物料出入口，所有的物料信息记录均可由 ERP 实现。

3. MES（Manufacturing Execution System，制造执行系统）

MES 是一套面向制造企业车间执行层的生产信息化管理系统。MES 可以为企业提供包括制造数据管理、计划排程管理、生产调度管理、库存管理、质量管理、人力资源管理、工作中心 / 设备管理、工具工装管理、采购管理、成本管理、项目看板管理、生产过程控制、底层数据集成分析、上层数据集成分解等管理模块，为企业打造一个扎实、可靠、全面可行的制造协同管理平台。

MES 能通过信息传递对从订单下达到产品完成的整个生产过程进行优化管理。当工厂发生实时事件时，MES 能对此及时做出反应、报告，并用当前的准确数据对它们进行指导和处理。这种对状态变化的迅速响应使 MES 能够减少企业内部没有附加值的活动，有效地指导工厂的生产运作过程，从而使其既能提高工厂及时交货能力，改善物料的流通性能，又能提高生产回报率。

ERP 管理的范围比 MES 大，MES 管理比 ERP 细。企业生产资源作为企业资源的一部分，也在 ERP 管理的范围内，也相应有生产计划、数据采集、质量管理、物料管理等功能模块，所以往往和 MES 会混淆。但 ERP 管理的范围主要是以工作中心为单位，MES 能更细致到每个制造工序，对每个工序进行任务的下达、执行控制和数据采集、现场调度。如果 ERP 要做到工序级的管理，需要进行定制开发。无论从研发还是量产线，MES 是主要面向设备状态、产品质量、环境管控、生产制程数据信息采集汇总分析的专用软件。

习　题

5-1　电池极片制作过程顺序为（　　）。

A.合浆、滚压、涂布、分切　　　　　　B.合浆、分切、滚压、涂布

C.合浆、滚压、分切、涂布　　　　　　D 合浆、涂布、滚压、分切

5-2　电池电芯制作过程顺序为（　　）。

A.卷绕、组装、激光焊、烘烤　　　　　B.卷绕、激光焊、组装、烘烤

C.烘烤、卷绕、组装、激光焊　　　　　D.烘烤、卷绕、激光焊、组装

5-3　分容检测阶段过程顺序为（　　）。

A.清洗、注液、化成、分容　　　　　　B.注液、清洗、化成、分容

C.注液、清洗、分容、化成　　　　　　D.清洗、分容、化成、注液

第 6 章

动力电池的质量
与标准管控体系

6.1　动力电池的标准规范

　　标准化是经济活动和社会发展的一个技术支撑，在保障产品质量安全、促进产业转型升级和经济提质增效、服务外交外贸等方面起着越来越重要的作用。汽车发达国家都启动了电动汽车标准体系和标准化工作路线图的研究，以更好地发挥标准在电动汽车研发和产业化工作中的技术支撑作用。

　　标准包括国家标准、行业标准、地方标准和团体标准、企业标准。国家标准分为强制性标准、推荐性标准，行业标准、地方标准是推荐性标准。强制性标准必须执行。团体标准和企业标准属于市场标准，由市场自主制定；国家标准、行业标准、地方标准属于政府标准，由政府主导制定。政府标准与市场标准协同发展、协调配套，这是一种新型的标准体系。为更好地使用标准，以下简单总结了新能源行业内常用到的各类标准的代号含义。

　　1）国家标准：是指由国家机构通过并公开发布的标准，必须在全国范围内通用的标准。强制性国家标准代号"GB"。推荐性国家标准代号"GB/T"，国家标准化指导性技术文件代号"GB/Z"，"GB"即"国标"的汉语拼音缩写，"T"是推荐的意思，"Z"是指导的意思。

　　2）行业标准：是指没有推荐性国家标准、需要在全国某个行业范围内统一的技术要求。行业标准是对国家标准的补充，是在全国范围的某一行业内统一的标准。行业标准在相应国家标准实施后，应自行废止。目前，国家标准化行政主管部门已批准发布了71个行业的标准代号[○]。过去行业标准也有强制性标准与推荐性标准之分，在2018年1月1日生效的最新版标准化法中已经去除了强制性行业标准。不同行业的标准代码不同，如"QC"为汽车行业标准，"YS"为有色金属行业标准，"HG"为化工行业标准等。

　　3）地方标准：是指在国家的某个地区通过并公开发布的标准，地方标准在本行政区域内适用。在相应的国家标准或行业标准实施后，地方标准应自行废止。地

　　○　截至 2022 年 10 月 30 日。

方标准代号为"DB"加上省、自治区、直辖市的行政区划代码，如安徽的代码为34。安徽推荐性地方标准代号为"DB34/T"。

4）团体标准：是由团体按照团体确立的标准制定程序自主制定，由社会自愿采用的标准。团体标准编号依次由团体标准代号（T）、社会团体代号、团体标准顺序号和年代号组成。团体标准编号中的社会团体代号应合法且唯一，不应与现有标准代号相重复，且不应与全国团体标准信息平台上已有的社会团体代号相重复。

5）企业标准：是对企业范围内需要协调、统一的技术要求、管理要求和工作要求所制定的标准。国家支持在重要行业、战略性新兴产业、关键共性技术等领域利用自主创新技术制定团体标准、企业标准。企业产品标准其要求不得低于相应的国家标准或行业标准的要求，指标低于国标和行标的企标为无效标准。企业标准由企业制定，由企业法人代表或法人代表授权的主管领导批准、发布，企业标准代号为"Q/"。

电动汽车的全部或部分能量来自于车载储能系统，目前新型电动汽车启动所采用动力电池的大部分是锂离子电池，锂离子电池相关标准见附录 A。

6.2　动力电池的测试与验证计划

1. 验证与测试流程

在产品大批量产（Start of Production，SOP）前，需要进行验证工作，主要包括设计验证（Design Verification，DV）与生产验证（Production Verification，PV）。DV 是指依据设计状态验证产品的功能和性能是否满足顾客需求，此时可以为手工件或模件。PV 是指依据制造状态确认产品的功能和性能是否满足顾客需求，此时必须为模具件。

产品设计验证中，根据不同阶段、不同试验验证目的以及不同零部件加工状态，将样件分为 A 样、B 样、C 样、D 样四类如图 6-1 所示。

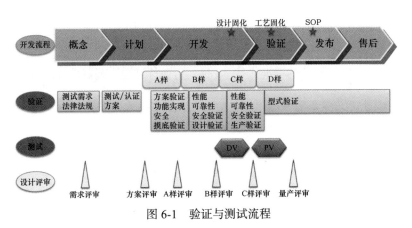

图 6-1　验证与测试流程

A样也称为手工样件，用于方案验证，是指设计发布点前用于DV的少量样件，零部件可为手工样件状态。

B样也称为模具样件，用于设计验证，是指设计冻结点前（设计发布点后）用于DV的样件，关键零部件应采用正式批量的模具件状态。

C样也称为工程样件（Off Tool Sample，OTS），用于生产验证，采用与批量生产相同的设备、工装和参数加工制造，是指设计冻结点后（工程认可点前）可用于PV的样件，零部件应为OTS状态。

OTS即全工装状态下非节拍生产条件制造出来的样件，用于验证产品的设计能力。采用生产用模具、夹具，由供应商制造并经材料检验、尺寸检验、性能测试、台架试验合格的零部件。该样件与正式生产件相同，但可以采用模拟生产工艺生产，可不用生产用的机床设备，不按生产节拍，主要用于认证产品设计。OTS样件主要是为了验证公司工装生产的产品是否满足产品的使用要求。手工样件是手工制作或者通过部分工装制作的样件。而OTS是使用正常生产工装设备生产的样件，只是没有按照正常生产节拍生产。

D样也称为连续可靠性测试（Ongoing Reliability Test，ORT）样件，是产品连续性测试，用于品质检验，对一个或多个具有生产代表性的产品样品利用检验手段进行合格评价，取样地点从制造单位的最终产品中随机抽取。

产品达到了设计任务书上定义的目标以后，即可进入工程签发（Engineering Sign Off，ESO）环节，产品可以进行SOP。如果在验证过程中需要进行产品、设计和工程的变更，需要分别通过产品变更申请（Product Change Request，PCR）、设计变更申请（Design Change Request，DCR）、工程变更申请（Engineering Change Request，ECR），随后进行工程变更通知（Engineering Change Notification，ECN）。

1）整车技术规范（Vehicle Technical Specification，VTS）：市场部门完成一系列的市场调查之后发布VOC研究报告，制定出满足市场需要的VTS。

2）子系统技术规范（Sub System Technical Specification，SSTS）：是规定子系统的一系列要求（特征、性能、设计）以及认证方法的工程文件。

3）零部件技术规范（Component Technical Specification，CTS）：关于零件性能、设计要求以及达到规范要求的认证方法的工程文件。

通过VTS定义整车的性能指标，由SSTS描述抽象的逻辑关系，由CTS说明实现方案。SSTS达到承先启后的功能，满足上一层VTS需求，并建立下一层CTS需求。

2. 安全与可靠性测试

在电池系统的开发过程中，需要电芯设计、BMS研发、结构设计、安全策略、质量控制等各个方面协同努力才能达成。企业为了确保自己的产品能够做到安全可靠，都会根据现行国际标准、国家标准、企业标准做一系列的测试，在产品送到客户手中之前，测试成为企业检验自己产品的最后一道关口。电动汽车电池在应符合性能要求的情况下，必须满足相关安全要求，安全性测试验证要满足热滥用测试（高温危险、热稳定、无热管理循环、热冲击循环、被动传播电阻），电滥用测试（短路、过充电和过放电）和机械滥用测试（冲击、掉落、穿刺、翻滚、浸入、压碎）的安全要求。详细的测试项目如图 6-2 所示。

在完成整个动力电池系统的设计验证后，再经过整车试验，对系统进行改进和完善。整个动力电池系统的各个设计部分均需要符合相关规范标准要求，比如箱体内所有连接线阻燃和耐火性能需满足 GB/T 19666—2019 的要求以及其他一些在动力电池系统设计过程中涉及的相关标准。

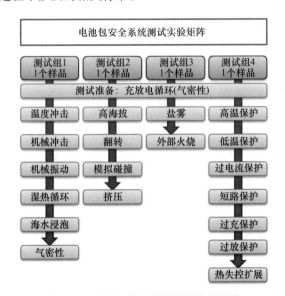

图 6-2　电池包安全系统测试实验矩阵

3. 机械刚度和强度测试

机械刚度和强度测试的目的是评价在加速、减速、车轮掠过有凹坑或者石头路面等工况下的电池系统机械结构强度。机械刚度和强度测试应首先从部件级入手，如 BMS、模组、部件的冲击、振动测试通过后，才能进行整个电池包的冲击和振动测试。同时，在冲击和振动之前往往做一个温度冲击测试，通过样品检测，测试包括气密性、绝缘、电池电气状态、外观检测等，相当于测试前的准备工作。

（1）碰撞测试

碰撞是典型的机械触发热失控的一种方式，也就是汽车碰撞事故而引发电池受损。电池受损时也会产生内短路而引发热失控，但是这种短路与电化学诱因引发的短路不同，机械受损一般是瞬间发生的，对应实际生活中的突发事故，强烈的撞击、翻车、挤压都可以导致电池在很短的时间内发生机械损坏。

（2）挤压测试

在挤压过程中，箱体的变形形式决定了能否提供足够的刚度来保护内部电池元件之间不会发生相互干涉，同时也确保电池不会受到挤压而发生漏液等安全事故，因此电池包的变形及位移是作为评价电池包抗挤压性能的重要指标。

4. 测试后检查事项

在测试过程中，对电池包固有频率的实时监控成为评估结构是否发生破坏的检验方法，如果测试过程中固有频率偏差值在 5Hz 以内，且上位机监控无异常，振动过程中样品无异响，则认为没有结构损坏；一旦测试过程中，检测到电池包固有频率变化大于 5Hz，则电池包有较大的失效风险，须对其进行详细检查。

在测试完成后，需要做两个标准的充放电循环，以确认容量、电气功能无明显异常。测试后，记录连接螺栓的残余扭力，并与制造下线的扭力值进行对比，扭力值衰减大于 60%，则视为振动失效。

6.3 质量管理体系与工具方法

因为动力电池行业属于汽车行业的重要组成部分，所以也必须遵守汽车行业的很多质量体系与标准规范，本节主要介绍汽车行业的主要质量体系 IATF16949 与德国汽车工业质量标准 VDA6 的相关内容。

6.3.1 16949 体系简介

国际汽车工作组（International Automotive Task Force，IATF）是由世界上主要的汽车制造商（宝马、戴克、菲亚特、福特、通用、雷诺和大众等）及协会于 1996 年成立的一个专门机构。在和 ISO9001:2000 版标准结合的基础上，在 ISO/TC176 的认可下，制定出了 ISO/TS16949:2002 这个规范。IATF 由欧洲规范 VDA6.1（德国）、VSQ（意大利）、EAQF（法国）和 QS9000（北美）整合而来。现行版本 IATF16949:2016 于 2016 年 10 月正式发布，其名称是《质量管理体系——汽车行业产品和相关服务产品的组织实施 ISO9001:2015 的特殊要求》[○]，是一份创新文件，着重考虑了顾客导向性，综合了许多以前客户的特定要求。

IATF16949 的制定主要基于以下几点目的：

1）在国际化基础品质系统中建立一个统一体，主要是针对生产材料、产品或服务零部件或终端服务的直接供应商（如热处理、喷漆和安装），这些要求也应该提供给汽车工业的其他相关方；

2）制定方针和程序，以确保 IATF 的第三方认证体系的全球一致性和公平性；

○ *Quality Management Systems—Particular Requirement for the Application of ISO9001:2015 for Automotive Production and Relevant Service Part Organizations*。

3）提供适当的培训以协助达到 IATF16949 的要求和 IATF 认证体系的标准。

IATF16949 的目标是持续改进、缺陷预防、减少汽车供应链的变差和浪费、增进顾客满意度。推行 IATF16949 的好处是：

1）建立通用的汽车行业质量管理体系标准，满足不同的客户要求；

2）改善产品和过程质量；

3）减少变异和提高效益；

4）增加全球采购的信心；

5）对供应商的开发有共同的质量体系；

6）减少第二方审核；

7）减少重复第三方注册。

6.3.2　五大质量工具

IATF16949 中很重要的一个组成部分就是质量管理五大工具：APQP、FMEA、MSA、SPC 和 PPAP。

1. 产品质量先期策划（Advanced Product Quality Planning，APQP）

APQP 是一种结构化的方法，用来确定和制定确保某产品使顾客满意所需的步骤。有效的产品质量策划依赖于高层管理者对努力达到使顾客满意这一宗旨的承诺。APQP 主要包括 5 个阶段：阶段 1——计划和确定项目；阶段 2——产品设计和开发验证；阶段 3——过程设计和开发验证；阶段 4——产品和过程确认；阶段 5——反馈、评定和纠正措施。具体如图 6-3 所示。

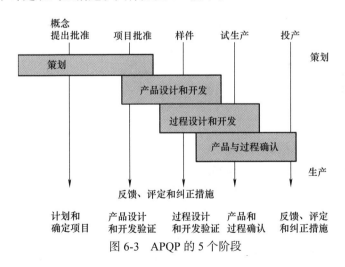

图 6-3　APQP 的 5 个阶段

2. 失效模式和效果分析（Failure Mode and Effects Analysis，FMEA）

FMEA 是在产品设计阶段和过程设计阶段，对构成产品的子系统和零件，对构成过程中的各个工序进行逐一分析，找出所有的潜在失效模式，并分析其可能会出现的后果，从而预先采用必要的措施，以提高产品的质量和可靠性的一种系统化的活动。FMEA 是一种分析方法，它确保了产品与过程开发的过程中，考虑并且处理了潜在的问题，应贯穿于设计和制造开发过程的每一个阶段，并且也可用于问题解决。FMEA 主要有两种类型：设计失效模式及后果分析（DFMEA）、过程失效模式及后果分析（PFMEA）。PEMEA 应将 DFMEA 作为重要的输入，对 DFMEA 中标明的特殊特性也必须在 PFMEA 作为重点分析的内容。典型的 FMEA 设计模版如图 6-4 所示。

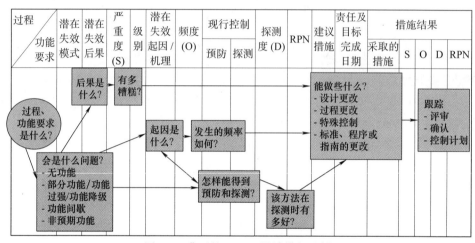

图 6-4　典型的 FMEA 设计模版示例

3. 测量系统分析（Measurement System Analysis，MSA）

MSA 是对每个零件能够重复读数的测量系统进行分析，评定测量系统的质量并判断测量系统产生的数据可接受性。主要通过数理统计和图表的方法对测量系统的分辨率和误差进行分析，以评估测量系统的分辨率和误差对于被测量的参数来说是否合适，并确定测量系统误差的主要成分。GR&R 是指量具（gage）的重复性（Repeatability）和再现性（reproducibility），其所代表的设备变差、测量操作变差是 MSA 最重要的评价指标之一。

4. 统计过程控制（Statistical Process Control，SPC）

SPC 是运用统计学上的技巧如控制图分析过程或其输出，从而做出适当的行动以达到及保持统计控制状况及改善过程能力，即运用统计方法于过程控制上以控制产品品质。其常用控制图作为手段，对生产过程质量特性进行测定、记录、评估，从而监察生产过程是否处于控制状态。其中最重要的一个质量评价统计指标是过程能力指数（Process Capability Index, CPK），指过程能力满足产品质量标准要求（规格范围等）的程度。CPK 的值越大，表明产品的离散程度相对于技术标准的公差范围越小，因而过程能力就越高。

5. 生产件批准程序（Production Part Approval Process，PPAP）

PPAP 的目的是在第一批产品发运前，通过产品核准承认的手续，验证由生产工装和过程制造出来的产品符合技术要求。主要考察：

1）确定供方是否已经正确理解了顾客工程设计记录和规范的所有要求。

2）在执行所要求的生产节拍条件下的实际生产过程中，具有持续满足这些要求的潜能。

6.3.3　VDA 体系简介

VDA（Verband Der Automobilindustrie，德国汽车工业协会）是德国为统一德国汽车工业的各种标准而组成的协会，协会的成员是在德国设厂，在发动机汽车及其引擎，拖车，集装箱、汽车组件及零部件的工业制造领域有所建树的公司。VDA 现在拥有 600 多家会员公司，在国内和国际上代表整个德国汽车工业的利益，在经济、运输、环境政策、技术立法、标准化和质量保证等方面通过其活动支持德国汽车工业的发展。

VDA 系列规范是德国汽车工业多年发展的经验积累，它以质量管理为核心，包括了质量管理的要求、质量工具、供应商的选择以及汽车行业的卓越管理等，它可适用于汽车行业生产和服务的所有领域，既可以作为培训资料，也可以成为企业的工作指导文件。由于德国在世界汽车工业水平的地位，VDA 也可以说代表了一种先进的汽车行业顾客标准，其中主要的有：

VDA1：汽车制造商及其供方存档责任件；

VDA2：供方质量保证（供方的选择 / 样品检验 / 批量生产件的绩效）；

VDA3.1/3.2：汽车制造商及其供方的可靠性体系；

VDA4.1：批量投产前质量保证——伙伴式合作 \ 流程 \ 方法；

VDA4.2：批量投产前质量保证——系统 FMEA；

VDA4.3：批量投产前质量保证——项目策划；

VDA5：检测过程的能力；

VDA6：质量审核的基本准则——审核和认证；

VDA6.1：质量管理体系审核——有形产品；

VDA6.2：体系审核——服务；

VDA6.3：过程审核；

VDA6.4：体系审核——生产工装设备；

VDA6.5：产品审核——有形产品；

VDA6.6：产品审核——服务；

VDA7：交流质量数据基础——质量数据的处理——信息；

其中 VDA6.3 是《德国汽车工业质量标准 VDA6》的第三部分，即过程审核，简称 VDA6.3 卷，过程审核是指对质量能力进行评定，使过程能达到受控和有能力，能在各种干扰因素的影响下稳定受控。主要审核问题目录包括 P2~P4（即 SOP 之前的新项目实施），及 P5~P7（即 SOP 后），这些过程具体包括：P1：潜在供方分析；P2：项目管理；P3：产品和过程开发的策划；P4：产品和过程开发的实现；P5：供方管理；P6：过程分析/生产；P7：顾客关照/满意度/服务。VDA6.3 评分在 90 分以上即被认为是达到 A 级水平。

同时，为了标准化、通用化并节省采购成本，VDA 已经将自己制定的 5 款方形电池、1 款圆柱电池、4 款软包电池的电芯尺寸提交给国际标准化组织，申请成为国际通行标准，所以这些尺寸的电芯在业界也称为 VDA 电芯。

6.3.4 质量管理常用术语

动力电池生产质量的衡量中包括 A 品率、直通率、3MIS 故障率、PPM 等常用专业术语，本小节将对这些术语进行介绍。

1）A 品率：A 品电芯数/投入电芯数，当然对于不同类型的产品，对 A 品的要求会有不同的工艺标准。

2）直通率：指制程第一次就通过了所有测试的良品比例。因此，经过生产线的返工或修复才通过测试的产品，将不被列入直通率的计算中。直通率 =（投入电芯数 - 返修电芯数 - 退货电芯数）/ 投入电芯数。

3）3MIS（Month in Service）故障率：售后 3 个月内故障数。

4）PPM（Parts Per Million）：百万分之一，指产品或零部件的不合格率。

5）8D：原名叫做 8 Disciplines，又称团队导向问题解决方法。是由福特公司始创的全球化品质管制及改善的特殊必备方法，之后已成为 QS9000/ IATF16949、福特公司的特殊要求。8D 报告作为品质改善的工具，已经成为汽车行业一个固定而有共识的标准化问题解决步骤，主要包括：D1——小组成立；D2——问题说明；D3——实施并验证临时措施；D4——确定并验证根本原因；D5——选择和验证永久纠正措施；D6——实施永久纠正措施；D7——预防再发生；D8——小组祝贺。

6）DOE（Design of Experiment，试验设计）：一种安排实验和分析实验数据的数理统计方法。DOE 主要依据正交表与方差分析，对试验进行合理安排，以较小的试验规模（试验次数）、较短的试验周期和较低的试验成本，获得理想的试验结果以及得出科学的结论。田口方法作为稳健性设计（鲁棒性设计）的重要手段，也是 DOE 的一种变异类型。

7）FTA（Fault Tree Analysis，故障树分析）：一种逻辑因果关系图，从上到下逐级建树并且根据事件而联系，它用图形化"模型"路径的方法，使一个系统能导致一个故障事件（失效），路径的交叉处的事件和状态用标准的逻辑符号（与、或）表示。

8）六西格玛（Six Sigma, 6 Sigma）：西格玛（σ）是统计学中的希腊字母，指标准偏差。包括两个过程：六西格玛 DMAIC（定义，测量，分析，改进和控制）

和六西格玛 DFSS（六西格玛流程设计）。所有的六西格玛项目是由六西格玛绿带或六西格玛黑带执行的。六西格玛运用统计数据测算一件产品接近其质量目标的程度，在以缺陷率计量产品质量特性时，用"σ"度量缺陷率，6σ 表示 99.99966% 的产品达到要求，6σ 意味着每 100 万件产品中仅有 3.4 件是残次品。

9）QFD（Quality Function Deployment，质量功能展开）：QFD 是将 VOC（Voice Of Customer，顾客呼声）转化为设计要求、零部件特性、工艺要求、生产要求的多层次演绎分析方法，其主要由关系矩阵和冲突矩阵合成，因合成后的形状像屋子又称为屋形图。

10）5M1E 分析：造成产品质量的波动的原因主要是人、机、料、法、环、测 6 个方面的因素：

人员（Man）：操作者对质量的认识、技术熟练程度、身体状况等；

机器（Machine）：机器设备、工夹具的精度和维护保养状况等；

材料（Material）：材料的成分、物理性能和化学性能等；

方法（Method）：这里包括加工工艺、工装选择、操作规程等；

环境（Environment）：工作地的温度、湿度、照明和清洁条件等；

测量（Measurement）：测量时采取的方法是否标准、正确，测量设备是否精准。

将这 6 个方面的因素首字母合在一起称为 5M1E，并且可用如图 6-5 所示的鱼骨图（鱼刺图）进行更进一步的因素分解。

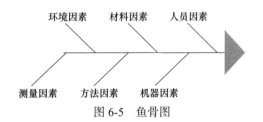

图 6-5　鱼骨图

11）CTQ（Critical To Quality，品质关键点）：指对性能、技能、安全等重要品质有致命影响的部品的核心特性值。该概念常在六西格玛管理中被提到。CTQ 管理是把认为在顾客立场上最重要的特性值选定后以六西格玛标准来改善并管理，这就是管理 CTQ 的最大的目的。CTQ 的重要性是预测性，即目前没发生但是可以预测未来要发生的隐患以及长期现况把握，对解决顽固性不良提供依据。

12）SC（Special Characteristic，特殊特性）：可能影响安全性或法规的符合性、配合、性能、功能或产品后续生产过程中产品特性或制造过程参数。

习　题

6-1　按照标准制定的主体和适用范围，我国技术标准分为（　　　）。（多选题）

A. 国际标准　　　　B. 国家标准　　　　C. 行业标准　　　　D. 地方标准

E. 团体标准　　　　F. 企业标准

6-2　产品设计验证中，根据不同阶段、不同试验验证目的以及不同零部件加工状态，将样品分为 A 样、B 样、C 样、D 样，其对应的名称分别是（　　　）。

A. 手工样件、模具样件、OTS、ORT　　　B. 模具样件、手工样件、OTS、ORT

C. OTS、ORT、手工样件、模具样件　　　D. ORT、OTS、手工样件、模具样件

6-3　衡量动力电池生产质量的常用术语包括（　　　）。（多选题）

A. 直通率　　　　B. A 品率　　　　C. 3MIS　　　　D. PPM

E. FMEA　　　　F. 8D

第7章

动力电池的发展与应用趋势

7.1 储能市场的锂离子电池应用

7.1.1 储能市场锂离子电池需求分析

动力锂离子电池衰减到初始容量 80% 以下后，可以梯次利用到储能领域。化学电池储能技术由于响应时间短，同时可以快速攀升到最大功率，因此很适合调频。目前，储能领域应用电池主要包括铅碳电池、传统铅酸电池、锂电池、全钒液流电池四种不同化学体系。储能锂电池用于光伏或者 UPS，内阻比较大，充放电，速度较慢，一般为 0.5C~1C，动力电池一般用在电动汽车上，内阻小，充放电速度快，一般能达到 3C~5C，价格比储能电池贵 1.5 倍左右。在电动汽车产业带动下，锂离子电池的性能得到极大提升，同时锂离子电池价格也在大幅度下降，锂电储能系统技术经济性不断提高。

1. 分布式储能市场与调频应用

分布式储能市场 90% 都将用到锂电池。分布式发电是发电单元和储能单元的组合，光伏、风电和燃料电池都是非常典型的分布式电源。分布式电源所产生的电能具有显著的随机性和不确定性特征，但能量存储可起到平抑系统扰动、维持发电负荷 / 动态平衡、保持电压 / 频率稳定的重要作用。在负荷低或限电时，间歇性可再生能源给储能装置充电；在负荷高或不限电时，储能装置向电网充电。这一应用使得储能和可再生能源作为一个完整系统时，其输出是可调度的，减少电力系统备用机组容量，使间歇性、可再生能源变得对电网友好。要达到维持发电 / 负荷动态平衡的目的，储能必须具有大容量能量 / 功率吞吐能力。

现在太阳能、潮汐能、风能等可再生能源直接发出来的电是不连续、不稳定的。电网最关心的是电网的可靠性、电压的稳定性和频率，要释放这些绿色能量，关键在于找到一种大容量、低成本、稳定的储能技术。越来越多的光伏发电厂和风力发电厂开始要把储能环节加进来，往电网输电的时候，是从几百兆瓦时的储能柜里输，那是非常稳定的电；光伏板和风车发的电就直接输进储能柜里，如图 7-1 所示，这样就把所有的不连续、不稳定的电变成高质量的、电网愿意接收的电能。这些电能在被电网接收并输送使用前，须先进入能量管理系统（Energy Management

System，EMS），如图 7-2 所示。

图 7-1　光伏、风力发电与储能柜

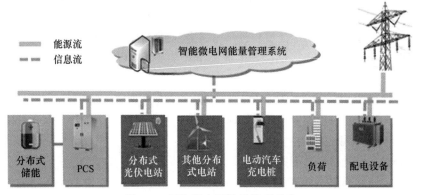

图 7-2　智能微电网能量管理系统

EMS 是储能系统的大脑，主要实现能量的合理调度，根据电网峰谷平的特点，实现微网的经济运行，具有运行优化、负荷预测、发电预测、微源调度、潮流控制等功能。

光伏发电厂和风力发电厂大多分布于我国地广人稀的高原地区，如此大规模的储能系统必将成为未来新能源系统与智能电网的重要组成部分，而大规模储能系统的关键就在于储能电池。锂电池具有能量密度高、循环寿命长、自放电率小、无记忆效应和绿色环保等优点，在电力储能领域具有广阔的应用前景。

2. 削峰填谷

因电厂是全天候持续发电的，如果发出来的电不用掉，用于发电的能源也就浪费掉了。一个发电厂发电能力通常是固定的、不轻易改变的，但是用电高峰通常在白天，造成白天电不够用，晚上则是低谷，多余用不掉的电都浪费了，针对此现象，电力系统就把一部分高峰负荷挪到晚上低谷期，从而就利用了晚上多余的电力，这就是削峰填谷，如图 7-3 所示。

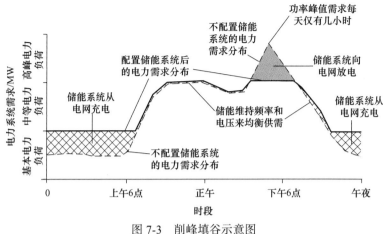

图 7-3　削峰填谷示意图

其实大多数居民自用的电动汽车主要在白天外出使用，而在夜间停车场充电，所以电动汽车的应用很大程度上使用了一部分夜间低谷期的电力，也达到了节约能源的目的。

3. 备用电源

以前的 3G 通信基站都是用铅酸电池作为基站的备用电源，4G 基站也只有很少量的磷酸铁锂电池使用率，但随着 5G 技术的发展和需求增长，铅酸电池已明显无法满足通信基站建设的需求。一是功率和容量的需求铅酸电池无法满足；二是基站的电池实际上作为不间断电源（Uninterruptible Power System，UPS），3G、4G 的基站都已经建设十多年了，这对铅酸电池意味着已经走到了生命的尽头，因为铅酸电池的电解液会逐渐老化过期，即使一次不用也会完全衰退，还会对环境造成污染。因此，电力储能市场应该是磷酸铁锂电池的一个重要市场，相对而言，这个市场对能量密度不是特别敏感，而对长寿命、低成本、高安全性电池的迫切需求，正是磷酸铁锂材料的优势所在。

4. 分时电价管理

电力系统中的负荷总量并不是一成不变的，随着时间的变化，用电量会出现高峰、平段、低谷等现象，电力部门根据这些特点，将每天 24 小时划分为高峰、平段、低谷等多个时段，对各时段分别制定不同的电价水平，即为分时电价。基于零售电价，用户可以根据自己的实际情况安排用电计划，将电价较高时段的电力需求转移到电价较低的时段实现，从而达到降低总体电价水平的目的，即为分时电价管理。

分时电价管理与削峰填谷很相似，但分时电价管理是基于分时电价体系来实现的。在实施了分时电价的电力市场中，储能是理想的帮助电力用户实现分时电价管理的手段。在电价较低时给储能系统充电，在高电价时放电，不仅可以通过低存高放来降低整体用电成本，而且还不用改变用户的用电习惯，即使是在电价最高时还可以按自己的需求使用电能。分时电价管理的收益主要通过电价差和用电计划的调整而获得。

7.1.2 其他储能技术

除了电化学储能，储能还可以包括物理储能、储热、储氢等多种类型，不同的储能技术具有不同的特点。

1. 抽水蓄能

抽水蓄能已经有上百年的应用历史了，是目前最成熟、最经济、使用寿命最长的储能模式，目前主要应用于系统调峰、调频及备用电源领域。抽水蓄能的特点主要表现为储能容量大（百兆瓦起步），响应时间相对燃气机组及火电机组要短，充放电时间长，而且循环寿命是所有储能技术中最长的，因此可以用于能量时移、调频、调相、黑启动等。相较于其他储能技术，抽水蓄能对地理位置要求高，初始投资资金大，但是由于水轮机组的使用寿命较长，同时抽水蓄能的技术成熟，设备的运营和维护简单，装机容量大，因此抽水蓄能总的度电成本是现有技术中最低的。

2. 飞轮储能

飞轮储能是指利用电动机带动飞轮高速旋转，将电能转化成动能储存起来，在需要的时候再用飞轮带动发电机发电的储能方式。飞轮储能的特点在于充电时将电能转化成动能，放电时将动能再驱动发电机产生电能，如图 7-4 所示，其寿命主要取决于飞轮材料的疲劳寿命及系统中电子元器件的寿命，目前飞轮储能的使用寿命可达 15 年以上，−20~50℃下都能正常工作。但飞轮储能的主要缺点在于其空载下的能量损失大，每小时超过 2.5%。价格昂贵也是影响飞轮储能推广的因素之一。总体上来看，由于飞轮储能属于功率型储能，其应用场景在于调频，平滑新能源输出波动上，同时由于其放电时间较短（属于分秒级应用），目前主要应用在 UPS 中。

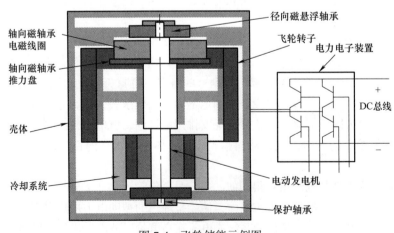

图 7-4　飞轮储能示例图

3. 高温超导储能

高温超导储能系统是利用超导线圈将电磁能直接储存起来，需要时再将电磁能返回电网或其它负载的一种电力设施，一般由超导磁体线圈、低温容器、制冷装路、变流装路和测控系统部件组成。由于超导体的电阻为零，因此其载流密度很高，因此可以使超导电力装置普遍具有体积小、重量轻等特点，制成常规技术难以达到的大容量电力装置，还可以制成运行于强磁场的装置，实现高密度高效率储能。作为一种具备快速功率响应能力的电能存储技术，超导磁储能系统可以在提高电力安全、改善供电品质、增强新能源发电的可控性中发挥重要作用，并将为打造新的电力市场机制提供技术基础，具有广阔的应用前景。值得一提的是，高温超导技术需要极低的温度，对于设备要求高，如图 7-5 所示，同时因为要保持极低的温度，因此缺乏经济性，但是氢气的储存需要超低温，将制氢和高温超导技术结合就能发挥比较好的作用。

图 7-5　超导储能设备

7.2　锂离子电池的梯次利用与拆解回收

7.2.1　锂离子电池拆解回收的意义

消费类锂离子电池寿命为 1~3 年，动力锂离子电池寿命一般为 5~10 年。一般而言，当动力电池容量下降到原容量的 80% 时，将不能达到电动汽车的使用标准，但其依然具备在储能系统，尤其是小规模的分散储能系统中继续使用的条件，比如平抑、稳定风能、太阳能等间歇式可再生能源发电的输出功率，实现削峰填谷、减轻用电负荷供需矛盾、满足智能电网能量双向互动的要求等功能。此外，退役动力锂离子电池还可以用于低速电动交通工具，比如电动自行车、电动摩托车等。2021年，首批新能源汽车的电池已经到了退役的年限，据不完全统计，2021年退役下来的锂离子电池重量已经达到了20万t，而到2025年这一数字将达到78万t。现有的废旧电池处理方式主要有固化深埋、存放于废矿井和资源化回收，但目前我国电池资源化回收的能力有限，大部分废旧电池没有得到有效的处置，将会给自然环境和人类健康带来潜在的威胁。

废旧锂离子电池的正极材料中含有Li、Co、Ni、Mn、Fe、Al等有价金属元素，其中Co作为一种战略金属，被广泛用于军事和工业领域。但这些重金属、有机和无机化合物等属于有毒物质，极易在环境中发生各种化学反应，废酸与废碱等电解质溶液则会使土壤酸化或碱化，电解液中的锂盐如$LiPF_6$遇水会生成剧毒的HF，污染大气环境并且危害人体健康。具体化学危害见表7-1。

表7-1 废旧锂离子电池成分对人体和环境造成的危害

材料	具体物质	化学性质	危害
正极	$LiCoO_2$、$LiMnO_4$、$LiFePO_4$等	能够与酸碱反应生成重金属	重金属污染很难被修复，环境中的重金属污染物可由于生物富集作用而进入人体，很难排出
负极	石墨	在高温下燃烧不充分能够产生CO等	石墨粉颗粒很小，会产生粉尘，对环境的可吸入性颗粒物指标有影响
电解液溶质	$LiPF_6$、$LiBF_4$、$LiClO_4$等	强烈腐蚀性，遇水或高温能够产生有毒气体	产生有毒气体，污染空气，经由皮肤、呼吸接触对人体组织、黏膜和上呼吸道造成刺激
有机溶剂	EC、EMC、DMC、PC等	燃烧能够产生CO	醇等有机物污染，经由皮肤、呼吸接触会对人体造成刺激
其他材料	PVDF	可与氟、浓硫酸、强碱、碱金属反应	受热分解产生HF，产生氟污染

为了加强新能源汽车动力蓄电池回收利用管理，规范行业发展，2018年1月，工业和信息化部等七部门印发《新能源汽车动力蓄电池回收利用管理暂行办法》；2019年11月，工业和信息化部发布《新能源汽车动力蓄电池回收服务网点建设和运营指南》；2020年7月，商务部、工业和信息化部等部门联合发布《报废机动车回收管理办法实施细则》；2021年8月，工业和信息化部等五部门印发《新能源汽车动力蓄电池梯次利用管理办法》。一系列国家政策举措的颁布，意味着动力电池回收产业将正式走向系统化、规范化。

7.2.2 锂离子电池拆解回收的方法

国内外对废旧锂离子电池的回收过程是：首先彻底放电，然后对电池进行拆解分离出正极、负极、电解液和隔膜等各组成部分，再对电极材料进行碱浸出、酸浸出、除杂后进行萃取以实现有价金属的富集。根据回收过程所采用的主要关键技术，可以将废旧离子电池的资源化处理过程分为物理法（干法）、化学法（湿法）和生物法三类。

1. 物理法

物理法是指不通过溶液等媒介，直接实现材料或有价金属的回收方法，包括火法、机械破碎浮选法、机械研磨法、有机溶剂溶解法及水热溶解沉淀法等。

其中火法又称干法（高温热解法），其主要通过高温焚烧分解去除起黏结作用的有机物，以实现锂离子电池组成材料间的分离，同时可使电池中的金属及其化合物氧化、还原并分解，在其以水蒸气形式挥发后，通过冷凝将其分离和收集。火法工艺简单，其流程图如图 7-6 所示，是最常用的物理回收方法，可有效去除电池中的电解液、黏结剂等有机物质；但操作能耗大，而且如果温度过高，铝箔会被氧化成为氧化铝，造成价值降低和收集困难。

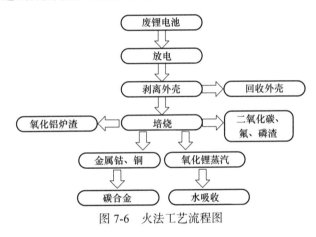

图 7-6　火法工艺流程图

机械破碎浮选法是利用电池不同组分的密度、磁性等物理性质的不同，采取破碎、筛分等手段将电池材料粗筛分类，实现不同有用金属的初步分离回收的目的。总的来说，由于锂离子电池的结构比较特殊，活性材料和集流体粘合紧密，不易解体和破碎，在筛分和磁选时，存在机械夹带损失，因此很难实现金属的完全分离回收。

2. 化学法

化学法是在拆解破碎锂离子电池之后，先用氢氧化钠、硫酸、硝酸、双氧水等化学试剂为转移媒介，将金属离子从电极材料中转移到浸出液中，再通过离子交换、沉淀、吸附等手段，将正极中的钴、锂、铝等以盐、氧化物等形式从溶液中提取出来，其流程图如图 7-7 所示。由于使用盐酸浸出金属离子时，会在反应中生成有害的氯气，因此目前使用较多的浸出体系是硫酸与双氧水的混合体系。针对酸浸后的浸出液，可采用沉淀法、萃取法、盐析法、电化学法等方式实现金属离子的提纯。

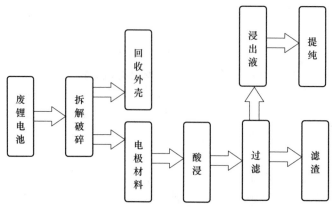

图 7-7 废旧离子电池化学法回收流程图

物理法能够直接回收正极材料、负极材料、电解液、隔膜，其中正极材料、负极材料需经过修复处理后才可用于锂离子电池的再生产，但此法要求至少废旧锂离子电池所用的正负极材料一致。然而现实中动力锂离子电池正极材料众多，高能量密度的三元材料也可根据自身成分比例不同分为811、622、111等多种型号，目前物理法商业化推广依然在探索中，行业普遍采用技术相对成熟的化学法。化学法相对比较成熟，回收率高于物理法，但一般得到的是金属氧化物，并不能直接用来作为锂离子电池正极材料使用，而作为合成电极材料的前驱体用来制备电池材料。

3. 生物法

生物回收技术是一种工艺简单、成本经济、环境友好的回收技术，主要是利用微生物浸出，将体系的有用组分转化为可溶化合物并选择性地溶解出来，得到含有效金属的溶液，实现目标组分与杂质组分分离，最终回收锂等有价金属。目前，应用生物浸出技术处理废弃锂离子电池的研究才刚刚起步，还有许多难题需要解决，如高效菌种的培养，周期过长，浸出条件的控制等。但其低成本、污染小、可重复利用。

7.3 动力电池未来发展方向

7.3.1 新能源政策变化趋势

新能源汽车行业的快速发展较大程度上得益于国家各级政府的大力推广支持，同时随着新能源汽车各项关键技术的进步，补贴下调也是新能源汽车政策调整方向呈现出的趋势。国家对新能源汽车行业的扶持方向由直接的财政支持，转变为由政策引导推动技术进步，加快新能源汽车的弯道超车，加快新能源汽车相关产业的规模化，鼓励充电基础设施建设，促进新能源汽车的普及，加大监管力度淘汰低质产能，从普惠扶持政策转向扶优扶强，多层次的政策保障：从前期的技术研发，产品推广应用，购买过程（包括免购置税、购车补贴、优先上牌），新能源汽车的使用运营过程保障（专属保险，专用牌照，优先上牌，路权优先，充电设施，充电优惠）最后涵盖新能源汽车电池退役的梯次利用以及资源化利用阶段。

同时，为避免 2020 年补贴退坡后电动汽车产量大面积下滑，工业和信息化部发布了"双积分"政策作为补贴退坡后的替代方案。所谓"双积分"是指"平均燃料消耗量积分（CAFC）"与"新能源汽车积分（NEV）"，于 2018 年 4 月 1 日起正式执行。双积分政策参考了欧盟排放交易体系（EU-ETS）政策和美国加利福尼亚州的零排放汽车（ZEV）政策，但相对而言，管理更加严格，并且会通过逐年提高新能源积分比例（2019 年 10%，2020 年 12%，2021 年后比例更高）以激励传统车企快速转型升级，推进新能源车市的快速发展。

"双积分"政策从两个方面对乘用车企业进行积分考核管理，"平均油耗"负积分可以与新能源汽车积分之间进行交易、抵偿、转让或结转等。因此如果企业没有生产新能源汽车、或对应的新能源积分要求未满足，为免遭停产高油耗车型处罚，就需要向有富余 NEV 正积分的厂商购买新能源积分来补偿负积分。对积分未达标企业，对其生产的燃料消耗量达不到 GB 27999—2019《乘用车燃料消耗量评价方法及指标》的车型，不予列入《道路机动车辆生产企业及产品公告》或者不予核发强制性产品认证证书。

7.3.2　超级电容器

电容器是一种储存电荷的"容器"，由两块金属电极之间夹一层绝缘电介质构成，当在两金属电极间加上电压时，电极上就会存储电荷。超级电容器是一种新型储能装置，其充放电过程始终是物理过程，没有化学反应，因此性能比较稳定。它能够在电场中存储能量，而不是在一个化学反应物中，这意味着它能够承受更多的充电及放电周期。所以超级电容器具有功率密度高、充电时间短、使用寿命长、温度特性好、节约能源和绿色环保等优势。但也面临成本高和能量密度较低的劣势，其低比能量限制了其在规模电池中的应用，所以提高比能量是超级电容器的技术发展方向。

7.3.3　全固态锂电池

全固态锂电池是一种使用固体电极材料和固体电解质材料，不含有任何液体的锂电池。在构造上，固态电解质除了传导锂离子，还充当了隔膜的角色，如图 7-8 所示。因此在固态锂电池中，电解液、隔膜与黏结剂 PVDF 等都不需要使用。工作原理上，固态锂电池和液态锂电池相通，充电时，正极中的锂离子从活性物质的晶格中脱嵌，通过固体电解质向负极迁移，电子通过外电路向负极迁移，两者在负极处复合成锂原子、合金化或嵌入到负极材料中，而放电过程与充电过程相反。与传统

视频：固态锂电池的当下发展与未来应用趋势

的液态锂电池相比，固态锂电池有以下几个方面的优点：

1）安全性能高；

2）能量密度高；

3）循环寿命长；

4）工作温度范围宽；

5）电化学窗口宽；

6）具备柔性优势；

7）回收方便。

固态电池虽然拥有较高的能量密度和安全性，但是由于固态电池的电解质材料均为固体，导电过程是点接触，因此在电池制造过程中需要解决界面阻抗的问题。此外，所有电池在充放电过程中均会产生体积膨胀和收缩，固态电池可能会出现裂开的情况。而且目前固态电池的成本较高，量产难度较大。

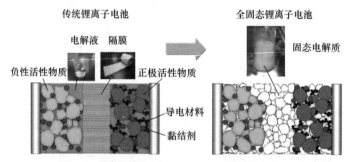

图 7-8　传统锂离子电池与固态锂电池示意图

目前日本的丰田汽车公司所开发出的硫化物固态锂电池最有可能商业化，可以在 7min 内完成充电，大幅缩短充电时间，大容量也非常适合在电动汽车上使用。

7.3.4　钠离子电池

钠离子电池工作原理与锂离子电池类似，利用钠离子在正负极之间嵌脱过程可实现充放电。与锂离子电池相比，钠离子电池具有的优势主要有：

1）钠盐原材料储量丰富，价格低廉；

2）由于钠盐特性，允许使用低浓度电解液（同样浓度电解液，钠盐电导率高于锂电解液 20% 左右），降低成本；

3）钠离子不与铝形成合金，负极可采用铝箔作为集流体，可以进一步降低成本 8% 左右，降低重量 10% 左右；

4）由于钠离子电池无过放电特性，允许钠离子电池放电到零伏。钠离子的能量密度可与磷酸铁锂相媲美。但是由于钠离子的半径比锂离子要大，钠离子无法在石墨层中自由地嵌入和脱嵌。因此传统的负极材料无法直接应用于钠离子电池，从而使钠离子电池的应用受到了阻碍。

7.3.5 燃料电池

燃料电池（Fuel cell）把燃料所具有的化学能直接转换成电能，又称为电化学发电器。燃料电池的实际过程为氧化还原反应。燃料电池主要由阳极、阴极、电解质和外部电路四部分组成。燃料气和氧化气分别由燃料电池的阳极和阴极通入。燃料气通过在阳极上放出电子，电子经外电路传导到阴极后，与氧化气结合生成离子。离子在电场作用下，通过电解质迁移到阳极上与燃料气反应构成回路，进而产生电流。同时，由于本身的电化学反应以及电池的内阻，燃料电池还会产生一定的热量。图 7-9 所示为燃料电池作为动力应用在汽车上的动力系统主要结构。

电池的阴、阳两极除传导电子外，也作为氧化还原反应的催化剂。当燃料为碳氢化合物时，阳极需要更高的催化活性。燃料电池的阴阳两极通常为多孔结构，以便于反应气体的通入和产物排出。其中的电解质起传递离子和分离燃料气、氧化气的作用。为阻止两种气体混合导致电池内短路，电解质通常为致密结构。

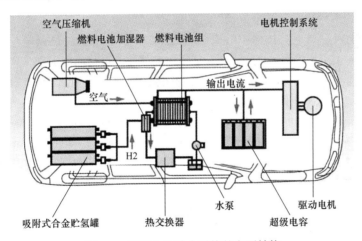

图 7-9　燃料电池动力系统的主要结构

2008 年我国自主研制的基于大众帕萨特车型，通过改制和集成最新一代燃料电池轿车动力系统平台的氢燃料电池轿车在同济大学新能源汽车工程中心举行赴京发车仪式，并在北京奥运会期间投入运营。在 2018 年 4 月举行的首届上海氢能与燃料电池交通应用大会上，发布了氢燃料电池车计划在上海投入公共服务领域使用的消息。2022 年 9 月，上海首批搭载着国内氢燃料电池系统的公交车以及首批氢能网约车已正式投入运营。

在国外，英国政府曾计划在 2030 年之前使英国氢燃料电池车保有量达到 160 万辆，并在 2050 年之前使其市场占有率达到 30% ~ 50%。但另一方面，福特、戴姆勒以及加拿大巴拉德动力系统公司共同成立的汽车燃料电池合作公司，却在 2018

年夏天予以了关闭。看来燃料电池汽车的未来发展之路还存在一定争议和探索。

燃料电池存在以下优势：

1）没有续航和能量再充满的问题，没有"续航焦虑"，不需要消费者改变用车习惯；

2）性能方面的潜力跟纯电动车一样。且没有纯电动车的笨重的电池组对性能和能耗的不良影响；

3）没有纯电动汽车的大容量电池寿命和成本的问题，也没有像纯电动汽车那样来自大容量电池的高污染；

4）相对于常规混合动力，能耗可以进一步降低；

5）氢气来源广泛，天然气、煤、石油、页岩气这些化石能源都可以制氢，是化工产业的副产物，也可以用风能制氢、太阳能制氢、生物制氢这些可再生方法，还可以用电力这种通用能源制氢。

同样，燃料电池也存在以下劣势：

1）目前大部分氢燃料电池的综合能量转化率不高，并且单就行驶的能源消耗来说，可能没有纯电动或插电混动经济环保；

2）目前氢燃料电池技术不够成熟，成本较高，代表性的燃料电池汽车产品，如丰田 Mirai 上市售价为 6.9 万美元，远高于其他动力形式的同级别车辆。

3）目前缺乏加氢的基础设施，氢燃料电池的加氢站价格高昂且数量比较少。有资料显示，一座加氢站的投入大约为 2000 万元，截至 2021 年 6 月，国内加氢站共建成 141 座。氢燃料汽车不像电动汽车充电起步初期可以多利用家庭设备推动普及，慢慢扩展到公共充电桩和大型快速充电站，而只能一步调到大型加氢站。早期基础设施推广阻力大，反过来造成燃料电池汽车销量难以扩大。

总体而言，燃料电池动力汽车仍然是全球汽车市场的一个小众市场。

习　题

7-1　废旧锂离子电池资源化处理过程主要分为以下几种方法。（　　）（多选题）

A. 化学法　　　　　B. 物理法　　　　　C. 生物法

7-2　从狭义上讲，针对电能的存储，储能是指利用化学或者物理的方法将产生的能量存储起来并在需要时释放的一系列技术和措施。按照储能的狭义定义，储能技术可分为物理储能、化学储能和其他储能。其中物理储能包括（　　）。（多选题）。

A. 抽水储能　　　B. 高温超导储能　　　C. 飞轮储能　　　　D. 锂离子电池

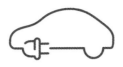

附录

附录 A　锂离子电池相关标准

类别	标准号 / 立项号	标准名称	标准简介
基础通用	GB/T 34013—2017	电动汽车用动力蓄电池产品规格尺寸	规定了电动汽车用动力蓄电池（以下简称蓄电池）单体、模块和标准箱规格尺寸。适用于装载在电动汽车上的锂离子蓄电池和金属氢化物镍蓄电池，其他类型蓄电池参照执行
基础通用	GB/T 34014—2017	汽车动力蓄电池编码规则	规定了汽车动力蓄电池编码的对象、代码结构组成、代码结构表示方法和数据载体。适用于汽车动力蓄电池、超级电容器及其他可充电储能装置
性能要求	GB 38031—2020	电动汽车用动力蓄电池安全要求	删除模组安全要求及测试方法，重点强化了电池系统热安全、机械安全、电气安全要求，试验项目涵盖系统热扩散、外部火烧、机械冲击、模拟碰撞、湿热循环、振动泡水、外部短路、过温过充等
性能要求	GB 18384—2020	电动汽车安全要求	规定了电动汽车的电气安全和功能安全要求，增加了电池系统热事件报警信号要求，能够第一时间给驾乘人员安全提醒；强化了整车防水、绝缘电阻及监控要求，以下降车辆在正常使用、涉水等情况下的安全风险
性能要求	GB 38032—2020	电动客车安全要求	在《电动汽车安全要求》标准基础上，对电动客车电池仓部位碰撞、充电系统、整车防水试验条件及要求等提出了更为严格的安全要求，增加了高压部件阻燃要求和电池系统最小管理单元热失控考核要求，进一步提升电动客车火灾事故风险防范能力
性能要求	GB/T 38661—2020	电动汽车用电池管理系统技术条件	适用于电动汽车用锂离子动力蓄电池和镍氢动力蓄电池的管理系统，其他类型动力蓄电池的管理系统可参照执行
性能要求	GB/T 40433—2021	电动汽车用混合电源技术要求	规定了电动汽车用混合电源系统的技术要求和试验方法。适用于最高直流工作电压低于 60 V 的混合电源系统

（续）

类别	标准号/立项号	标准名称	标准简介
性能要求	GB/T 31467—2023	电动汽车用锂离子动力蓄电池包和系统	非等效采用 ISO 12405-4，修订 GB/T 31467.1—2015 与 GB/T 31467.2—2015，将动力电池高功率型和高能量型动力电池包和系统性能要求合并为一个标准，主要将充放电电流由 1C 改为 1/3C，并增加了充电工况与放电工况测试
性能要求	GB/T 31486—2015	电动汽车用动力蓄电池电性能要求及试验方法	规定了单体、模组的电性能要求与测试方法，并将电流由 1C 修改为 1/3C，同时适当增加单体电池测试项目，提高指标要求
性能要求	GB/T 31484—2015	电动汽车用动力蓄电池循环寿命要求及试验方法	规定了单体、模块的循环寿命要求、试验方法和模块、系统的工况循环寿命试验方法，标准正在修订预研，与中国工况协调修改工况循环测试方法
性能要求	2021-1114T-QC	电动汽车动力蓄电池热管理系统 第 1 部分：通用要求	规定了动力电池包或系统热管理系统的通用要求及试验方法，包括冷却、加热、保温性能要求及试验方法
性能要求	2021-1115T-QC	电动汽车动力蓄电池热管理系统 第 2 部分：液冷系统	对锂离子动力电池包或系统用液冷系统的技术要求、密封性试验方法进行规定；适用于热管理系统采用液冷方式的动力锂离子电池包或系统
性能要求	EVS-GTR	电动汽车安全全球法规	一阶段，中国专家负责电动车遇水后的触电防护，电池热失控、热扩散，商用车安全要求；二阶段，电动汽车动力电池热扩散、浸水安全、振动安全、有毒气体防护等问题
性能要求	ISO 6469-1:2019	电动道路车辆安全规范 第 1 部分：可充电储能系统	开展 ISO 6469-1 AMD 研究制定工作，主要涉及热失控触发方法、热扩散风险评估及降低方法说明等方面内容
性能要求	ISO 6469-1AMD	热传播安全	规定了内置加热片触发热失控扩展的试验方法
回收利用	GB/T 33598—2017	车用动力电池回收利用拆解规范	规定了车用废旧动力蓄电池包（组）、模块拆解工作的术语和定义，总体要求，作业程序及存储和管理要求。适用于车用废旧锂离子动力蓄电池、金属氢化物镍动力蓄电池的蓄电池包（组）、模块的拆解，不适用于车用废旧动力蓄电池单体的拆解
回收利用	GB/T 33598.2—2020	车用动力电池回收利用 再生利用 第 2 部分：材料回收要求	适用于车用锂离子动力蓄电池和镍氢动力蓄电池单体的材料回收

（续）

类别	标准号 / 立项号	标准名称	标准简介
回收利用	GB/T 33598.3—2021	车用动力电池回收利用 再生利用 第3部分：放电规范	适用于退役车用动力锂离子蓄电池的放电
回收利用	QC/T 1156—2021	车用动力电池回收利用 单体拆解技术规范	规定了车用动力电池单体拆解的术语和定义、总体要求、作业要求、贮存和管理要求、安全环保要求 适用于退役车用动力锂离子单体蓄电池的拆解
回收利用	GB/T 34015—2017	车用动力电池回收利用 余能检测	规定了车用废旧动力蓄电池余能检测的术语和定义、符号、检测要求、检测流程及检测方法。适用于车用废旧锂离子动力蓄电池和金属氢化物镍动力蓄电池单体、模块的余能检测
回收利用	GB/T 34015.2—2020	车用动力电池回收利用 梯次利用 第2部分：拆卸要求	适用于动力锂离子蓄电池包和动力镍氢动力蓄电池包的拆卸过程，其他类型动力蓄电池包的拆卸过程可参照执行，不适用于铅酸蓄电池
回收利用	GB/T 34015.3—2021	车用动力电池回收利用 梯次利用 第3部分：梯次利用要求	适用于废旧锂离子动力蓄电池和镍氢动力蓄电池单体、模块和电池系统（包）的梯次利用
回收利用	GB/T 34015.4—2021	车用动力电池回收利用 梯次利用 第4部分：梯次利用产品标识	适用于退役车用动力蓄电池的梯次利用产品，其他蓄电池梯次利用产品可参照执行
回收利用	GB/T 38698.1—2020	车用动力电池回收利用 管理规范 第1部分：包装运输	适用于电动汽车退役锂离子动力蓄电池包、模组、单体的包装和道路运输，其他类型车用动力蓄电池可参照执行，不适用于铅酸蓄电池
回收利用	GB/T 38698.2—2023	车用动力电池回收利用 管理规范 第2部分：回收服务网点	规定了退役动力蓄电池回收服务网点的建设、作业以及安全环保要求 适用于退役车用动力蓄电池及报废梯次利用电池回收服务网点，其他类型电池回收网点可参照执行
设备	GB/T 38331—2019	锂离子电池生产设备通用技术要求	规定了锂离子电池生产设备的术语和定义、工作条件、技术要求、各系统性能要求、安全要求、设备互联互通互操作要求、设备可靠性要求、设备能耗要求、环境保护要求。本标准适用于锂离子电池生产设备的设计、制造、检测、验收、使用和维护

（续）

类别	标准号 / 立项号	标准名称	标准简介
设备	20213027-T-604	动力电池数字化车间集成 第1部分：通用要求	给出了动力电池行业数字化车间的四层架构，规定了动力电池数字化车间集成的目标和原则，约束了动力电池数字化车间单元之间、车间内集成的整体要求和制造活动信息集成模型。本标准适用于动力电池制造企业建设、提升、实施数字化车间的集成能力提供参考和指导
设备	2020-0869T-JB	锂离子电池浆料搅拌机	规定了锂离子电池浆料搅拌机的术语和定义、产品分类、技术要求、试验方法、检验规则、标志、合格证、使用说明书、包装、运输和贮存 适用于将粉状或液体状物料通过搅拌形成锂离子电池浆料的搅拌机（以下简称搅拌机）
设备	2020-0866T-JB	锂离子电池分条机	通过对分条机的技术参数、功能要求以及参数检验过程进行规范，实现极片的高质量分切，进而提升锂离子电池制造的一致性、安全性，提高产品合格率，降低生产成本
设备	2020-0867T-JB	锂离子电池自动封口设备	规定了锂离子电池自动封口设备（以下简称"封口设备"）的术语和定义、型号、形式与基本参数、要求、实验方法、检验规则及标志、包装、运输和储存等要求 适用于锂离子电池自动封口设备
设备	2020-0864T-JB	锂离子电池浆料高速分散设备	规定了锂离子电池浆料高速分散设备（以下简称分散机）的术语和定义、型号、技术要求、试验方法、检验规则、标志、包装、运输和贮存 适用于常压条件下对液-固物料的颗粒团、凝聚体进行分散的分散机
设备	2020-0870T-JB	锂离子电池X射线检测设备	规定了锂离子电池X射线检测设备要求、试验方法、检验规则、标志、使用说明书、包装、运输和贮存 适用于锂电池行业锂离子电池的在线检测设备或离线检测设备的生产制造
设备	2020-0868T-JB	锂离子电池自动套管机	规定了锂离子电池自动套管机的术语和定义、型号、技术要求、试验方法、检验规则及标志、包装、运输和贮存 适用于圆柱型锂离子电池自动套管机的设计、制造和检验

（续）

类别	标准号/立项号	标准名称	标准简介
设备	SJ/T 11807—2022	锂离子电池充放电测试设备规范	规定了锂离子电池和电池组充放电测试设备的术语和定义、通用功能、安全性等内容 不适用于无线式充放电功能的产品，其他类型电池用的充放电测试设备可以参考使用
材料	GB/T 20252—2014	钴酸锂	规定了钴酸锂的术语、要求、试验方法、检验规则、标志、包装、运输、贮存、质量证明书及合同（或订货单）内容；适用于锂离子电池用正极活性物质钴酸锂
材料	GB/T 23365—2023	钴酸锂电化学性能测试 首次放电比容量及首次充放电效率测试方法	规定了锂离子电池正极材料钴酸锂首次放电比容量及首次充放电效率的测试方法；适用于锂离子电池正极材料钴酸锂
材料	GB/T 23366—2009	钴酸锂电化学性能测试 放电平台容量比率及循环寿命测试方法	规定了锂离子电池正极材料钴酸锂放电平台容量比率及循环寿命的测试方法；适用于锂离子电池正极材料钴酸锂
材料	GB/T 23367.1—2009	钴酸锂化学分析方法第1部分：钴量的测定 EDTA滴定法	规定了锂离子电池正极材料钴酸锂中钴量的测定方法；本部分适用于锂离子电池正极材料钴酸锂中钴量的测定；测定范围：58.00%～62.00%
材料	GB/T 23367.2—2009	钴酸锂化学分析方法第2部分：锂、镍、锰、镁、铝、铁、钠、钙和铜量的测定 电感耦合等离子体原子发射发谱法	规定了锂离子电池正极材料钴酸锂中锂、镍、锰、镁、铝、铁、钠、钙、铜含量的测定方法
材料	GB/T 30835—2014	锂离子电池用炭复合磷酸铁锂正极材料	规定了锂离子电池炭复合磷酸铁锂正极材料的术语和定义、分类和代号、技术要求、试验方法、检验规则及包装、标志、贮存和运输 适用于锂离子电池用炭复合磷酸铁锂正极材料
材料	GB/T 26031—2010	镍酸锂	规定了镍酸锂的术语和定义、要求、试验方法、检验规则、标志、包装、运输、贮存、质量证明书及合同（或订货单）内容；适用于锂离子电池用正极活性物理镍酸锂

（续）

类别	标准号/立项号	标准名称	标准简介
材料	GB/T 33822—2017	纳米磷酸铁锂	规定了纳米磷酸铁锂的术语和定义、技术要求、检测方法、检验规则、标志、包装、运输、贮存和订货单内容 适用于锂离子电池正极材料纳米磷酸铁锂的质量检验和产品验收
材料	GB/T 33828—2017	纳米磷酸铁锂中三价铁含量的测定方法	规定了纳米磷酸铁锂中三价铁含量测定方法的原理、设备、试剂、步骤以及测试报告内容等 适用于纳米磷酸铁锂中三价铁含量在0.2%~5.0%范围内的测定
材料	GB/T 37201—2018	镍钴锰酸锂电化学性能测试 首次放电比容量及首次充放电效率测试方法	规定了锂离子电池正极材料镍钴锰酸锂的首次放电比容量及首次充放电效率测试方法 适用于锂离子电池正极材料镍钴锰酸锂首次放电比容量及首次充放电效率的测试
材料	GB/T 37202—2018	镍锰酸锂	规定了镍锰酸锂的术语和定义、要求、试验方法、检验规则、标志、包装、运输、贮存、质量证明书及订货单（或合同）内容 适用于锂离子电池正极材料镍锰酸锂
材料	GB/T 37207—2018	镍钴锰酸锂电化学性能测试 放电平台容量比率及循环寿命测试方法	规定了锂离子电池正极材料镍钴锰酸锂的放电平台容量比率及循环寿命测试方法 适用于锂离子电池正极材料镍钴锰酸锂放电平台容量比率及循环寿命的测试
材料	YS/T 677—2016	锰酸锂	规定了锰酸锂的术语和定义、要求、试验方法、检验规则、标志、包装、运输、贮存、质量证明书及合同（或订货单）内容 适用于锂离子电池用正极活性物质尖晶石型锰酸锂
材料	YS/T 798—2012	镍钴锰酸锂	规定了镍钴锰酸锂的术语和定义、要求、试验方法、检验规则、标志、包装、运输、贮存、质量证明书及合同（或订货单）内容 适用于锂离子电池用正极活性物质镍钴锰酸锂
材料	YS/T 1027—2015	磷酸铁锂	规定了磷酸铁锂的要求、要求、试验方法、检验规则、标志、包装、运输、贮存、质量证明书及合同（或订货单）内容 适用于锂离子电池用正极材料磷酸铁锂
材料	YS/T 1028.1—2015	磷酸铁锂化学分析方法 第1部分：总铁量的测定 三氯化钛还原重铬酸钾滴定法	规定了磷酸铁锂中总铁的测定方法 适用于磷酸铁锂中总铁的测定；测定范围：28%~36%

（续）

类别	标准号/立项号	标准名称	标准简介
材料	YS/T 1028.2—2015	磷酸铁锂化学分析方法 第2部分：锂量的测定 火焰光度法	规定了磷酸铁锂中锂量的测定方法 适用于磷酸铁锂中锂量的测定；测定范围：3%~5%
材料	YS/T 1028.3—2015	磷酸铁锂化学分析方法 第3部分：磷量的测定 磷钼酸喹啉称量法	规定了磷酸铁锂中磷量的测定方法 适用于磷酸铁锂中磷含量的测定；测定范围：16%~20%
材料	YS/T 1028.4—2015	磷酸铁锂化学分析方法 第4部分：碳量的测定 高频燃烧红外吸收法	规定了磷酸铁锂中碳量的测定方法 适用于磷酸铁锂中碳含量的测定；测定范围：0.5%~5.0%
材料	YS/T 1028.5—2015	磷酸铁锂化学分析方法 第5部分：钙、镁、锌、铜、铅、铬、钠、铝、镍、钴、锰量的测定电感耦合等离子体原子发射光谱法	规定了磷酸铁锂中的钙、镁、锌、铜、铅、铬、钠、铝、镍、钴、锰量的测定方法 适用于磷酸铁锂中的钙、镁、锌、铜、铅、铬、钠、铝、镍、钴、锰量的测定
材料	YS/T 1125—2023	镍钴铝酸锂	规定了镍钴铝酸锂的牌号及分类要求、试验方法、检验规则、标志、包装、运输、贮存、订货单内容 适用于锂离子电池用正极材料镍钴铝酸锂
材料	YS/T 1263.1—2018	镍钴铝酸锂化学分析方法 第1部分：镍量的测定 丁二酮肟重量法	规定了镍钴铝酸锂中镍含量的测定方法 适用于镍钴铝酸锂中镍含量的测定；测定范围：40.00%~60.00%
材料	YS/T 1263.2—2018	镍钴铝酸锂化学分析方法 第2部分：钴量的测定 电位滴定法	规定了镍钴铝酸锂中钴量的测定方法 适用于镍钴铝酸锂中钴含量的测定；测定范围：4%~15%
材料	YS/T 1263.3—2018	镍钴铝酸锂化学分析方法 第3部分：锂量的测定 火焰原子吸收光谱法	规定了镍钴铝酸锂中锂含量的测定方法 适用于镍钴铝酸锂中锂含量的测定；测定范围：6.00%~8.00%
材料	YS/T 1263.4—2018	镍钴铝酸锂化学分析方法 第4部分：铝、铁、钙、镁、铜、锌、硅、钠、锰量的测定电感耦合等离子体原子发射光谱法	规定了镍钴铝酸锂中的铝、铁、钙、镁、铜、锌、硅、钠、锰含量的测定方法 适用于镍钴铝酸锂中的铝、铁、钙、镁、铜、锌、硅、钠、锰含量的测定，铝的测定范围为0.20%~2.00%，铁、钙、镁、铜、锌、硅、钠、锰的测定范围为0.002%~0.10%

（续）

类别	标准号 / 立项号	标准名称	标准简介
材料	SJ/T 11792—2022	锂离子电池电极材料导电性测试方法	描述了锂离子电池电极活性物质电子导电性（电导率）的测试方法 适用于锂离子电池用镍钴锰酸锂、镍钴铝酸锂、磷酸铁锂、钴酸锂、锰酸锂、镍酸锂、镍锰酸锂、镍钴锰酸锂、富锂锰基、钛酸锂等电极活性物质；其他电极活性物质的导电性测试也可参照使用
材料	SJ/T 11793—2022	锂离子电池电极材料电化学性能测试方法	规定了锂离子电池用电极活性物质的比容量、比能量、充放电效率、中值电压、平均电压、放电平台容量比、循环容量保持率、循环寿命、倍率性能等电化学性能的测试方法 适用于镍钴锰酸锂、镍钴铝酸锂、磷酸铁锂、钴酸锂、锰酸锂、镍酸锂、镍锰酸锂、富锂锰基等正极活性物质以及石墨、硅碳负极等负极活性物质；其他电极活性物质的电化学性能测试方法也可参照使用
材料	SJ/T 11794—2022	锂离子电池正极材料游离锂的测试方法	规定了锂离子电池正极材料中游离锂含量的测定方法 适用于镍钴锰酸锂、镍钴铝酸锂、钴酸锂、锰酸锂、镍锰酸锂、富锂锰基等正极材料中游离锂含量的测定。其他正极材料中游离锂含量的测定也可参照使用
材料	SJ/T 11795—2022	锂离子电池电极材料中磁性异物含量测试方法	规定了锂离子电池电极材料中磁性异物含量的测试方法，包括方法提要、仪器和器具、试剂、环境要求、前处理、仪器分析、数据处理与结果计算、精密度、报告等 适用于锂离子电池电极材料钴酸锂、锰酸锂、镍钴锰酸锂、镍钴铝酸锂、石墨、氧化铝、聚偏氟乙烯（PVDF）、碳酸锂、正极浆料、负极浆料、导电浆料以及前驱体原材料中磁性异物的检测；本标准的方法检出限一般小于 $10\mu g/kg$，适用于磁性异物含量低于 $5000\mu g/kg$ 的锂离子电池材料
材料	GB/T 41704—2022	锂离子电池正极材料检测方法 磁性异物含量和残余碱含量的测定	规定了锂离子电池正极材料中磁性异物含量和残余碱含量的测定方法 适用于锂离子电池正极材料中磁性异物含量和残余碱含量的测定；磁性异物含量测定范围 $>1\mu g/kg$，残余碱含量测定范围（质量分数）为 0.001%~2.50%

（续）

类别	标准号/立项号	标准名称	标准简介
材料	GB/T 42161—2022	磷酸铁锂电化学性能测试 首次放电比容量及首次充放电效率测试方法	规定了锂离子电池正极活性物质磷酸铁锂首次放电比容量及首次充放电效率测试方法 适用于锂离子电池用正极活性物质磷酸铁锂
材料	GB/T 42260—2022	磷酸铁锂电化学性能测试 循环寿命测试方法	规定了锂离子电池正极材料磷酸铁锂循环寿命测试方法 适用于采用卷绕法进行锂离子电池正极材料磷酸铁锂循环寿命的测试
材料	GB/T 43093—2023	镍锰酸锂电化学性能测试 首次充放电比容量及首次充放电效率测试方法	规定了镍锰酸锂首次充放电比容量及首次充放电效率测试方法
材料	GB/T 43092—2023	锂离子电池正极材料电化学性能测试 高温性能测试方法	规定了锂离子电池正极材料高温性能的测试方法
材料	YS/T 1615—2023	镍钴锰酸锂电化学性能测试 直流内阻测试方法	规定了镍钴锰酸锂直流内阻的测试方法
材料	GB/T 30836—2014	锂离子电池用钛酸锂及其炭复合负极材料	规定了锂离子电池用钛酸锂及其炭复合负极材料的术语和定义、分类和代号、技术要求、试验方法、检验规则及包装、标志、贮存和运输 适用于锂离子电池用钛酸锂及其炭复合负极材料，电化学电容器用钛酸锂也可参照本标准使用
材料	GB/T 33827—2017	锂电池用纳米负极材料中磁性物质含量的测定方法	规定了电感耦合等离子体发射光谱法测定锂离子电池用纳米负极材料中磁性物质含量的原理、测定环境条件、试剂和仪器、测试步骤、结果分析与计算，以及测试报告内容等 适用于含量（质量分数）在 $0.02 \times 10^{-6} \sim 20 \times 10^{-6}$ 的磁性物质含量（铁、钴、铬、镍、锌含量总和）的测定
材料	YB/T 4971—2021	软炭	规定了软炭的术语和定义、规格及技术要求、试验方法、检验规则、包装、标志、贮存及运输 适用于锂离子电池负极材料用软炭
材料	YB/T 4911—2021	球形石墨	规定了球形石墨的术语和定义、分级、代号、技术要求、试验方法、检验规则、包装、贮存和运输 适用于锂离子电池负极使用的球形石墨

（续）

类别	标准号 / 立项号	标准名称	标准简介
材料	GB/T 19282—2014	六氟磷酸锂产品分析方法	规定了六氟磷酸锂产品的鉴别和相关理化指标的分析方法 适用于六氟磷酸锂产品
材料	HG/T 4067—2015	六氟磷酸锂电解液	规定了六氟磷酸锂电解液的要求、试验方法、检验规则、标志、标签、包装、运输和贮存 适用于不同溶剂体系含六氟磷酸锂的电解液。该产品用作锂离子电池、锂离子超级电容器的生产
材料	HG/T 5157—2017	工业用碳酸二乙酯	规定了工业用碳酸二乙酯的要求、试验方法、检验规则、及标志、包装、运输、贮存和安全 适用于以碳酸二甲酯与乙醇为原料生产的工业用碳酸二乙酯 本标准电子级、高纯级和优级品产品主要用于锂电池电解液，工业级主要用于工业有机合成及溶剂
材料	HG/T 5158—2017	工业用碳酸甲乙酯	规定了工业用碳酸甲乙酯的要求、试验方法、检验规则、及标志、包装、运输、贮存和安全 适用于以碳酸二甲酯与乙醇为原料生产的工业用碳酸甲乙酯 本标准电子级和高纯级产品主要用于锂电池电解液，优级品主要用于工业有机合成及溶剂
材料	YS/T 1302—2019	动力电池电解质双氟磺酰亚胺锂盐	规定了动力电池电解质双氟磺酰亚胺锂盐的技术要求、试验方法、检验规则、标志、包装、运输、贮存、质量证明书、订货单（或合同）要求 适用于动力锂电池电解质用双氟磺酰亚胺锂盐
材料	SJ/T 11483—2014	锂离子电池用电解铜箔	对锂离子电池用电解铜箔的分类、型号、特性、外观、尺寸、各项技术要求、检验方法、检验规则、包装、标志、贮存及运输要求作出了具体规定
材料	GB/T 34212—2017	电池壳用冷轧钢带	规定了电池壳用冷轧钢带（以下简称钢带）的分类和代号、订货内容、尺寸、外形、重量、技术要求、试验方法、检验规则、包装、标志及质量证明书 适用于厚度为 0.25~0.50mm 的冷轧钢带，主要用于冲制碱性电池和充电电池的钢壳

（续）

类别	标准号／立项号	标准名称	标准简介
材料	GB/T 36146—2018	锂离子电池用压延铜箔	规定了锂离子电池用压延铜箔的要求、试验方法、检验规则、标志、包装、运输、贮存、质量证明书和订货单（或合同）内容 适用于制造锂离子电池用的压延铜箔（以下简称铜箔）
材料	GB/T 37996—2019	动力锂电池用橡胶密封件	规定了动力锂电池用橡胶密封件的术语和定义、要求、试验方法、检验规则以及标志、包装、运输、贮存 适用于动力锂电池用橡胶密封件（以下简称密封件）
材料	GB/T 33824—2017	新能源动力电池壳及盖用铝及铝合金板、带材	规定了新能源动力电池壳及盖用铝及铝合金板、带材的要求、试验方法、检验规则和标志、包装、运输、贮存及质量证明书与订货单（或合同）内容 适用于电动汽车、电动自行车、电力储能、通信储能等领域用新能源动力电池壳及盖用铝及铝合金板材（以下简称板材）、铝及铝合金带材（以下简称带材）
材料	HG/T 5751—2020	动力电池外壳用绝缘阻燃胶粘带	规定了动力电池外壳用绝缘阻燃胶粘带的分类、要求、试验方法、检验规则、标志、包装、运输及贮存 适用于以塑料薄膜（如聚对苯二甲酸乙二酯塑料薄膜，简称PET和聚酰亚胺塑料薄膜，简称PI）为基材，单面均匀涂布压敏胶粘剂的单面绝缘阻燃胶粘带
材料	HG/T 5055—2016	锂电池电极保护胶粘带	规定了锂电池电极保护胶粘带的产品分类、技术要求、检验方法、检验规则、标志、包装、运输及贮存的要求 适用于以双向拉伸聚酯膜（PET）/双向拉伸聚丙烯膜（BOPP）为基材，涂布压敏胶黏剂，经分切而成的胶粘带产品，应用于锂电池正极保护及电芯终止部位固定用胶粘带系列产品
材料	YS/T 744—2010	电池级无水氯化锂	规定了电池级无水氯化锂的要求、试验方法、检验规则和标志、包装、运输、贮存、质量证明书及订货单（或合同）内容 适用于以各种原料制得的无水氯化锂，产品主要用于一步电解制取电池级金属锂，也可用于制造焊接材料、空调和作为高分子材料合成催化剂等

（续）

类别	标准号 / 立项号	标准名称	标准简介
材料	YS/T 829—2012	电池级锂硅合金	规定了电池级锂硅合金的要求、试验方法、检验规则和标志、包装、运输、贮存、质量证明书及合同（或订货单）内容 适用于以高纯金属锂（99.9%）和高纯硅（99.99%）为原料，采用高温合成法生产的锂硅合金，供制备热电池用
材料	YS/T 967—2014	电池级磷酸二氢锂	规定了电池级磷酸二氢锂的要求、试验方法、检验规则及标志、包装、运输、贮存、质量证明书和合同（或订货单）内容 适用于以碳酸锂或单水氢氧化锂为原料，采用中和法制得的电池级磷酸二氢锂
材料	YS/T 968—2014	电池级氧化锂	规定了电池级氧化锂的要求、试验方法、检测规则及标志、包装、运输和贮存、质量证明书和合同（或订货单）内容 适用于以无水氢氧化锂、碳酸锂、过氧化锂及金属锂为原料生产得到的电池级氧化锂
材料	YS/T 1052—2015	氧化亚钴	规定了氧化亚钴（CoO）的要求、试验方法、检验规则、标志、包装、运输、贮存、质量证明书和订货单（或合同）内容 适用于供生产锂离子电池材料、镍氢电池材料、镍镉电池材料、镍-合金电池材料、磁性材料及其他用途的氧化亚钴
材料	HG/T 4823—2023	电池用硫酸锰	规定了电池用硫酸锰的要求、试验方法、检验规则、标志、标签、包装、运输、贮存 适用于电池用硫酸锰，本产品主要用于制备二次锂电池正极材料（镍钴锰酸锂、锰酸锂、富锂锰基正极材料等产品），也可用于制造其他锰盐
材料	YS/T 1241—2018	硫酸锂	规定了硫酸锂产品的要求、试验方法、检验规则及标志、包装、运输、贮存、质量证明书和订货单（或合同）内容 适用于以湿法制备磷酸铁锂过程中产生的固体副产品硫酸锂
材料	YS/T 1242—2018	硅酸锂	规定了硅酸锂的要求、试验方法、检测规则及标志、包装、运输和贮存、质量证明书和订货单（或合同）内容。 适用于以电池级氢氧化锂、硅溶胶为原料，采用两步合成法制得的硅酸锂溶液产品。该产品主要用于生产高温特种涂料、无机黏结剂，混凝土固化剂以及金属表面处理剂

（续）

类别	标准号/立项号	标准名称	标准简介
材料	YS/T 1244—2018	无水碘化锂	规定了无水碘化锂的要求、试验方法、检验规则以及标志、包装、运输、贮存、质量证明书、订货单（或合同）的内容 适用于以各种方法生产的无水碘化锂
材料	YB/T 4736—2019	锂电池用四氧化三锰	规定了锂电池用四氧化三锰的术语和定义、技术要求、试验方法、检验规则、标志、包装、运输、贮存及质量证明书 适用于锂电池用四氧化三锰
材料	HG/T 5735—2020	碳酸镍钴锰	规定了碳酸镍钴锰的要求、试验方法、检验规则、标志、标签、包装、运输、贮存 适用于碳酸镍钴锰，该产品主要用作镍钴锰酸锂三元电池正极材料的前驱体
材料	HG/T 5740—2020	粗碳酸钴	规定了粗碳酸钴的分型、要求、试验方法、检验规则、标志、标签、包装、运输和贮存 适用于含钴矿物和含钴的锂离子电池废料经预处理、浸出、除杂、沉淀等湿法富集工艺处理得到的粗碳酸钴。该产品主要用作生产电解钴、含钴化合物等的原料
材料	HG/T 5742—2020	电池用磷酸二氢铵	规定了电池用磷酸二氢铵的要求、试验方法、检验规则、标志、标签、包装、运输、贮存 适用于电池用磷酸二氢铵，该产品主要用作生产锂离子电池正极材料磷酸铁锂及其前驱体磷酸铁的原料
材料	YS/T 1087—2015	掺杂型镍钴锰三元素复合氢氧化物	规定了掺杂型镍钴锰三元素复合氢氧化物的要求、试验方法、检验规则、包装、标志、运输、贮存、质量证明书及订货单（或合同） 适用于锂离子电池正极材料中间体掺杂型镍钴锰三元素复合氢氧化物
规范要求	GB/T 40032—2021	电动汽车换电安全要求	规定了可换电电动汽车所特有的安全要求、试验方法和检验规则，适用于可进行换电的 M1 类纯电动汽车
规范要求	GB/T 33341—2016	电动汽车快换电池箱架通用技术要求	规定了电动汽车快换电池箱架的环境条件、功能要求、技术要求等 适用于电动汽车快换电池箱充电架及存储架的设计、制造、安装
规范要求	JT/T 1371—2021	电动营运货车选型技术要求	规定了电动营运货车选型的通用要求、分类要求和分级要求 适用于 N1、N2、N3 类纯电动营运货车，不适用于燃料电池车辆

（续）

类别	标准号／立项号	标准名称	标准简介
规范要求	SJ/T 11798—2021	锂离子电池和电池组生产安全要求	规定了锂离子电池和电池组生产企业在建筑、设施、选材、设计、工序及管理的安全要求 适用于锂离子电池或电池组制造企业的生产安全评估。设置有锂离子电池或电池组生产线的其他企业可参照执行本文件
规范要求	2020-0865T-JB	锂离子电池用连续式真空干燥系统规范	规定了锂离子电池用连续式真空干燥系统的术语和定义、型号、一般要求、试验方法、检验规则 适用于在真空状态下对锂离子电池电芯及其相关产品进行加热干燥处理用的连续式真空干燥系统

附录 B   习题参考答案

第 1 章
1-1 C   1-2 ABC

第 2 章
2-1 ABD   2-2 C   2-3 略

第 3 章
3-1 ABEG   3-2 ABDE   3-3 A   3-4D

第 4 章
4-1 ABCD   4-2 略

第 5 章
5-1 D   5-2 A   5-3 B

第 6 章
6-1 BCDEF   6-2 A   6-3 ABCDF

第 7 章
7-1 ABC   7-2 ABC